CORPVS
SCRIPTORVM ECCLESIASTICORVM
LATINORVM

EDITVM CONSILIO ET IMPENSIS

ACADEMIAE LITTERARVM CAESAREAE

VINDOBONENSIS

VOL. XV.

COMMODIANI CARMINA

EX RECENSIONE BERNHARDI DOMBART.

VINDOBONAE

APVD C. GEROLDI FILIVM BIBLIOPOLAM ACADEMIAE

MDCCCLXXXVII.

COMMODIANI CARMINA.

RECENSVIT

ET COMMENTARIO CRITICO INSTRVXIT

BERNHARDVS DOMBART.

VINDOBONAE

APVD C. GEROLDI FILIVM BIBLIOPOLAM ACADEMIAE

MDCCCLXXXVII.

CAROLO ERNESTO GEORGES

GVILELMO HARTEL

HERMANNO ROENSCH

S.

PRAEFATIO.

De Commodiano eiusque carminibus.

Commodianus ubi natus sit uel uitam degerit et qua usus sit fortuna, parum constat. De aetate eius maior est consensus; nam quin media fere parte tertii post Christum saeculi carmina sua conposuerit, non iam dubium uidetur esse [1]). Quae autem scripsit, ea Christianis illorum temporum, si licet ex silentio facere coniecturam, haud multum arrisisse apparet. Neque id mirum; tunc enim illi iam assuerant praeter rerum ueritatem sermonis quoque elegantiam spectare, quam in Commodiano non poterant non desiderare. Accedebat, quod in libris eius quaedam inueniebant, quae a regula fidei Christianae abhorrerent. Quinto demum saeculo eoque exeunte bis mentionem illius fieri conperimus a Gelasio papa et a Gennadio scriptore. Illo auctore in 'notitia librorum non recipiendorum', de quibus capite V relationis de conciliis a Gelasio papa habitis agitur, Commodiani opuscula apocrypha uocantur atque inprobantur. (Cf. Migne, patrol. ser. lat. tom. LIX p. 163.)

Gennadius autem capite XV catalogi uirorum inlustrium de Commodiano haec dicit: 'Commodianus dum inter saeculares litteras etiam nostras legit, occasionem accepit fidei. Factus itaque Christianus et uolens aliquid studiorum suorum muneris

---

[1]) Cf. Henrici Dodwell dissertatio miscellanea II in appendice annal. Velleian. ed. Oxon. ann. 1698; Guilelmi Cave histor. litter. ann. 1705 p. 88 sqq.; Pitrae prolegom. in spicileg. Solesm. uol. I p. XXI; Adolfi Ebert commentat. de Commodiani carm. apolog. (Abhandlungen der philol.-hist. Classe der saechs. Gesellsch. d. Wissensch. V) p. 408; Zeitschr. f. wissensch. Theol. XXII p. 384 sqq. 388; Guil. Meyer in commentat. Acad. reg. Monac. XVII p. 288 sq.

offerre Christo, suae salutis auctori, scripsit mediocri sermone quasi uersu aduersus paganos. Et quia parum nostrarum adtigerat litterarum, magis illorum destruere potuit dogmata quam nostra firmare. Vnde et de diuinis repromissionibus aduersus illos agens uili satis et crasso, ut ita dixerim, sensu disseruit, illis stuporem, nobis desperationem incutiens. Tertullianum et Lactantium et Papiam auctores secutus moralem sane doctrinam et maxime uoluntariae paupertatis amorem optime prosecutus studentibus inculcauit.'

Haec aliquanto pauciora sunt, quam quae noscere de Commodiano uelimus; et utinam ea ipsa, quae Gennadius memoriae prodit, omnia uera uel certa essent! Quae quidem de auctoribus dicit, quos secutus Commodianus sit, ea haud paruam mouent dubitationem.

Et ex Papiae libris tam exiguae supersunt reliquiae, ut, quae intercesserit inter illius et Commodiani libros necessitudo, non iam possis inuestigare. De Tertulliano utique uerum uidit Gennadius. At Lactantium aetate non priorem, ut ille putabat, sed posteriorem Commodiano fuisse nunc quidem tantum non inter omnes constat. Error Gennadii inde uidetur profectus esse, quod et Commodianus et Lactantius ex eisdem fontibus hauserunt, quorum fontium princeps atque praecipuus Cyprianus fuit [2]). Huius uestigiis, id quod Gennadium fugiebat, Commodianum pedisequi modo institisse certissimum est.

Post Gennadii tempora de Commodiano apud scriptores rursus altum est silentium; nihilo tamen setius medio quod dicitur aeuo carmina eius identidem describebantur. Et conplures eorum codices aetatem tulerunt, quorum pars non ita pridem uidetur perisse. Typographica autem arte inuenta cum ingens exortum esset certamen ad libros et classicorum et ecclesiasticorum scriptorum typis inprimendos, Commodianus ob nimiam, opinor, et sermonis et uersuum asperitatem diu nemini doctorum dignus uisus est, qui ederetur.

---

[2]) Cf. p. IIII.

Longo interuallo primus Iacobus Sirmondus, vir clarissimus, uetustum instructionum exemplar nactus in ea carmina animum intendit et in editione sua Ennodii, quae anno 1611 excusa est, ad duos locos inlustrandos, epist. II 1 et VI 9, alterius instructionum libri acrostichon XXVII integrum, acrostichi XXXII quinque uersus allegauit. Idem siue ipsum quem inuenerat codicem siue apographa eius cum amicis liberaliter communicauit, unde, ut ait Rigaltius in praefatione instructionum, Commodianus 'benigne excipi ac foueri coepit.' In eorum amicorum numero fuit Gilbertus Gaulminus, qui in commentario, quem libello Eustathii de Ismeniae et Ismenes amoribus anno 1618 Lutetiae Parisiorum ab ipso edito adiunxit, alterius instructionum libri acrostichi XVI sex uersus affert, quos descripsisse se 'ex codice P. Sirmondi' dicit.

Tum quoque plus triginta anni praeterierunt, priusquam uniuersa acrosticha Nicolai Rigaltii opera publici iuris fierent. Cuius editione, quae anno **1649** Tulli Leucorum typis exscripta est, quamquam cautum erat, ne Commodiani nomen rursus obliuione obrueretur, tamen etiamtum per duo saecula solae instructiones eius noscebantur, cum anno **1852** a Iohanne Baptista Pitra in primo uolumine spicilegii Solesmensis carmen editum est, quod nullo auctoris nomine inscriptum in codice quodam bibliothecae Mediomontanae siue Middlehillensis inuenerat, inuentum descripserat. Quod carmen quia homo doctissimus uidebat et rebus et uerbis et uersuum ratione mirum quantum cum instructionibus Commodiani congruere [3]), non dubitauit Commodiani nomen ei praeponere. Hoc eum iusto iure fecisse neque fugere quemquam potest, qui duo illa carmina inter se comparauerit, et Adolfus Ebert [4]) nouis insuper allatis argumentis aperte docuit. Quo factum est, ut Commodiano tot saeculis interiectis sua tandem restituerentur.

De fontibus Commodiani.

Vt alii scriptores ecclesiastici, ita Commodianus quoque multas et res et sententias ex sacris litteris mutuatus est.

[3]) Spicil. Solesm. uol. I proleg. p. XVIII sq.

[4]) l. c. p. 414 sqq.

Has autem crebro non ipsas eum adisse, sed Cypriani testimoniis plerumque usum esse ostendere conatus sum commentatione, quae inscribitur 'Commodianus und Cyprians Testimonia' (Zeitschr. f. wissensch. Theol. XXII p. 374 sqq.). Sed ex ceteris quoque Cypriani operibus eum delibasse, quidquid ei commodum uidebatur, multis apparet exemplis. Etiam Tertullianeae et Minucianae lectionis apud Commodianum occurrere uestigia iam pridem animaduersum est [5]).

De duabus uiis, quibus per uitam possit migrari, Commodianus saepius (I 22, 15; A. 699) ita loquitur, ut ea qui legerit non possit non agnoscere quae de eisdem uiis, una uitae, altera mortis, in doctrina illa apostolorum aguntur. Quae utrum ex ipso illo fonte hausta sint an ex riuulo aliquo inde descendente, uelut ex epistula Barnabae, non multum attinet [6]).

Haud raro Commodianus Hermae pastorem uidetur imitatus esse, cuius rei Adolfus Harnack primus quod sciam monuit [7]).

Denique Theodorus Zahn [8]) uidit commentarium euangeliorum, qui sub Theophili nomine circumfertur, cum Commodiano saepius ita conspirare, ut uerisimile sit Commodianum locos quosdam aut illius commentarii aut fontis, unde ille originem duxit, memoria tenuisse.

Ne profanas quidem litteras, quas illum, priusquam Christianus fieret, amplexum esse Gennadius testatur, postea ita spreuit, ut eis data occasione uti nollet.

Et Horatianos locos Commodianum in carmine apologetico haud raro attingere Martinus Hertz in indice lectionum aestiuarum Vratislauiensium anni 1880 probauit. Addo eis quae

---

[5]) Cf. Rigaltii praefat.: Stilus (Commodiani) Africanae ferociae rusticitatem sapit, quae tamen ad acumina Tertulliani, Cypriani, Minucii non infrequenter alludit.

[6]) Cf. *Διδαχὴ τῶν δώδεκα ἀποστόλων*, cuius hoc est initium: *Ὁδοὶ δύο εἰσὶ, μία τῆς ζωῆς καὶ μία τοῦ θανάτου.* Adolf Harnack in epist. Barn. c. 18.

[7]) Theol. Literaturzeit. 1879 p. 51 sqq.

[8]) Forschungen zur Geschichte des neutestamentlichen Kanons II p. 301 sq., III p. 259 sqq.

ille congessit exemplis instr. I 3, 9 sqq.[9]), qui locus non fortuitam similitudinem cum Horat. carmine IV 8, 5 sqq. prae se fert.

Idem Lucretium quoque Commodiano cognitum fuisse duobus propositis exemplis docet[10]), carm. apol. u. 123, coll. Lucret. IV 569, III 222 et u. 876 (883), coll. Lucret. I 278. Multo apertius autem ea res elucet, ubi comparaueris Lucret. V 221: quare mors inmatura uagatur et Commod. instr. I 16, 4: inter utrumque uias mors inmatura uagatur; Lucret. II 763, IV 570: rationem reddere possis et Commod. instr. I 16, 13: rationem reddere possint. Animaduertendum est hic bis in uno Commodiani acrosticho Lucretiana uerba recurrere.

Errat igitur Martinus Hertz, pace uiri summe uenerandi dixerim, cum censet instructiones nullam antiquarum litterarum memoriam suscitare[11]).

In alia quoque re uir doctissimus fallitur. Commodianus in carm. apol. u. 583 sq. haec dicit:

> Vergilius legitur, Cicero aut Terentius item;
> Nil nisi cor faciunt, ceterum de uita siletur.

Vtcumque uerba 'cor faciunt' aut interpretanda aut emendanda sunt: illud certum est Vergilii, Ciceronis, Terentii studium hic uituperari; de Horatio, quem ab ipso lectitatum esse apparet, Commodianum tacere. Hoc Martinus Hertz a Commodiano callidissime existimat factum esse, ut palam Vergilii, Ciceronis, Terentii contemptorem ageret et ab eorum imitatione in carminibus suis caueret, clandestino autem Horatii, de quo tacet, studio lectores suos falleret ideoque clam ridens manus sibi perfricaret siue, ut aiunt Romani, in sinu gauderet[12]).

O hominem ueteratorem, si egisset tam callide! Atqui Vergilianae quoque et lectionis et imitationis in utroque

---

9) Cf. comment. crit.

10) Indic. lection. p. 8.

11) Ibid. p. 6.

12) Ibid.

Commodiani carmine suppetunt exempla eaque plura, nisi fallor, et manifestiora quam Horatianae aut Lucretianae.

Hoc ut ostendam, ab eo loco initium faciam, de quo iam supra egimus, instr. I 16, 4: Inter utrumque uias mors inmatura uagatur. Huius uersus posteriorem partem Lucretii esse iam cognouimus; sed ne prior quidem pars ipsius Commodiani ingenio debetur; hic enim Vergilianum illud imitatus est: Inter utramque uiam leti discrimine paruo (Aen. III 685).

Alia Vergilianae imitationis exempla haec sunt: Instr. I 4, 7: uenit inops animi; cf. Verg. Aen. IV 300: saeuit inops animi. — Instr. I 13, 7: uertebatque boues; Aen. VIII 207 sq.: tauros auertit. — Instr. I 18, 6: uentum est ad summum; Aen. XII 803: uentum ad supremum est. — Instr. I 18, 11: erumpebat enim uoces; Aen. XI 377: rumpitque . . uoces. — Instr. I 19, 12: adflatum numine ligni; Aen. VI 50; adflata est numine quando. — Instr. II 4, 3: dat gemitum terra; Aen. IX 709: dat tellus gemitum. — Instr. II 11, 9: per spelaea ferarum; Verg. Ecl. 10, 52: inter spelaea ferarum. — Instr. II 23, 17: neci . . mittas; Aen. XII 513 sq.: neci . . mittit. — Instr. II 32, 14: mactandum ad aram; carm. apol. 515: mactatus ad aras; Aen. II 663: obtruncat ad aras. — Instr. II 35, 3: fundere preces; Aen. VI 55: funditque preces. — Instr. II 39, 9: Vertitur interea caelum; Aen. II 250: Vertitur interea caelum. — Carm. apol. 523: at ego non tota, sed summa fastigia carpo; Aen. I 342: longae ambages; sed summa sequar fastigia. — C. a. 587: insanumque forum; Aen. Georg. II 502: insanumque forum. — C. a. 631: uenturus conmixtus (conmixto **M**) sanguine nostro; Aen. VI 762: Italo conmixtus sanguine surget. — C. a. 861: tollit in auras; Aen. IV 176: attollit in auras. — C. a. 931: e caelo . . uox reddita; Aen. VII 95: ex alto uox reddita luco est. — C. a. 1030: saxa uolant; Aen. I 150: saxa uolant.

Haec ubi legerit Martinus Hertz, ingenue, opinor, fatebitur hominem simplicissimum inmerito a se in calliditatis malignae suspicionem esse adductum.

Ceterum Commodiani profanarum litterarum studia non eis, quos memorauimus, scriptoribus se continuerunt. Ciceronem quoque, Ouidium, Tibullum, alios interdum uidetur secutus esse; ego uero cum et temporis angustiis et uirium mediocritate impediar, aliis rem accuratius tractandam relinquo; qui si in Commodiani carminibus suum cuique reddere conabuntur, non multo angustior eis campus patebit quam in Ammiano Marcellino.

De codicibus instructionum.

Baluzio[13]) si fides habenda est, Iacobus Sirmondus apographum, quo Rigaltius postea usus est, ex uetusto codice Andecauensi ipse descripserat. Hunc codicem non iam comparere Ernestus Ludwig, nouissimae editionis auctor, a Lemarchandio, bibliothecae Andecauensis praefecto, litteris certior factus est. Eo magis operae pretium est accurate colligere, si quid homines doctos inde exscripsisse aut certum aut uerisimile est, praesertim cum etiam apographum illud Sirmondianum ad hanc aetatem non uideatur peruenisse. **Cod. Andecauensis deperditus.**

Et primus ipse Sirmondus, ut supra memorauimus, in editione Ennodii, deinde Gilbertus Gaulminus in editione Eustathii particulas quasdam instructionum attulerunt, quae aut ex ipso illo codice uetusto aut ex apographo a Sirmondo scripto uidentur fluxisse. Rigaltius autem instructionum uetus exemplar nullum se uidisse, sed apographo tantum Sirmondiano in editione curanda usum esse in praefatione ipse fatetur.

At Baluzius lectiones ex ipso codice Andecauensi haustas conpluribus operum suorum locis non ita paucas adfert. Ea de re uberius egi in Blätter f. d. bayer. Gymn. XVI p. 341 sqq. [14]).

Patauinus quoque Commodiani codex, quem Montfaucon in bibl. bibl. tom. I 487ª sic designat: 'ex Musaeo Laurentii **Cod. Patauinus deperditus.**

[13]) Not. in Lactant. de mort. persecut. c. 11; Cypr. ed. Paris. ann. 1726 p. 453.

[14]) Cf. Sitzungsberichte CVII p. 733 sqq.

Pignorii Patauini', non iam exstat. Cf. Ernest. Ludw. in praefat. ad instruct. p. XI.

d. Mediomontanus uel Cheltenhamensis = C.

In hac tanta fatorum iniquitate est, cur nobis gratulemur, quod codex Mediomontanus (Middlehillensis) aetatem tulit, qui in catalogo Haeneli (p. 861) in libris Meermannianis sic describitur: 'Commodiani Instructiones per litteras uersuum primas seu uersibus, qui dicuntur acrostichides, cum quibusdam aenigmatibus, saec. XI, membranaceus.'

Hunc cum uniuersa bibliotheca Mediomontana Cheltenhamum translatum Ernestus Ludwig, priusquam carmina Commodiani ederet, in usum suum conuertere conatus est; sed sumptibus, qui pro uenia librorum Cheltenhamensium inspiciendorum exigi solent, deterritus incepto destitit. Quo factum est, ut editio eius propter ceteras uirtutes admodum laudabilis certiore tamen textus conformandi fundamento careat.

Insignitus est codex ille hunc in modum: 'cod. Mediomontanus 1825 (Meermannianus 708)'. Prima uiginti quattuor folia continent Commodiani instructiones; a folio 25 sequuntur tetrasticha enchiridii Prudentiani, quorum primum inscribitur 'Adam et Eua.' Haec excipiuntur aenigmatis sexaginta duobus, quorum Haenelium in catalogo mentionem facere supra memorauimus [15]).

Accedunt deinde in eodem codice alia quaedam, quae commemorare longum est.

Hic codex in instructionibus Commodiani ut multas affert lectiones eis, quae in editiones receptae sunt, praestantiores [16]), ita plurimis et foedissimis scatet mendis. Nam praeterquam quod librariorum incuria uel inscitia factum est, ut saepissime uerba aut miris modis deformarentur aut omnino omitterentur, ne interpolationum quidem desunt exempla, quod deprauationis genus facillime cognoscitur, ubi uerborum abundantia iustum modum uersus excedit uelut II 14, 4; 21, 2; 32, 10.

Scripturam primam codicis aut eadem manus aut altera interdum correxit. Alterius autem manus emendationes et ad-

---

[15]) De eisdem egit Guil. Meyer l. c. p. 413.

[16]) Cf. Sitzungsberichte CVII p. 742 sqq.

modum rarae et eius modi sunt, ut coniecturam sapiant, non ex archetypo uel alio aliquo fonte haustae esse uideantur.

Codd. Parisinu et Leidensis.

Praeter codicem Cheltenhamensem ex instructionum libris mss. soli restant Parisinus (bibl. nation. mss. lat. n. 8304) et Leidensis (Vossianus in octauo n. 49), uterque chartaceus, uterque saeculo septimo decimo exaratus, quorum uarias lectiones J. B. Pitra in spicilegii Solesmensis uolumine IV p. 224—230 primus prelo mandauit et multum facere ad emendandas instructiones docuit. Idem cod. Parisinum littera **B**, Leidensem littera **A** insigniuit. Hos denuo atque accuratius inspexit et exscripsit Ernestus Ludwig, qui in editione sua Parisinum inprimis ducem secutus est. Et est ille codex haud parui momenti, qnamquam auctoritate minus ualet quam Cheltenhamensis. Hunc eum propinquitate contingere cum ex aliis rebus tum inde apparet, quod permultae lectiones in utroque inueniuntur, quae corruptelam prae se ferant. Idem quia cum editione Rigaltiana crebro conspirat, et Pitra et Ludwig censuerunt esse eum apographum illud Sirmondianum, quo Rigaltius in editione sua conformanda se usum esse ipse fatetur. Ea opinio cum iam prius mihi minus probaretur [17]), postea argumentis satis magnis ostendisse mihi uideor codicem Parisinum non esse ipsum apographum Sirmondi [18]). Quorum argumentorum nescio an grauissimum sit, quod acrostichon I 18 in Parisino codice initio omissum extrema eius parte Rigaltii ipsius manu additum est. Qui si, ut ipse in praefatione dicit, uetus instructionum exemplar non uidit, unde potuit illud acrostichon supplere, nisi ex uero apographo Sirmondiano?

Cod. Parisinu = B.

Itaque, nisi fallor, sic se res habuit: Rigaltius Sirmondianum exemplar acceptum nescio cui describendum dedit. Hic nouus liber ex Sirmondiano descriptus **B** noster est. Quem dum perlustrat Rigaltius et cum apographo Sirmondiano comparat, cum alios librarii errores correxit tum acrostichon XVIII illius incuria omissum ipse suppleuit.

---

[17]) Sitzungsberichte XCVI p. 452 sq.; Blätter f. d. bayer. Gymn. XVI p. 345.

[18]) Sitzungsberichte CVII p. 737 sq.

Nouas quasdam res addo, unde appareat non utique solum codicem B Rigaltio ad manus fuisse, cum instructiones edendas curaret.

In relationum Academiae Caesar. Vindob. uolumine CVII p. 738 sq. multos attuli locos, quibus editio princeps cum cod. Cheltenhamensi conuenit, a cod. Parisino differt. Quae exempla quamquam sufficiunt, unum tamen, quod illic omisisse me paenitet, hic addam.

I 23, 14 in editione principe haec leguntur:

In supplicem pródis dei, sub aspectu tyranni.

Illud *dei* neque in B neque in A inuenitur ideoque ab Ernesto Ludwig omittitur, quamquam ea re uersus claudicat. At Cheltenhamensis editioni principi hoc quoque loco suffragatur. Itaque cum ne sagacissimus quidem homo coniecturâ supplere uocem *dei* potuerit, dubium non est, quin Rigaltio praeter Parisinum alius quoque codex adfuerit, quem consuleret.

Acrostichi I 13 uersum 5 Rigaltius sic scripsit:

Cum si deus esset unquam non furto uiuebat.

Idem in commentario adnotat: 'Est qui malit: *cum si deus esset, utiq.* (sic!) *non furto uiuebat.* Sed haec particula *utique* rursus occurret uersu proxime sequ.' — Quis est ille, qui *utique* malle dicitur quam *unquam?* In Parisino quidem sola lectio *unquam* inuenitur; non magis in Leidensem codicem cadunt, quae Rigaltius dicit; ibi enim in textu *nunquam*, in margine *unquam* scriptum est neque quidquam praeterea additum. Apparet igitur Rigaltium lectionem *utique* ex alio fonte petiuisse, quem genuinum fuisse documento est, quod Cheltenhamensis quoque *utiq* (sic!) praebet.

Insequentem eiusdem carminis uersum editio Rigaltiana hunc in modum tradidit:

Terrenus utique fuit et monstriuora natura.

Ibidem in commentario additur: 'Placet emendatio: *Monstruosa.*' Quae emendatio utrum ipsius sit an alius alicuius Rigaltius non dicit. At, nisi fallor, haec ne est quidem emendatio, ut Rig. falso opinabatur, sed antiqua et uera lectio. Eadem certe in codice Cheltenhamensi inuenitur, cum codd. **BA** solam lectionem *monstriuora* habeant.

Ad haec duo exempla inter se similia tertium accedit. In alterum eiusdem acrostichi uersum Rigaltius adnotat, pro *Nunc ergo retro*, quod ipse in textum recepit, 'a quibusdam' confici scripturam '*Nunc ergo reticeo.*' Atqui hanc lectionem altera manus codicis Cheltenhamensis praebet, quae primae manus scripturam *retiuo* ita correxit ut sit *reticeo*, cum in codd. **BA** una eademque lectio *retiūo* inueniatur, unde satis apparet illud 'a quibusdam' non ad horum codicum alterum utrum, sed ad alium aliquem fontem pertinere.

Ter igitur in uno eodemque carmine perexiguo uestigia nobis occurrunt, quibus monemur Rigaltio, cum instructiones ederet, ad fontem quendam patuisse aditum, qui non fuit **B** (uel **A**) et similis fuit codici Cheltenhamensi.

Hunc autem fontem quem alium fuisse dicamus nisi apographum Sirmondianum? Hoc Rigaltius, quamquam plerumque Parisino nostro (**B**) utebatur, interdum tamen, ubi in locis difficilioribus haerebat, uidetur consuluisse ibique in textu aut inter lineas aut in margine [19]) lectiones repperisse, quae in cod. **B** deerant. Hunc enim codicem fontis antiquioris, quicumque fuit, non accurate repraesentasse imaginem iam inde perspicitur, quod in ipso codice **B** et totum acrostichon I 18, ut supra (p. VIIII) demonstrauimus, et capitulationis pars [20]) omissa erant. Quae res si ita se habuit, non iam est quod miremur tam multas lectiones, quae desunt in codd. **BA**, editioni principi cum codice Cheltenhamensi communes esse [21]). Has

---

[19]) In apographo Sirmondi praeter primam etiam alteram manum interdum fuisse conspicuam inde apparet, quod Rigaltius in uersum 15 acrostichi 53 (II 12) haec adnotat: 'In apographo scriptum fuerat: *Tu tibi praeterea in delictis parcere noli.* Quae scriptura ferri et explicari posset, nisi nos admoneret is, qui apographum recensuit, ueterem manum fuisse *in Belian.*' — Hoc igitur certe loco primâ manu *in delictis*, alterâ *in Belian* scriptum fuit; at in **B**
in delian
itemque in **A** haec inueniuntur: *in dictis* eaque omnia una eademque manu exarata.

[20]) Sitzungsberichte CVII p. 719.

[21]) Ibid. p. 738 sq.

enim quoque suspicio est Rigaltium ex ipso apographo Sirmondiano petiuisse.

Restat, ut pauca dicamus de uariis lectionibus, quae in cod. **B** praeter textum adiunctae sunt. Earum magnam partem prima manus supra lineas scripsit; quaedam autem altera illa manu adiecta sunt, quae acrostichon I 18 primo omissum suppleuit. Hanc alteram codicis **B** manum ipsius Rigaltii esse cognoui, ubi mihi contigit, ut codicem **B** cum notis et commentatiunculis compararem, quas Rigaltius Berolinensi editionis principis exemplari sua manu subiunxit; de qua re uide Sitzungsberichte CVII p. 714 sq.

od. Leidensis = **A**. Codici Parisino Leidensis simillimus est. Iidem cum non paucis locis inter se differant, Ernestus Ludwig putauit non alterum ex altero descriptum esse, sed utrumque ex uno eodemque antiquiore archetypo fluxisse. Ego uero et singulos accurate excutiendo et ambos inter se comparando dubium non esse intellexi, quin Leidensis ex Parisino ita sit descriptus, ut librarius codicis Leidensis, homo doctus aliquis, non pauca mutauerit et addiderit; qui utrum omnibus locis, quibus ab exemplo suo abscessit, suo tantum ingenio usus sit an interdum praeter codicem **B** etiam alium inspexerit librum, equidem non ausim decernere. Cf. Sitzungsberichte CVII p. 720 sqq.

Apographum Sirmondi. Apographi Sirmondiani saepius iam mentionem fecimus. Descriptum illud a Sirmondo ex codice Andecauensi fuisse, ut supra (p. VII) memorauimus, Baluzius testatur. Idem antiquissimum fuisse fundamentum cognouimus, quo editio Rigaltiana nitebatur. Inde codicem **B** descendisse arbitramur (cf. p. VIIII); ipsum autem apographum Sirmondianum non iam uidetur comparere. Quamquam, id quod paulo post ostendetur, non paucae eius lectiones editione principe nobis seruatae sunt.

De editionibus instructionum.

ditio princeps (1649). Editio princeps a Nicolao Rigaltio curata sic est inscripta: 'Commodiani Instructiones per litteras uersuum primas. Tempore Siluestri P. R. sub Constantino Caes. compositae. Nunc primum typis mandatae. Tulli Leucorum. Apud Sim. Belgrand & Io. Laurentium, Typographos Regios. M.DC.XLIX. Cum priuilegio Regis.'

Ea editio qua ratione sit instituta, quoniam alias iam exposui [22]), illic quae dixi nolo repetere. Illud tantum monuerim, in editione principe praeter textum instructionum eam inprimis appendicis partem alicuius esse momenti, qua uariae lectiones ex apographo Sirmondi proferuntur.

Anno post publicatam principem altera prodiit editio eodem homine docto curante, cuius haec est inscriptio: **Editio altera (1650).**

'Commodiani' Instructiones aduersus Gentium Deos. Pro christiana disciplina. Tempore Siluestri P. R. sub Constantino Caes. compositae. Nunc primum typis mandatae. Tulli Leucorum. Apud S. Belgrand et I. Laurentium, Typographos Regios. M.DC.L. Cum priuilegio Regis.'

Textus alterius editionis a principe non paucis locis diuergit neque tamen ideo melior factus est. Nam Rigaltius in altera editione, ut aliquot manifesta editionis principis menda correxit, ita crebro aut ipsam lectionem genuinam aut genuinae indicia praepostere aboleuit. Cf. Sitzungsberichte XCVI p. 455 sqq.

Editio altera commentarium quoque continet, quo ed. princeps caret. In eo commentario praeter rerum et uerborum explicationes haud raro uariae lectiones ex apographo Sirmondi commemorantur, quae in appendice editionis principis desunt. De ceteris, quae in ed. altera notabilia uidentur, cf. Sitzungsberichte XCVI p. 460 sqq.

Harum duarum editionum exemplaria, quae iam saeculo septimo decimo exeunte admodum rara fuisse Gisbertus Cuper in Lactantiani libri de mort. persecut. c. 2 adnotat, paucissima nunc supersunt, quo factum est, ut de editione principe diu peruersa fuerit hominum doctorum opinio [23]).

Ac principis quidem editionis Parisiis duo, Berolini unum; alterius editionis singula Parisiis et Berolini in bibliothecis publicis exemplaria seruantur. Berolinensia exemplaria,

---

[22]) Sitzungsberichte XCVI p. 447 sqq.

[23]) Ibid. p. 448.

quae ipse identidem meis oculis lustraui, uno uolumine continentur hunc in modum insignito: 'Libr. inpr. c. not. mss. Quart. 49.' In hoc uolumine, quod olim fuit in numero librorum Ezechielis Spanheim, editionis principis titulus et praefatio et index, quo capitula instructionum enumerantur, desunt; cetera ita sunt conposita: Praemittuntur editionis alterius titulus et praefatio; subsequitur editionis principis textus cum appendice; claudunt agmen reliquae editionis alterius partes. Accedunt autem ad ea, quae typis sunt inpressa, commentationes et adnotationes quaedam in conpluribus foliis albis adglutinatis ipsius Rigaltii manu eleganter conscriptae. Praemittitur inscriptio: '*Curae ad Commodianum secundae*'; deinde haec sequuntur:

'*Obseruatio ad Instr. VI.*
cur annis ducentis
Fuistis infantes?
Huic poematio Commodianus impressit uestigia' etc.

Sunt haec eadem, quae Henricus Leonh. Schurzfleisch anno 1709 in supplementis suis prelo mandauit. Cf. Sitzungsberichte XCVI p. 466 sqq.

In bibliotheca nationali Parisina, ut supra diximus, tria inueniuntur editionum Rigaltianarum exemplaria, duo principis, unum alterius editionis. Et alterum editionis principis exemplar, quod sic insignitur: 'Inuentaire C 1640 C 597 Réserue (in 4^{0})', praeter textum typis exscriptum commentarium continet, quem Rigaltius in foliis albis bibliopegi opera interiectis conscripsit, cum editionem alteram parabat. Iam Alfredus Schoene, qui de exemplaribus Parisinis, qua est eximia liberalitate, primus me docuit, ante hos octo annos perspexit scriptum illum commentarium cum eo, quem typis inpressum editio altera continet, fere congruere.

Idem confirmauit Antonius Kunz, qui, dum anno 1882 Parisiis uersatur, rogatu meo accuratius rem indagauit. Quae ille tum litteris mecum benigne communicauit et exemplis luculentis propositis demonstrauit, ea breuiter referam.

Notae Rigaltianae editioni principi in foliis uacuis interiectis conscriptae commentario editionis alterius typis inpresso quamquam simillimae sunt, tamen ab eo interdum differunt, ut appareat hunc non ex ipsis illis notis fluxisse, sed aliud aliquod intercessisse scriptum exemplar, quod typothetae sequebantur. Aliis locis commentarius manu scriptus typis inpresso prolixior est, aliis breuior; nihilo tamen setius uerbis magis quam rebus inter se differunt.

In textu quoque exemplaris illius Rigaltius quaedam calamo mutauit. Earum mutationum maiorem partem Antonius Kunz in alterius editionis textum esse receptam docet; idem nonnullas notauit, quae in altera editione non leguntur; sunt autem hae: II 4, 5 *euitante* [24]) pro *euitate*; ibid. u. 11 mereunt (sic!); II 16, 1 *Sunt* pro *Si;* ibid. u. 24 *Et* pro *Eum;* II 21, 10 *Vincimus .. qui* pro *Vicimus .. quo;* II 22, 3 *illa* pro *illo;* ibid. u. 5 *illud* pro *illum;* u. 7 *refuriam* (in margine) pro *furorem.* — Haec in commentario critico non debui omittere.

Vt in exemplari Berolinensi editioni alteri, ita in Parisino editioni principi aliquot folia uacua subiuncta sunt, in quibus Rigaltius ampliores quasdam adnotationes in conplures instructionum locos conscripsit. Ibi crebrae correctiones ipsius Rigaltii manu factae testimonio sunt illum, quae secum commentabatur, primum tunc uerbis concepisse. Earum adnotationum initia haec sunt:

'*Obser. ad Instr. VI.*

CVR ANNIS DVCENTIS INFANTES FVISTIS] Huic poematio Commodianus impressit uestigia' etc. — Finiuntur autem illae hunc in modum: '*Suprema lex Gazeo nostro fuit, Nullis carminum legibus obligari. Ceterum.*'

Haec prope ad uerbum consentiunt cum eis, quae in fine exemplaris Berolinensis, ut supra (p. XIIII) diximus, eleganti scripturae forma ab eodem Rigaltio exarata sunt.

Extrema exemplaris Parisini parte insuper adiuncta est epistula Rigaltii Francogallico sermone ad Sirmondum scripta, quem Vollmoeller, uir et humanitate et doctrina insignis, mihi descripsit. Cf. Sitzungsberichte XCVI p. 471 sqq.

Editio tertia (1666).

Tertium editae instructiones sunt anno Domini 1666. Tunc enim Parisiis sumptibus Ioannis Du Puis Cypriani opera post

---

[24]) Idem Rigaltius repetit in supplementis (cf. indic. siglorum).

Nicolai Rigaltii mortem Ph. Priorius denuo ita typis inprimenda curauit, ut aliorum quoque scriptorum ecclesiasticorum libros adderet, quorum ultimum locum Commodiani instructiones obtinent sic inscriptae:

'Commodiani instructiones aduersus gentium deos. Pro christiana disciplina. Tempore Siluestri P. R. sub Constantino Caes. compositae. Nunc primum typis mandatae, Cura et studio Nicolai Rigaltii cum eiusdem Notis.'

Haec si quis parum caute legerit, non potest non opinari illic aut ipsam editionem principem Rigaltii aut certe simillimum eius exemplar oculis suis offerri; quorum neutrum uerum est. Nam Rigaltius tum iam duodecim annis ante uita decesserat et Priorii editio non primam, sed alteram Rigaltianam ita repraesentat, ut, ubi ab illa diuergit, plerumque noui editoris incuria causam sustineat. Cf. Sitzungsberichte XCVI p. 463.

Et tamen huic tertiae potissimum editioni ludibrio quodam fortunae contigit, ut subolem satis amplam propagaret. Ac prima quidem illinc deriuatur editio instructionum, quae in uolumine XXVII Maximae bibliothecae patrum Lugduni anno 1672 typis inpressa est; deinde Schurzfleischiana, Dauisiana, Gallandiana, de quibus disputauimus in Sitzungsberichte XCVI p. 463 sq. Eandem uiam sequuntur editiones Pisaurensis (in collectionis Pisaurensis tom. V anno 1766 ed.) et Augustana (in P. Dominici Schram analysis operum s. s. patrum tom. VI anno 1784 ed.). Non magis editio Migneana (Migne, patrol. ser. lat. tom. V) anno 1844 Parisiis uulgata antiquiorem fontem repraesentat; nam religiose Dauisii et Gallandii errores seruat atque repetit, qui ipsius Rigaltii editionibus inspectis facile potuerunt emendari.

Paulo meliorem est ingressus uiam Franciscus Oehler, qui Commodiani instructiones in bibliothecae patrum ecclesiasticorum Gersdorfianae uolumine XIII anno 1847 edendas curauit. Is in commentario ex priorum editionum farragine, quae utilia uidebantur, satis prudenter excerptis nonnulla ex sua doctrina addidit. Idem Berolinense editionum Rigaltianarum exemplar ipse uidetur inspexisse, quibus cur non saepius et constantius usus sit, ualde mirandum est.

Ceterum ne hoc quidem sufficiebat. Omnium primum ipsi codices mss. tandem aliquando adeundi erant. Hoc primus post Baluzium J. B. Pitra fecit, qui in spicilegii Solesm. uolumine IV p. 224 sqq. uarias lectiones codicum **BA** exscripsit. Quo in opere cum uideret quanta licentia et neglegentia Rigaltius in editione egisset, non iniuria proditionem potius illam Commodiani quam editionem esse dixit.

Haec Pitra anno 1858 scripserat. Sed uicesimo demum anno post prodito Commodiano ab Ernesto Ludwig subuentum est, qui, cum nouam editionem [25]) pararet, ut supra iam diximus, codd. **BA** denuo perlustrauit et Parisinum inprimis secutus permultis locis ueram lectionem feliciter restituit. Idem in praefatione apparatum criticum et in fine libelli indices accurate conpositos addidit. Cui si Cheltenhamensis quoque codicis copia esset facta, totam uidetur rem absoluturus fuisse.

De codice ms. carminis apologetici.

Carmen apologeticum uno codice ms. continetur, qui et ipse in celeberrima illa bibliotheca Mediomontana uel Cheltenhamensi seruatur. Hunc codicem paulo ante, quam typis exscriberetur, ex Italia 'quasi e uetere libraria Bobiensi' allatum esse Pitra in prolegomenis p. XVII testatur. Est ille membranaceus, signatus numero 12261, saeculo VIII fere scriptus. In eo carmen apologeticum a folio 182^v usque ad folium 197^v patet. Extrema pagina situ et tineis tam male habita est, ut scripturae interdum aut perpauca aut nulla supersint uestigia. Antecedunt quaedam Augustini et Hieronymi opuscula. Folio 182^r, ut ait Pitra, haec est inscriptio: 'Incipit argumentum Augustini episcopi ad Alypium episcopum'; reliqua pars paginae uacua est; in altero autem folii latere (182^v) nullo uel auctoris nomine uel carminis titulo scripto ipsius carminis initium inuenitur:

Cod. Mediomontanus = **M**.

Quis poterit unum proprie Deum nosse caelorum etc.

[25]) Lipsiae in aedibus B. G. Teubneri. MDCCCLXXVIII.

Litterarum ferme minuscula est forma, nisi quod singuli uersus a singulis uncialibus litteris initium capiunt, ante quas punctum supra lineam poni solet ad uersus distinguendos, qui praeterea uno tenore scripti sunt. Raro librarius per totos uersus unciali scriptura utebatur, uelut u. 138—140. Praeter primam librarii manum altera quoque occurrit, quae siue ex ipso codicis **M** archetypo siue ex alio antiquiore libro, quae aut perperam scripta aut omissa fuerunt, diligenter corrigebat.

De editionibus carminis apologetici et commentationibus quibusdam.

Primus, ut iam diximus, J. B. Pitra carmen apologeticum ex codice, quem Thomas Phillipps, bibliothecae Mediomontanae conditor, illi peruestigandum tradiderat, in spicilegii Solesmensis uolumine I anno 1852 edidit. Textus carminis illic a pagina 20 usque ad p. 49 pertinet. Praemittitur in prolegomenis p. XVI—XXV commentatio editoris. Praeterea nouae eiusdem curae accesserunt in eodem uolumine p. 537—543 et in uolumine IV anno 1858 edito p. 222—224, ubi extrema pars carminis ex recentiore Thomae Phillipps collatione iterum recensebatur.

Anno post primum spicilegii Solesmensis uolumen editum J. L. Jacobi commentationem scripsit, qua quaeritur, quae fuerit Commodiani de trinitate opinio [26]).

Satis longo interiecto temporis spatio noua lux Commodiano adfulsit, cum anno 1870 ea, quae Adolfus Ebert in Saxonica litterarum societate inprimis de ratione, origine, aetate carminis docte et ingeniose disputaverat, typis mandarentur [27]). Inde coeperunt et philologi et theologi Commodiano diu neglecto certatim operam nauare.

Adolfi Ebert uestigia pressit Carolus Leimbach, qui in programmate paschali scholae ciuilis superioris Schmalcaldensis anno 1871 edito, quae ad id locorum de carmine apo-

---

26) Commodianus und die altkirchliche Trinitätslehre. Deutsche Zeitschrift f. christl. Wissensch. u. christl. Leben. 1853 p. 203—209.

27) Abhandl. der philol.-histor. Classe der königl. sächs. Gesellsch. d. Wissensch. V (1870) p. 387—420.

logetico disputata erant, et diligenter congessit et recensuit prudenter et suis doctis commentationibus auxit.

Deinde nouam carminis editionem Hermannus Roensch adgressus est in 'Zeitschrift für die historische Theologie' ann. 1872 p. 163 sqq. Editionis Roenschianae tres sunt partes, quarum unâ praefatio continetur, alterâ noua carminis recensio cum commentario critico, tertiâ commentarius, quo et res et uerba accurate explicantur. In hac tertia inprimis parte mira uiri doctrinae ubertas enitet, cum ibi eae agantur res, in quibus ille iam diu regnat, uulgaris dico latinitatis rationem et antiquitates Christianas et bibliorum latinorum lectiones uetustas.

Anno 1877 tertia carminis apologetici editio Ernesto Ludwig curante in bibliotheca Teubneriana prodiit. Neque ille ea re actum egit; nam cum ipse quoque uulgarem Romanorum sermonem penitus cognitum haberet et uia ac ratione progrederetur, satis prospere ei res cessit, quoad eius sine noua codicis Mediomontani collatione fieri potuit.

De noua collatione codicum Mediomontanorum.

Quas modo memorauimus carminis apologetici editiones et commentationes, eae omnes sola Pitrae collatione nitebantur, quamquam hic ipse fatebatur 'raptim se ignotum carmen' ex codice descripsisse [28]). Itaque uiris amplissimis, qui corpori scriptorum ecclesiasticorum latinorum iussu et sumptibus Academiae Caesareae Vindobonensis edendo praesunt, operae pretium esse uisum est, nouam codicis Mediomontani instituere collationem.

Et primo Henricus Stephanus Sedlmayer anno 1879, dum aliorum negotiorum causa Cheltenhami uersatur, illorum uirorum monitu non solum codicem 1825, quo instructiones continentur, sed etiam codicem 12261, unde Pitra carmen apologeticum edidit, inspexit et utriusque conferendi periculum fecit. Extremam autem carminis apologetici paginam totam accurate depinxit et uestigia scripturae, quae magna ex parte euanuerat, studiose indagauit. Quas ille ex utroque libro

[28]) Spicil. Solesm. IV p. 222.

nouas et egregias notauit lectiones, eae nemini non potuerunt cupidinem inicere cetera quoque cognoscendi.

Itaque anno insequenti Pio Knoell, cum in Angliam proficisceretur, mandatum est, ut inchoatum a Sedlmayero opus absolueret, qui rem tanta et diligentia et rerum peritia peregit, ut, si quid in nostra editione laude dignum uidebitur, magna ex parte illi acceptum referamus.

In collatione Pii Knoell non inueni capitulationes instructionum [29]). Has postea Henricus Beckh, amicus meus, dum studiorum causa in Anglia uersatur, rogatu meo ex codice **C** benigne descripsit.

De nouissimis commentationibus ad Commodiani carmina pertinentibus.

Nouis lectionibus Mediomontanis primus usus est Fridericus Hanssen, qui in commentatione egregia, quam de arte metrica Commodiani edidit (Argentorati apud Carolum J. Truebner. MDCCCLXXXI), postquam collationis nouae ei ex parte copia facta est, permultos locos sanauit. Idem illa commentatione ostendens Commodiani uersus, qui et aliis multis et mihi ipsi prope nullo certo ordine fluere uidebantur, tamen legibus quibusdam teneri ceteris quoque probabilem rationis metricae normam proposuit, ad quam recensendi operam dirigerent.

Nuperrime de Commodiano Guilelmus Meyer bene meritus est. Is in commentatione, quae inscribitur 'Anfang und Ursprung der lateinischen und griechischen rythmischen Dichtung' [30]), ipse quoque de uersuum Commodiani structura egit, carminis apologetici potissimum ratione habita, quia illud minus quam instructiones mendis deformatur.

Illic cum alia multa acute disputauit, tum legem ab ipso primo perspectam protulit, quam secutus Commodianus toto fere carmine binis uersibus singulas sententias concludebat. Hoc Columbi quoddam ouum erat; nam quod unus inuenit, id, postquam inuentum est, tam facile intellectu uidetur, ut

---

[29]) Cf. editionis nostrae p. 3 sq., 56 sq.

[30]) Abhandl. d. k. bayer. Akad. d. Wiss. XVII. (1885) p. 288—307.

se quisque idem inuenire potuisse crediderit. Eius legis auxilio multis carminis locis uerborum distinctio melius quam antea institui potuit.

Ceterum uno loco, u. 565 (561) sqq., ipse Guilelmus Meyer Commodianum legem illam neglexisse concedit; sed aliis quoque locis idem uidetur euenisse, uelut u. 15 sqq. 143 sqq. 341 sqq. 621 sqq. 657 sqq. 913 sqq. 930 sqq.

Idem uir doctissimus, postquam lectiones Mediomontanas cum eo communicaui, cumulatam mihi rettulit gratiam, cum praeter eas, quas in commentatione illa proposuit, emendationes alias quoque non paucas per litteras mihi suppeditauit.

Pauca de nostra qualicumque opera addenda sunt. Inuitus rem difficillimam adgressus sum, cunctanter cedens benignae amicorum adhortationi, qui iusto melius de uiribus meis iudicabant. In ipso autem opere identidem inopinatis interpellatus impedimentis sum, et cum tandem typis exscribi libellus iam coeptus esset, nouo atque laborioso repente munere publico mihi iniuncto negotiis insuetis adeo distinebar, ut in Commodianum non tantum quantum requirebat curae inpendere possem et postremo differre editionem cogerer. Nunc uero mensibus aliquot interiectis ipse de nonnullis alia atque antea sentire coepi et retractanda quaedam censeo.

I 6, 4. Scripsi: *Versari maturum ⟨in⟩ infantia non capit aeuum.* Praepositio *in* quamquam post *maturam* et ante *infantia* facillime potuit excidere, tamen, quoniam ablatiui sine praepositione usus apud Commodianum late patet [31]), ne hoc quidem loco fuit interponenda.

I 26, 17. Claudicare sententiam iam diu intellexeram (cf. Sitzungsberichte CVII p. 756); nunc paenitet me non recepisse, quod olim in mentem uenerat, *unda* pro *uita*. Conparatur enim incerta uitae humanae condicio cum nauigatione periculorum plena. De adiectiuo *uitrea* cum *unda* coniuncto cf. Verg. Aen. VII 759.

---

[31]) Cf. indic. uerborum et locutionum.

I 39, 6. Hic uersus in cod. C ita scriptus est: *Vnde simulatis aliene christo credatis.* Ego post multam haesitationem haec recepi: *Vnde similantis alieni Christo credatis.* Sed et codicis scripturae et sententiae uniuersae magis congruit, quod sero intellexi: *Vnde simulatis alia, ne Christo credatis,* — i. e. 'Vos, Iudaei, quod Rebeccae de caelo nuntiatum est, aliter, atque oportet, interpretamini, ne uidelicet uera interpretatione Christo credere cogamini.' — *Vnde* idem ualet quod 'de qua re.'

II 12, 16. Et sententiae et uersui succurres, si scripseris: *ut reddat⟨ur⟩ fama pro morte.*

II 14, 7. Pro antiquissima lectione *quã* cum ceteris scripsi *nam;* sed nescio an *quando* potius fuerit recipiendum, quae uox alias quoque apud Commodianum idem ualet quod *cum* aduuersatiuum; cf. II 23, 2. 35, 10.

II 15, 12. *Rectos, corde bonos, deuotos legi diuinae]* Comma post *corde*, non post *rectos* ponendum erat, cum locutio *rectus corde* in interpretationibus latinis scripturae sacrae saepe occurrat, uelut Psal. 7, 11. 10, 3. 31, 11. 36, 14.

II 18, 18. Pro *momeriũ*, quod in cod. C inuenitur, *momentum* scripsi. Satius fuit eius loco *materiam* ponere; cf. II 26, 2: *Et dare materiam ceteris exemplo uiuendi*, ubi *materia* eadem notione uidetur usurpari, qua *norma* uel *praeceptum.*

II 33, 8. Scripsi: *Faustum felicem[que] diem in exitu uultis habere;* sed debui syllabarum abundantiam *in* potius quam *que* deleto coercere.

II 35, 15. *fundenda* magis quam *fienda* arridet; cf. u. 3: *quo uenisti fundere preces.*

A. 189. *esse*, quod ms. habet, pro *ex se* restituendum est. Cf. 537: *Ille duos populos praedixerat esse futuros.*

A. 543. *setis ⟨e⟩rectis]* Conuenientius erat codicis lectionem *rectis* retinere; cf. Cypr. p. 253, 18: *alta et recta ceruix, .. tumens animus et superbus.*

Praeterea haec corrigenda uel addenda sunt:

A) in textu:

I 18, 10 lege *retacuit* pro *reticuit*;

I 22, 2 l. *sortis* pro *sortes*;

I 30, 18 post *sterilis* semicolon pro exclamationis signo ponendum;
I 36, 8 l. *numquam* pro *nunquam*;
II 12, 3 l. *quoniam* pro *quonium*;
II 12, 6. 16, 1 l. *expecta, expectant* pro *exspecta, exspectant*;
II 19, 21 l. *Xancta* pro *Xanta*; cf. I 35, 21;
II 23, 2. 36, 8 l. *extinguis* pro *exstinguis*;
II 27, 1 l. *zacones* pro *Zacones*;
II 35, 19 l. *subridis* pro *subrides*;
A. 152 l. *Diabuli* pro *diabuli*;
A. 303 comma post *est* delendum;
A. 659 l. *ydrias* pro *hydrias*;
A. 834 l. *ebdomadis* pro *hebdomadis*.

B) in commentario critico:

I 26, 31 addendum: *Tertull. adu. Iud. 5*: *uox sanguinis fratris tui* *proclamat* (cod. Fuld.) *ad me de terra*;'
I 34, 11 *Caesares* pro *Caesar* scribendum;
II 13, 3 add. praeter *Genes. 9, 25* etiam: *Dan. 13, 56*: *semen Chanaan*' et *Ezech. 16, 3*: '*radix tua .. de terra Chanaan*';
II 15, 5 locis Tertullianeis add.: *Lucif. Calar. p. 271, 7 H.*;
II 19, 17 add.: *cf. A. 202*: *Praetermisso Deo luxurias saeculi mauult*;
II 24, 8 in Hansenii lectione *te* pro *de* scribendum;
II 27, 6 in codicum Cheltenhamensis et Andecauensis lectione ante *ministeria* excidit *sacra*;
II 31, 2 add.: *in Cypriani testim. p. 109, 15 H., quem locum Commodianus uidetur imitatus esse, codicis* **A** *manus 1. et ipsa* '*communia*' *scripsit*;
A. 231 *caro nata*] add.: *cf. incert. auct. adu. Marcion. V 139*: '*Christus caro nasci uenit in orbem*';
A. 703 in lectione codicis **M** *dñm* pro *ñm* scribendum;
A. 780 add.: *cf. u. 712*: '*modo credere fas est.*'

C) inter textum et commentarium:

I 28, 1 add.: *Gal. 5, 22*;
II 1, 13 add.: *Act. 9, 5*; *cf. Lucif. Calar. p. 270, 26 H.*: '*calcem mittere contra stimulum*';
II 2, 12 add.: *Iudith 16, 18*;
II 3, 14 scrib.: *Apoc. 21, 23* pro *20, 23*;
II 4, 7 add.: *Psal. 96, 5*; *Iudith 16, 18*;
II 16, 19 add.: *Gal. 2, 14*;
II 22, 12 add.: *Esai. 58, 7* (*Cypr. p. 108, 20 H.*);
II 26, 9 add.: *Incert. auct. carm. adu. Marcion. III 227*;
II 31, 2 add.: *Tob. 4, 9* (*Cypr. p. 109, 15 H.*);
II 38, 4 add.: *Matth. 21, 22*; *I Ioh. 3, 22*;
A. 268 add.: *Dan. 9, 26* (*LXX*);
A. 580 add.: *Luc. 8, 15*;
A. 972 add.: *Mich. 5, 8*;
A. 1000 add.: *Malach. 4, 1* (*Cypr. p. 94, 22 H.*).

Iam denuo prodeat Commodianus non ille quidem tersus atque limatus, at sui ipsius, spero, paulo similior. Multa etiam nunc restant melius conformanda, multa explicanda accuratius, quibus doctiores et acutiores quam nos sumus prospere operam inpendant.

Superest, ut Guilelmo Hartel et Marco Zucker, qui in plagulis corrigendis opera et consilio benigne et enixe me adiuuabant, maximas pro meritis agam gratias.

Scribebam Onoldi mense Martio anni 1887.

Bernhardus Dombart.

COMMODIANI INSTRVCTIONES
PER LITTERAS VERSVVM PRIMAS.

Index siglorum.

S. = Sitzungsberichte der phil.-hist. Classe der kais. Akademie der Wissenschaften.

b. Gbl. = Blätter für das bayer. Gymnasialschulwesen.

C = cod. Cheltenhamensis, membran., n. 1825 (saec. XI).

B = cod. Parisinus, chartac., lat. n. 8304 (saec. XVII).

A = cod. Leidensis, chartac., Vossianus lat. in octauo n. 49 (saec. XVII).

O = ***CBA***

t, *m*, *s* litterae codicum siglis additae indicant lectiones in textu, in margine, supra lineam scriptas.

And. = cod. Andecauensis deperditus (cf. b. Gbl. 16 p. 341 sqq.; S. 107 p. 733 sqq.)

Σ^1 = uariae lectiones apographi Sirmondiani in appendice editionis I exscriptae (cf. S. 96 p. 450 sq.; 107 p. 737 sq.).

Σ^2 = eiusdem apographi lectiones in commentario editionis II citatae.

Σ = Σ^1 et Σ^2.

r^1 = ed. I anni 1649 } ab ipso Rigaltio curatae et Tulli Leucorum publicatae (cf. S. 96 p. 448 sqq.).

r^2 = ed. II anni 1650 }

r = r^1 et r^2.

r^3 = ed. III, quae anno 1666 post mortem Rigaltii Phil. Priorio curante sub Rigaltii nomine Parisiis prodiit (cf. S. 96 p. 462 sq.).

E^1, E^2, E^3 = tres indices emendationum editioni I subiuncti (cf. S. 96 p. 449 sq.; 451 sq.).

Rig. suppl. = supplementa typis impressa, quae editioni II Rigaltianae addita sunt (cf. S. 96 p. 462).

Rig. ms. = adnotationes in locos quosdam Instructionum in exemplari Berolinensi (libr. impr. c. not. mss. quart. 49) editioni I et II manu Rigaltii conscriptae (cf. S. 96 p. 466; 107 p. 714).

Schurzfl. = ed. Schurzfleischiana anni 1705 (S. 96 p. 464 sqq.).

Schurzfl. suppl. = Schurzfleischi supplementa ad Commodianum anno 1709 edita (cf. S. 96 p. 466 sqq.).

Dau. = Iohannes Dauisius (Dauies) in editione Instructionum anno 1712 Cantabrigiae publicata (cf. S. 96 p. 468).

Oehl. = Franciscus Oehler in editione Instructionum anno 1847 Lipsiae in bibliotheca patrum eccles. lat. Gersdorfiana sumptibus Tauchnitzii publicata.

Ld = Ernestus Ludwig in editione Teubneriana anni 1878.

v = *Oehl.* et *Ld.*

C. A. = Carmen Apologeticum.

s. u. = sub uoce.

s. l. = supra lineam.

COMMODIANI INSTRVCTIONES
PER LITTERAS VERSVVM PRIMAS.

LIBER PRIMVS.

I. Praefatio.
II. Indignatio Dei.
III. Cultura daemonum.
IIII. Saturnus.
V. Iuppiter.
VI. De fulmine ipsius Iouis ⟨audite⟩.
VII. De septizonio et stellis.
VIII. De sole et luna.
VIIII. Mercurius.
X. Neptunus.
XI. Apollo sortilegus falsus.
XII. Liber pater Bacchus.
XIII. Inuictus.
XIIII. Siluanus.
XV. Hercules.

In codd. ***CBA*** *haec capitula primo libro praemissa binis exarata sunt columnis; in* ***B^1*** *et* ***A*** *desunt numeri, quos in* ***B*** *Rigaltius, ut uidetur, addidit; et is quidem in numeris scribendis arabica, librarius codicis* ***C*** *romana utebatur forma. Editiones Rigaltianae octoginta utriusque libri capitula uno tenore scripta praebent; Oehler capitula omnino omittit. Inscriptio* Liber primus *deest in* ***O****; in* ***C*** *autem ante capitula haec leguntur:* Incip̄ commodiani instructiones per litteras uersuum primas; *cf. p. 5* V Iupiter ***Cr*** VI audite *om.* ***Or^1****; in* ***r^2*** *hoc uerbum uncino seclusum* XII bachus ***C*** XIIII Syluanus ***BA***

XVI. De dis deabusque.
XVII. De simulacris eorum.
XVIII. De Ammudate et deo magno.
XVIIII. Nemesiacis uanis.
XX. Titanes.
XXI. Montesianis.
XXII. Hebetudo saeculi.
XXIII. De ubique paratis.
XXIIII. Inter utrumque uiuentibus.
XXV. Qui timent et non credent.
XXVI. Repugnantibus aduersus legem Christi ⟨Dei uiui⟩.
XXVII. Stulte non permoreris Deo.
XXVIII. Iusti resurgunt.
XXVIIII. Diuiti incredulo malo.
XXX. Diuites humiles estote.
XXXI. Iudicibus.
XXXII. Sibi placentibus.
XXXIII. Gentilibus.
XXXIIII. Item gentilibus ignaris.
XXXV. De ligno uitae et mortis.
XXXVI. De crucistultitia.
XXXVII. Qui iudaeidiant fanatici.
XXXVIII. Iudaeis.
XXXVIIII. Item Iudaeis.
XL. Iterum ipsis.
XLI. De Antechristi tempore.

XVI diis ***Or***; *cf. ipsius carminis inscriptionem* **XVIII** deo] dõ ***C***; *in A et* B^1 *lacuna unius uersus est, quam Rigaltius in B recte expleuit* **XXII** seculi ***O***; *cf. acrostichi initia* **XXV** credent *scripsi (cf. acrostichi inscriptionem et initium u. 20)*; credunt *BAr*; *in* ***C*** *extremae litterae parum dilucide scriptae* **XXVI** aduersus legem Christi (Christi *om.* r^1) ***Cr***; aduersus leg. *(sic, omisso* Christi) *BA* dei uiui r^1; *om.* Or^2; *cf. p. 33* **XXX** aestote ***C*** **XXXVI** crucistultitia *scripsi*; crucis stultitia ***Or***; *sed uide, quae ad acrostichi inscriptionem notauimus* **XXXVII** Qui iudaeidiant (iudeidiant *C*) fanatici (fantatici *C*) CB^2 (= *Rig.*) *r*; Qui Iud. *(ceteris omissis)* B^1A **XXXVIIII** iudeis ***C*** **XLI** Antechristi *scripsi*; *cf. acrostichi inscriptionem et initium u. 6*; Antichristi ***Or***

I.

PRAEFATIO.

Praefatio nostra uiam erranti demonstrat
Respectumque bonum, cum uenerit saeculi meta,
Aeternum fieri, quod discredunt inscia corda.
Ego similiter erraui tempore multo
Fana prosequendo parentibus insciis ipsis;
Abstuli me tandem inde legendo de lege.
Testifico Dominum: doleo pro ciuica turba,
Inscia quod pergit periens deos quaerere uanos;
Ob ea perdoctus ignaros instruo uerum.

1, 2 sq. Tit. 1, 2; 2, 13; 3, 7 **7** 2 Cor. 1, 23; Matth. 15, 32

In codd. BA ante primum acrostichon legitur inscriptio: Commodiani instructiones per litteras (literas *A*) uersuum primas, *quae inscriptio hic deest in* ***C*** *(cf. p. 3)* **I, inscript.** *et* **1** I. Praefatio. | Praefatio *rOehl. (cf. S. 96 p. 461; Frid. Hanssen in dissert. de arte metrica Commodiani p. 40);* Praefatio. | Prima praefatio ***C**B^1**A**; ante* Prima B^2 *add.* 1; I. | Praefatio. | Prima praefatio *Ld* **2** seculi ***Or*** **3** quod] quoniam *Pitra Spicil. I p. 543* **4** Ego ***C**A^mrv;* ergo *B*A^t **5** *sq.* prosequendo. Parentibus . . ipsis, | Abstuli *La Croze (Schurzfl. supplem.)* **6** Abstuli *rv;* Abstulit ***O*** **7** Testifico ***C*** *(cf. Neue^2 II p. 323);* Testificor *BArv* **8** pergit periens ***C**Ld (coniecturâ);* perdit periens *B*A^t*;* perdit pergens A^m *Oehl.;* perdit, pergens *r;* perit pergens *Dauies* querere ***C*** uanos ***C**B^2 (= Rig.) Arv;* uarios B^1 *(cf. S. 107 p. 731)* **6** *sqq. interpunctio in edd. uariat:* de Lege. | Testificor Dominum; doleo. prô ciuica turba! | Inscia . . uanos. *r;* de Lege, | Testificor Dominum. Doleo pro ciuica turba | Inscia . . uanos! *Oehl.;* legendo (de lege | Testificor Dominum): „Doleo pro ciuica turba." *Roensch (Zeitschr. f. d. hist. Theol. ann. 1873 p. 218);* de Lege | (Testificor Dominum): Doleo pro ciuica turba! | Inscia . . uanos! *Ld* **9** perdoctus $B^t A^t$*rv;* perdoctos ***C**$B^t A^m$*

II.

INDIGNATIO DEI.

In lege praecepit dominus caeli, terrae marisque:
Nolite, inquit, adorare deos inanes
De manibus uestris factos ex ligno uel auro,
Indignatio mea ne uos disperdat ob ista.
Gens ante, Moysi rudis, sine lege morata
Nesciensque Deum, defunctos reges orabant,
Ad quorum effigies faciebant idola uana.
Translatis Iudaeis Dominus de terra Aegypti
Inposuit legem postmodum et ista praecepit,
Omnipotenti sibi soli deseruire, non illis.

De resurrectione quoque docetur in ipsa
Et spe fortunata rursum in aeuo uiuendi,
Idola si uana relinquantur neque colantur.

2, 1 Psal. 145, 6; Act. 4, 24 **2** sqq. Exod. 20, 3—5; Deuter. 6, 13—15 **10** Deuter. 6, 13 **12** cf. 1, 2

II inscr. II Indignatio dei ***C***; *similiter in C plerumque numeri acrostichorum inscriptionibus praeponuntur, interdum tamen postponuntur uelut I 24:* Inter utrumque uiuentibus XXIIII **1** precepit ***C*** Deus *Pitra Spicil. I p. 543* terrae OE^1r^2v; terraeq. (*sic!*) r^1 **2** inquid ***C*** **3** De *m. 1 in ras.* **5** genr ***C*** moysi ***C*** (rudis Moysi = *ignara mandatorum diuinorum*); Moysem *BALd*; Mosen *r Oehl.*; Gens rudis ante Moysen ⟨iam⟩ *Pitra l. c.*; *post* ante *comma interposui* **6** Nestiensque ***C*** defunctoſ reges ***C*** (ſ *m. 1 superscripsit; S. 107 p. 716; b. Gbl. 16 p. 350*); defunctos deos *And. v*; morientes (moriẽtes *A*) deos *BAr* **7** fatiebant ***C*** **8** egypti ***C*** **9** Inposuit ***C*** p̃modũ ***C***; *cf. 11, 3* irta precepit ***C*** **10** Omnipotenti *OLd*; Omnipotens *r Oehl.* **11** resurectione .. decetur ***C*** **12** spe fortunata *Ld*; spẽ fortunatã ***C***; spem fortunatam (fortunatum r^1) BAr^1; spe, fortunatum E^3r^2 *Oehl. coll. 12, 15* simile uiuentes; *34, 19* immortale uiuere euo uiuenđ ***C*** **13** relinquanŧ neque conlantur ***C***

III.

CVLTVRA DAEMONVM.

Cum Deus omnipotens exornasset mundi naturam,
Visitari uoluit terram ab angelis istam;
Legitima cuius spreuerunt illi dimissi;
Tanta fuit forma feminarum, quae flecteret illos.
Vt coinquinati non possunt caelo redire,
Rebelles ex illo contra Deum uerba misere.
Altissimus inde sententiam misit in illis;

De semine quorum Gigantes nati feruntur.
Ab ipsis in terra artis prolatae fuere,
Et tingere lanas docuerunt et quaeque geruntur,
Mortales et illi mortuos simulacro ponebant.
Omnipotens autem, quod essent de semine prauo,
Non censuit illos recipi defunctos e morte.
Vnde modo uagi subuertunt corpora multa;
Maxime quos hodie colitis et deos oratis.

3, 2 sqq. Gen. 6, 2 sqq.

III, 1 C//////////dſ̃ *C*[1] (*post* C *quattuor uel quinque litterae erasae*; dſ̃ *quoque erasum, ita tamen ut legi possit*); Com dſ̃ *C*[2] *in margine* exornasset *C*; exornaret *BArv*; ornaret *Pitra Spicil. I p. 543* **3** culus *C* demissi *A* **4** feminar̃ q *C* **5** quoinquinatio *C* possunt *CBA*^{m}*Ld* (*de* ut = *ex quo cf. Georg. HW*[7] *p. 2988 sq.*); possent *A*^{t}*r Oehl.* celo *C*; *ita plerumque C habet* celum, celestis *etc.* **4** *sqq.* Tanta .. illos, | Ut .. non possent .. redire. | Rebelles *r Oehl.*; *melius uerba distinxit Ld, nisi quod comma post* redire *in textu omisit* **7** sententiã *C* illis *CBA*^{m}*Ld*; illos *A*^{t}*r Oehl.* **9** artis *C*; artes *BArv* prolatae *BArv* (*cf. locum Horatianum infra allatum*); probata *C* fuere *C*; fuerunt *BArv* **10** quaeque *Ld coll. C. A. u. 749; 803*; qcũq *C*; quaecunque *BAr Oehl.*; Et tingi lanas docuerunt quaeque geruntur *Pitra Spicil. I p. 543* **11** illi mortuos (mortuo *r*[1]; *cf. S. 107 p. 738*) simulacro (simulacra *r*[1]) *Cr*[1] (*cf. Horat. carm. IV 8, 5 sqq.* artium, Quas aut Parrhasius protulit aut Scopas, Hic saxo, liquidis ille coloribus Sollers nunc hominem ponere, nunc deum); illis mortuis simulacra *BAr*[2]*v* **12** Omp̃ſ *C* **13** censu& *C* recepi *B* defuntos *C* **14** *consentire hic cum reliquis codd. et edd. Andecauensem testatur Baluzius; cf. b. Gbl. 16 p. 351* **15** et deos *C*; deos et *BArv*

IIII.

SATVRNVS.

Saturnusque senex si deus, deus quando senescit?
Aut si deus erat, cur natos ille uorabat?
Terroribus actus, sed quia deus non erat ille,
Viscera natorum rabie monstruosa sumebat.
Rex fuit in terris, in monte natus Olympo,
Nec erat diuinus; sic deum esse dicebat.
Venit inops animi, lapidem pro filio sorpsit:
Sic deus euasit; dicitur modo Iuppiter ille.

V.

IVPPITER.

Iuppiter hic natus in insula Creta Saturno
Vt fuit adultus, patrem de regno priuauit,
Proinde nobilium uxores sororesque delusit.
Praeterea sceptra fecerat faber illi Pyracmon.
Initio caelum, terram Deus et mare fecit;
Terribilis autem iste medio tempore natus
Ex antro processit iuuenis furtimque nutritus.
Respice querellas! Alter est Deus, non Iouis ille.

IIII, 2 *sqq.* uorabat, | Terroribus actus: Sed . . erat ille, | Viscera r^1; uorabat | Terroribus actus? Sed quia deus non erat ille, | Viscera r^2v; *ego post* uorabat *posui interrogationis signum; a uerbis* Terroribus actus *responsionem orditur poeta* **4** monstruosa *CBLd*; monstruosã *A;* monstrosa *r Oehl.* **6** diuinus *BArv;* diuin' *C*; diuini (= *dei filius*): sic *Seb. Dehner* (*et hanc et alias, quarum infra mentio fiet, eiusdem uiri docti coniecturas ex litteris eius benigne ad me missis cognoui*) ſı^{c} C^1 (= *sic temere; de qua notione cf. quae Heindorf adnotat in Horat. serm. I 2, 106; similiter in Graeco sermone usurpantur* οὕτως, αὔτως; *de* se *omisso cf. S. 107 p. 796*); se *BALd*; sed *r Oehl.* esse *O Ld* sese *r Oehl.* **7** Venit inops animi] *cf. Verg. Aen. 4, 300; Ouid. Met. 6, 37* sorpsit $A^m r^2 v$; sersit C^t; aƚ ſorb | ſit C^m; sorbsit r^1; sensit sorpsit *B;* sensit A^t. **8** dicitur] dic *C* **V, inscr.** *et* **1** Iupiter *r* **4** Pr&erea *C* faber *om. A* ille *C* Pyracmon *Brv*; Pyragmon *A;* piragmon *C* **5** Initiũ *C* (I *in ras. m. 1*) **6** Terribilis] T *in C m. 1*(?) *in ras.* istꝺ *B* **7** andro *C* **8** que≡rellas (*post* que *uidetur* i *erasum*) alter ẽ (eſt *m. 2 add.*) *C* (querellas = *controuersias Dei ueri et Iouis; cf. Petron. 15* aduocati . . flagitabant, uti . . iudex querellam inspiceret); quod rerum autor (auctor *rv*) est *BArv*; Respice, quae ⟨pue⟩rilia — alter est *Seb. Dehner*

VI.

DE FVLMINE IPSIVS IOVIS AVDITE.

Dicitis o stulti: Iouis tonat, fulminat ipse.
Etsi paruulitas sic sensit, cur anni dicentes?
Fuistis infantes: numquid et semper eritis?
Versari maturum ⟨in⟩ infantia non capit aeuum.
Lusus puerilis cessit: sic et corda recedant;
Moribus utique consilia uestra debentur.
Insipiens ergo Iouem tonitruare tu credis
Natum hic in terris et lacte caprino nutritum;
Ergo si illum deuorasset * * Saturnus,
In istis temporibus quis pluebat illo defuncto?
Praesertim mortali patre deus nasci credatur?
Saturnus in terris senuit et defecit in ipsis.
Illum non aliquis prophetauit ante pronasci.

6, **2** sq. Prou. 1, 22; Ephes. 4, 14

VI, inscr. audite *CLd*; *om.* *BA*Σ^2*r Oehl.* **2** Etsi *scripsi*; Et si *Orv* sic sensit *Cr Oehl.*; sic (sis *A*) censit *BA*; sic censet *Ld* cur] cum *malit Oehl.* anni dicentes *C* (*de toto loco cf. S. 107 p. 789 sqq.*); annis ducentis *BArv* **3** numquid *Oehl.*; nũquid *C*; nunquid *BArLd* **4** Versari maturum *scripsi*; Versarĵ maturum *C*; Versa in maturum *BArv* in *addidi* capit *Or Oehl.*; agit *Ld*; sapit *Huemer* (*Zeitschr. f. d. österr. Gymn. 1879 p. 34*) aeuum *BArv*; *om.* *C*; Versa in maturum infantia nuncupat aeuum *Hanssen* **5** cessit *C*; aetas cessit *Arv*; αtaα (= *aetas*) ceſſat *B*; actus cessat Σ^1 **4** *sq.* aeuum | Lusus; puerilis aetas *rv* **6** utique *C*; uirilibus *BArv*; *cf. b. Gbl. 18 p. 302* **7** tonitruar&u *C* **8** natum *OLd*; natus *r Oehl.* hic *Cr Oehl.*; sic *BALd* et *C*; *om.* *BArv* nutritum *ALd*; nutritus *CB*; nutritur *r Oehl.* **9** Ego *C*; r *add. m. 2* deuorasset Saturnus *Or Oehl.*; deuorauisset Saturnus *Ld*; deuorasset ⟨metu⟩ Saturnus *Hanssen* **9** *sq.* Ergo si illum uorasset Saturnus in istis | Temporibus, quis ⟨iam tunc⟩ pluebat, illo defuncto *Pitra Spicil. I p. 543* (*immemor legis acrostichidis*) **11** Praesertim (Presertim *C*) *OLd*; (= *disertim, manifesto? cf. 41, 17; C. A. 647*); Praesertim si *r Oehl.* credatur? *scripsi*; credatur, r^1; credatur. r^2 *Oehl.*; credatur! *Ld* **12** et ibi defecit (*om.* in ipsis) *Pitra l. c.* **13** ante pronasci C^1; *idem Oehl. in adnot. coniecerat*; ante prenasci C^2; ante praenasci *BA Ld*; praenasci (*om.* ante) *r Oehl.*; patre renasci *Pitra l. c.*

Vel, si tonat ipse, lex ab ipso lata fuisset.
Seducunt historiae fat⟨u⟩os confictae ⟨inanes⟩.

Ille autem Cretae regnauit et ibi defecit.
Omnipotens uobis factus Semeles amator.
Viuus ipse modo amaret similiter [si uiuere] ille.
Inpuros oratis et dicitis esse caelestes
Semine mortali natos de Gigantibus illis.

Auditis et legitis natum in terra fuisse:
Vnde bene meruit corruptor ascendere caelum?
Dicitur et fulmen Cyclopas illi fecisse,
Inmortalis enim habuit a mortalibus arma.
Tot reum criminibus, parricidam quoque suorum,
Ex auctoritate uestra contulistis in altum.

14 lota *C* **15** Seducunt historiae fat⟨u⟩os confictae ⟨inanes⟩ *scripsi* (*cf. 17, 1*); Seducunt istoriae fatos cũ fue◇ *C*; Seducunt historiae per uates confectae (confictae A^m *r Oehl.*) *BArv*; Seducunt per uates historiae confictae *Pitra l. c.*; Seducunt historiae fat⟨u⟩os cum fu⟨tile narrent⟩ *Hanssen*; S. h. fat⟨u⟩os cum fue⟨rint finctae⟩ *Dehner* **16** autem] a. *A* Cretae regnauit *Hanssen* (*cf. Minuc. Fel. 21, 8* Cretae .. regnauit illic obiit); hor& inregna ũ *C*; in Creta regnauit *BArv*; Cretam regnauit *Dehner* **17** Semeles *Dehner* (*cf. 12, 6; de clausula* ´– ⏓ ´– ⏓ *cf. 8, 3*); Ganymedis $A^tE^2r^2$ *in lemmate adnotationis, Schurzfl. suppl.*; er medis *C*; œme[medis] *B*; erme[medis] ... A^m; crme[medis] (erme?) *Σ*; Alcmenes *r in textu* **18** Viuus *scripsi* (= *si uiueret*; *cf. Plaut. Menaechm. u. 245 R.* Verum aliter uiuos (= *si uiuo*) numquam desistam exsequi); Viuis *OLd*; Viris *Ld in praef.*; Viuos *r Oehl.* amaret similiter *scripsi*; similiter amaret *Or Oehl.*; simularet (*scil. amorem*) *Ld* si uiueret *BArv*; si uiuere *C*; *ego haec uerba seclusi, quae ad explicandum uocabulum* uiuus *primo in margine scripta deinde in uerborum contextum uidentur irrepsisse; cf. 34, 19; II 32, 10**; Viuos (*uel* Viros) isto modo (*huc pertinere glossam* similiter) amaret, si uiueret ille *Huemer* **19** Inpuros *C* **22** maeruit *B* cel *C* **23** siclopas *C* fecissent *C* **24** Inmortalis *C* hebuit *C* **26** autoritate *BA*

* *Haec cum iam scripsissem, ex litteris, quas supra memoraui, cognoui Seb. Dehnerum de hoc uersu mirum in modum mecum consentire, nisi quod hic pronomen* ille *aut omittendum aut inter* similiter *et* amaret *inserendum putat.*

VII.

DE SEPTIZONIO ET STELLIS.

De circulo zonae fallit uos imperitia uestra,
Ex eo quod forte Iouem experitis orandum.

Saturnus fertur ibi, sed stella, non ille; effugit
Expulsus a Ioue. Aut Iouis in stella credatur?
Poli quoque sidera tractauit solusque sator,
Troianis qui bellum fecit, auem mortalem amauit.
Ipsis sideribus aut Mars qui cum ipsa deprensus
Zelo maritali deus nominetur aduliscens?
O nimium stulti, qui putatis moechos ab astris
Nascentes regere aut totam mundi naturam.

VII, 1 zone *C*   ur̃a *C*   **2** qđ (= *quod*) *C*; quod *BA*; que *r Oehl.*; quid *Ld, qui post* orandum *interrogationis signum posuit*; Ex eo quod forte *idem uidetur ualere quod* Si forte ex eo   expetitis *Dau. Oehl.*   **3** *sq.* stella, non ille: effugit | Expulsus *Ld, nisi quod comma post* stella *omittit*; stella non ille | Effugit (Exfugit *C*; *cf. II 33, 6*) expulsus *O*; stella; nam ille | Effugit, expulsus r^1; Effugit expulsus *Σ quoque habuisse testatur* r^2 *in comment.*; stella; nam ille | Expulsus r^2; stella; nam ille effugit | Expulsus *Oehl.*; *fortasse:* stella, non ille qui fugit | Expulsus; *cf. Verg. Aen. 8, 319 sq.* Saturnus .. arma Iouis fugiens   **5** quoq *C*; quoque *BA*r^1; qui r^2v solusque sator *O*r^1*Ld Hanssen, qui mensuram* solu'que *cunctanter admittit*; solique sator r^2 *Oehl.*   **6** auem mortalem *O*$\Sigma^2 r^1$*Ld*; Venerem almam r^2*Oehl.*
7 Ipsis in sideribus *Ld*   qui *scripsi* (qui deprensus = ὁ ἁλούς; *cf. C. A. 345*; *Roensch. It. et Vulg. p. 443*); q *C*; *om. BAv*   ipsa *Or Oehl.* (= *domina*; *cf. Georg. HW*^{7} *p. 375*; *Woelfflini libellum de comparatione p. 3*); ista *Ld* (*'scil. Venere'; at Veneris in antecedentibus codices non faciunt mentionem*)   deprensus *Oehl. in comment.* (*cf. Ouid. Met. 4, 184*); depre^h^ensus C^1; deprehensus (depra^?^ehensus *A*) *BA rv*   **8** Zelo *C*A^t*rv*; et ilo *vel* elo *B*A^m mortali r^1 nominetur *O Ld* (*ut u. 4* credatur); nominatur *r Oehl.*   *interrogationis signum post* aduliscens *primus posuit Ld*; maritali? deus .. aduliscens. *Oehl.*; mortali. Deus (maritali; Deus r^2) .. aduliscens. *r*; maritali, Deus nominatur ulciscens *Pitra Spicil. I p. 543*; maritali, deus nominetur adulter. *Hanssen*   **9** O nimium *C*B^2 (= *Rig.*) *rv*; O ninium A^t; Omnium B^1 (*expunctum altera manu*) A^m moechos *CLd*; marhos *BAnd.*Σ^2; natos r^1; Maios r^2; Magnos *Oehl.*   **10** totam mundi naturam *rv*; tota mundi natura *O*

In uulnera positi et ipsi sub fata uiuentes,
Obsceni, furiosi, bellatores, impii uitae,

Et filios totidem mortales illi fecere:
Terribilis omnis, stulti, septizonio fortis!

Si stellas colitis, colite et bis sena sigilla!
Tam arietem, taurum, geminos toruumque leonem
Et dein quae uadunt in piscis tu quoque probabis.
Lex sine lege, fuga uestra, quod uult esse ualebit.
Lasciua uult esse, sine freno uiuere quaerit.
Ipsi quod uultis erit, et deos et deas oratis.
Sic ego colui, dum erraui, quod modo culpo.

VIII.
DE SOLE ET LVNA.

De Sole et Luna, licet sint praesentanea nobis,
Erratis; quod ego prius putatis oranda.

11 uulnere *Pitra Spicil. I p. 540* fata *A*[t] *rv*; facta *CBA*[m]; fato *Oehl. in comment.; cf. 17, 3* **12** Obsceni *Crv*; obscoeni *BA* (*Rigaltius in B per errorem s. l. scripserat* o nimium; *sed atramentum recens ipse extinxit*) furiosi *CDau.* (*coniecturâ*) *Oehl.;* curiosi *BArLd* impii uitae (uite *C*) *O*; impiae uitae *rv* **13** filius *C* **14** Terribilis omnis .. fortis *O*; Terribiles omnes .. fortes *rv* 16 Tam *O* (= *aeque, haud secus ?*); Tum *rv* toruumque *scripsi* (*cf. II 36, 4; Cic. deor. nat. II 42, 106; 43, 110 ubi* toruu' draco, magnu' leo *et ipsa de caeli signis dicuntur*); coτorūq (u *supra*) *C* (*C*[1]: coτorūq, *quod correxit m. 2*); ferumque *BArv*; cancrumque *Dehner coll. Auien. Arat. 369 sqq.* **17** dein quae *scripsi*; deinq *C*; denique *BArv* euadunt *r*[1] *Oehl.* piscis *scripsi*(*'qui bissena zodiaci sigilla complectuntur uersiculi uulgares, sic desinunt:* Caper, Amphora, Pisces' *r*[2] *comm.*); piscibus *Orv* tu quoque *OrLd*; coque *r*[2] *Oehl.*; tuque *Hanssen* **15** *sqq. uulgo sic fere interpungebantur:* sigilla | Tum, arietem .. leonem; | Et denique .. in piscibus: tu quoque (piscibus, coque,) probabis? (.) **18** fuga uestra (ur̄a *C*) *Or Oehl.* (= *indomita fabulandi libido atque licentia? Diez, etym. Woerterb.*[4] *p. 371 censet uocabula romanica* foga, fougue *originem ducere ab eo quod est* fuga); fugat astra: *Ld*; *idem 'olim' maluit* fata uestra qđ *C* **19** freno *Crv*; fraeno *A*[t]; frario *Σ*[1]*BA*[m] querit *C* **20** qđ *C* **21** culpi *C*; cului *correxit m. 1* quod *r Oehl.*; quo *OLd* **VIII, 1** uobis *A*[m] **2** quod *Or* (= *id quod*); (Erratis,) quod, ut *Dau. Oehl.;* quae *Ld*

Sunt quidem in astris, sed non sua sponte currunt:
Omnipotens illos, cum conderet omnia primum,
Locauit ibidem cum stellis quarta dierum.
Errorem antiquus quin cum * * *
Et quidem in lege iussit, ne quis illos adoret.
Tot deos oratis, qui nihil de uita promittunt,
Lex quorum in terra non est, nec ipsi praedicti;
Vos autem seducunt sacerdotes pauci ⟨inanes⟩,
Numina qui dicunt aliquid morituro prodesse.
Accedite legis ⟨edictis⟩ et dicite uerum.

VIIII.

MERCVRIVS.

Mercurius uester fiat cum saraballo depictus
Et galea et planta pinnatus et cetera nudus.

8, **7** Deuter. 4, 19; 17, 3

3 sponte currunt ***Orv*** (*de clausula* ⏑́ ⏑ ⏑́ ⏑ *cf. 17, 9*; *II 6, 8*; *17, 19; 22, 2; 27, 9; 31, 10; C. A. 66*); sponte ⟨de⟩currunt *Hanssen* **5** locauit r^2v; locauitque Or^1; *cf. 11, 5* cum] eum ***C*** stellis $A^m r$ *Oehl.* (*Genes. 1, 16*); seclis ***O***; saeclis *Ld* (*'h. e. temporibus, quae Sole et Luna constituuntur'*) **6** antiquus $CBA^m rv$; antiquis A^t quia *A* *post* cum *in* ***C*** *spatium duodecim fere litterarum uacuum relinquitur; Oehl. lacunam sic explet*: Errorem antiquus (*sc. Moses*) quin cum ⟨uideret, notauit⟩ **7** legẽ ***C*** **9** predicti ***C*** **10** secerdotes ***C*** pauci] praui A^m; pauci praui *Ld coll. 17, 1* Deludunt uos pauci scelerati uates inanes; *ex eodem loco Hanssen restituit* pauci inanes **11** Numina qui ***ALd***; Nomini qui ***CB***; Numinis qui r^1 *Dau. Oehl.*; Numinis quid r^2 **12** Accedite ***Arv***; Accedit ***CB*** legis ⟨edictis⟩ et dicite uerum *scripsi* (*cf. II 26, 8* cum fe⟨ce⟩ritis edicta); legis et .... dicite uerum ***C***; legis et dicite uerum BA^t (*pro* legis *in B* ueris *scriptum fuit, quod m. 1 correxit*); discite A^m; (Accedite,) legite et discite uerum *r Oehl.*; (Accedite) Legi et ⟨discite et⟩ dicite uerum *Ld*; (Accedite) legi, ⟨legite⟩ et dicite uerum *Hanssen* **VIIII, 1** fiat ***C*** $BA^m\Sigma^1 rv$; fuit A^t; fit *Oehl. in comment.* saraballo *r Ld*; Saraballo (arabalo) ***B***; sarab(alo)allo *A*; araballo ***C***; abolla $B^m A^m \Sigma^1$ *Oehl.* **2** et planta *scripsi* (*cf. Tertull. Nat. 1, 14 extr.; Apol. 16 extr.*; *b. Gbl. 17 p. 446*); et pallã ***C***; et palam $BA\Sigma^1$; aut pileum *r*; et pileum *Oehl.*; (galea,) et ala *Ld* pinnatus ***CArLd***; primatus *B* (*ante* m *et* a *atramenti extincti maculae*); pennatus Σ^1(?) *Oehl.*

Rem uideo miram, deum ⟨cum⟩ saccello uolare:
Currite pauperculi cum gremio quo uolat ille,
Vt sacculum effundat, uos extunc estote parati.
Respicite pictum, quoniam uobis hic ab alto
Iactabit nummos; uos tunc saltate securi.
Vane, non insanis, colere deos pictos in axe?
Si uir esse nescis, cum besteis perge morari.

X.

NEPTVNVS.

Neptunum facitis deum ex Saturno pronatum,
Et tridentem regit, ut pisces suffigere possit.
Patet esse deum: humerale illi parate!
Troianis non ipse cum Apolline muros eduxit?
Vnde deus factus inops caementarius ille?
Non Cyclopem genuit monstrum? non moechus et ipse?

3 cum saccello *r Oehl.*; sacello (*quod cunctanter repudiaui; cf. u. 5*) *O*; saccello *Ld* (*idem in commentario* cum *haud improbare uidetur*) **4** paupculi *Cr Oehl.* (*S. 107 p. 772*); paupercli *Hanssen*; pauperenti *BA*[t]; proper. (*sic!*) *A*[m]; properanti *Ld* **5** Ut] in (m (= ut) over in) *B* saculum (c over a) *C*[1]; *cf. C. A. 611* extunc] tunc *Oehl. in comment.* parati *CA*[t]*rv*; parato *BA*[m] **6** quõ (= *quoniam*) *Crv*; quo *BA* hic *C*; sic *BArv* **7** uoſ///τ///uc (n over u) *C*; uos tunc *BArLd*; uos nunc *Oehl.* **8** colore *C* **9** uir esse nescis *scripsi*; uıuı///ſenτeſcıſ (ef over ///) *C*; uiucre nescis *BArv* besteis *C* (*S. 107 p. 766; Schuch. Vokal. II p. 38; Woelfflin. Arch. f. lat. Lex. u. Gramm. I p. 250; 588; III p. 107*); bestiis *BArv* **X, 2** regit *Or*[1]*Ld*; gerit *r*[2]*Oehl.* sufficere *C* **3** humerale illi parate *scripsi* (humerale = *uestis sacerdotalis; cf. Vulg. Leuit. 8, 7; Eccli. 45, 10; Exod. 28, 4; Ducange s.u.*); cumerale milli parate *C*; cumatilem illi p. *BA*; (deum!) cumatile illi parate! *Ld*; (deum) cumatilem illo paratu *r Oehl.* **5** inobs *C* caementarius *rv*; Coementarius (ci over Co) *A*; cimentarius *CB* **6** ɩenuit *C*; *quod m. 1 correxit ut sit* ɣenuit (= genuit; *cf. Wattenb. lat. Palaeogr.*[3] *p. 41*) moechus *CA*[t]*And.* (*b. Gbl. 16 p. 348*); marhus *BA*[t]*Σ*[1]; Maius *r*; Magnus *Oehl.*; Num Magnus et ipse | Viuere non p. *etc.* '*olim*' *maluerat Oehl.* ipse?] *interrogationis signum Ld in commentario primus posuit, in textu omisit*

Viuere non poterat de suo, quod structuram gerebat.
Sic genuit generatus, qui fuit iam mortuus olim.

XI.

APOLLO SORTILEGVS FALSVS.

Apollinem facitis citharoedum atque diuinum.
Primum de moechia natus in insula Delo;
Oblata mercede postmodum structuram secutus
Laomedonti regi Troianorum muros eduxit
Locauitque sese, quem deum seducti putatis;
Ossibus cuius amor Cassandrae flagrauit,
Subdole quem lusit uirgo, falliturque diuinus,
Officio uerbenis ⟨non⟩ potuit scire bicordem;
Repudiatus enim discessit inde diuinus.
Torruit hunc uirgo specie, quam ille deberet.
Illa prior utique debuerat deum amasse.

7 quod ***Or***; quid *v* structuram gerebat ***Ld***; structura gerebat ***Or***; structura merebat *Oehl.*; structor agebat *Dehner* de suo? .. gerebat? *uulgo interpungebatur*; *cf. Zeitschr. f. wissensch. Theol. XXII p. 399 sq.* **XI, 1** citharoedum *r Oehl.* (*cf. Prud. in Symmach. 2, 523* laurum citharoedi uatis); citharedũ ***C***; cytharae (cytarae ***B***) deum ***BA***; citharae deum ***Ld*** **2** moechia ***C***; moecha (?) *And.* (*S. 107 p. 772*) ***Ld***; marhia ***BA***Σ^1; Maia *r*; Magna *Oehl.* **3** meicede ***C*** p̃modũ ***C***^{1}; postmodũ ***C***^{2}; *cf. 2, 9; S. 107 p. 775* structuram secutus ***Ld***; structura secutus ***CBA***^{s}; structuras secutus ***A***^{t}; structor (,) obsecutus *r Oehl.* **4** Laemedonti regiſ ***C*** (ſ *add. m. 2*) **6** cassandre ***C*** **7** falliturque *r Oehl.* (*cf. Ouid. Met. 1, 491* suaque illum oracula fallunt); fallitur̨q ***C***; fallitur̨q ***B***(?)***A***; fallitur qui *Oehl.* (*in comment.*) ***Ld*** diuinus] d(ui)inus ***C***^{1} **8** Offitio ***C*** uerbenis ***CBA***^{m} (*Seru. in Verg. Aen. 12, 120* Abusiue .. uerbenas iam uocamus omnes frondes sacratas ut est laurus, oliua uel myrtus); uerberis ***A***^{t} ***Ld***; ueruecis *r Oehl.* non *interposuit Hanssen*; *om. codd. et edd.* bicorde ***O*** **9** Repudiatus] e *in* ***C*** *ex* u *correctum* enim] exin *Oehl. in comment.* in(d)///e ***C***; *ante* e *erasum* m **10** Torruit *r*^{2} (*in comment.*) *v*; Terruit ***Or*** spetiem ***C*** **11** Illa *r*^{2} *Oehl.*; Ille ***Or***^{1} ***Ld*** prior utique .. deum *scripsi* (utique prior *Hanssen*); prior tuq .. dm̃ ***C***; prior tu qui .. deum ***BA***; prior, te qui .. deum *r*^{1}; prior quae .. deum *r*^{2} *Oehl.* (*idem in comment.: 'Olim malui*: Illa purior, quae respuerat'); prior qui tum (tum qui *in praefat.*) .. deam ***Ld*** amasse *Hanssen* (*coll. II 9, 6; Roensch. It. et Vulg. p. 431*); amauisse *rv*; amanse ***C***; amause ***BA***; *post* amasse *cum r*^{1} *punctum pro commate posui*

Lasciuientemque Dafinem sic coepit amare.
Et tamen insequitur, dum uult uiolare puellam:
Gratis amat stultus, nec potuit consequi cursu.
Vel, si deus erat, occurreret illi per auras:
Sub tectis illa prior uenit, remansitque diuinus.

Fallit uos gens hominum, nam ui robusti fuerunt.
A primitia quoque pecora pauisse refertur.
Lusibus in positis dum mitteret discum in altum,
Sublapsum non potuit retinere, prostrauit amicum:
Vltimus ille dies fuit Hyacinthi sodalis.
Si diuinus erat, mortem praecessisset amici.

XII.

LIBER PATER BACCHVS.

Liberum patrem certe bis genitum dicitis ipsi.
In India natus ex Ioue Proserpina primum
Belligerans contra Titanas profuso cruore

12 Lasciuientemque *CLd*; Lasciuientem qui *B A r^1*; Lasciuiens qui *r^2 Oehl.* dafinem *C* (*cf. Schuch. Vokal. II p. 412*); daphnem *B*; daphem *A*; Daphnen *rv* cepit *C* amare. *scripsi*; amare: *r*; amare, *Oehl.*; *interpunctionem deleuit Ld* **13** Et tamen insequitur *Or Oehl.* (*uidetur poeta incautius imitatus esse Ouid. Met. 1, 540* Qui tamen insequitur); Et amens insequitur *Ld* **14** cursũ *C* **16** diuin⁊ *C* **17** gens *$r^2 v$*; genus *O r^1* ui robusti *scripsi* (*cf. Cypr.* p. 541, 1 H. uirtute robustus; *cogitandum uidetur de gigantibus priscis; cf. Gen. 6, 4* Gigantes autem erant .. isti sunt potentes a saeculo uiri famosi; *10, 9* Et erat (Nemrod) robustus uenator, *quibus locis inter ueterrimas interpretationis Graecae recensiones de lectionibus γίγας et βίαιος, γίγαντες et βίαιοι ambigebatur*); biroτuſli *C*; biɣo (= bigo? *cf. Wattenb. lat. Palaeogr.^{3} p. 41*) tristi *B*; biȝo tristi *A*; bizo (?) tristi *Σ*; uictu tristi *r*; typho tristi *Oehl.*; biuio triti *Ld*; *idem suspicatur*: uitio triti; uitiosi isti *Huemer* **18** A primitia *C*; aprmutia (Admeti) *B^1*; Aprmutia (aduerti) *A^m*; Aprimutia *$Σ^1$*; aprmutia *$Σ^2$*; Admeti *$A^t r$* (*cf. Cypr. Quod idola etc. c. 2 p. 20, 1 sqq. H.; b. Gbl. 16 p. 350 sq.*); aduerti *B^1 in marg.* peccora *C*; *om. r^3, Schurzfl.; cf. S. 96 p. 464* fertur *Oehl.* **19** Lusibus *BArv*; Libus *C* in positis *scripsi*; inpositis *C*; impositis *BArv* **20** postraũ *C* **21** diacynthi *C* **22** precesisset *C*; praecessisset *A^m*; praesciisset (precessisset) *B*; praescisset *$A^t r v$* **XII, inscr.** bachus *C* **2** Ioue Proserpina *Or* (= *Proserpinâ natus ex Ioue*); Ioue et Proserpina *Dau. v* **3** titanas *CAr Oehl.*; Titanes *BLd*

Expirauit enim sicut ex mortalibus unus.
Rursus flato suo redditus in altero uentre.

Percepit hoc Semele iterum Iouis altera moecha,
Absciso cuius utero prope partu defunctae
Tollitur et datur Niso nutriendus alumnus.
Ex eo bis natus Dionysus ille uocatur,
Religio cuius in uacuo falsa curatur,

Bacchantur et illi, qualis nunc ipsi uidentur,
Aut † peticulones mineruionis quesutoris
Conspirant in malo, proludunt fincto furore,
Ceteros ut fallant dicturos numen adesse.

4 Expirauit *C* enim] exin *Oehl. in comment.* **5** flato *C* (l *altera* (?) *manu expunctum*) *BA*^{m} *r*^{1} (flato = *spiritui, animae, uitae? cf. u.* **4** Expirauit; *August. de ciu. Dei XIII, 24, uol. I pag. 595, 8 D*^{2}: Hoc (πνοή) .. est in Graeco etiam illo loco apud Esaiam (57, 16), ubi deus dicit: *Omnem flatum ego feci*, omnem animam sine dubitatione significans; *Prudent. Peristeph. 3, 168 sq.* Pax datur artubus exanimis, | Flatus in aethere plaudit ouans; *de metaplasmis declinationum cf. indicem*); fato *A*^{t} *r v* redditur *Oehl. in comment.* in] is *A* **6** Percepit *scripsi*; Percipiet *CB*; Praecipiet *A*; Percipit *r v* hoc *O r Oehl.* (*sc. flatum?*); hunc *Oehl.* (*in comment.*) *Ld* semel *C* moecha *CA*^{m} *And.* (*b. Gbl. 16 p. 348*) *Ld*; marha *BA*^{t}; Maia *r Oehl.* **7** Absciso *C*; Abscisso *BA r v* partu *O* (u *littera in B paene a est*) *r*^{1} *Ld*; partum *r*^{2} *Oehl.* **9** dionisius *C*; Dionysius *BA* **10** Relꝑgio *C*; ɿ (= *i*) *per* e *litteram m. 2 duxit* uacuo *CB A*^{t} *r Oehl.* (*cf. Jenaer Literaturzeit. 1879 p. 194*); uacho *A*^{m}; Baccho *Ld* **11** Bachantur *C* qualis *C*; qualia *BA r v* **12** p&iculones mineruionis quesutoris *C*; periculones Mineruionisque (Mimnermonisque *Σ*^{2} *r*^{2}) sutores *Σ*^{2} *r*; periculones Minermonisque sutoris *BA*; Mimnermomerique sutores *r*^{2} *in comment.* ('*qui ex Mimnermi et Homeri carminibus in alium sensum consutis et concinnatis risum captabant in theatris*'); periculosae Mimallonesque sorores *Oehl.* (*quod haud inprobandum uidetur, si* pericyclades *pro* periculosae *scripseris*); heri calones, mimi Eronisque tutores *Ld* **13** fi^n^cto *C*$^{1?}$; ficto *BA r v* Conspirante Malo, proludunt ficto furore *Hanssen* **14** dicturos] dicendo *Ld in praefat.* numen *A r v*; nom̃ *C*; nomen *B*

Hinc manifeste rudes homines sine le⟨ge⟩ uiuentes
Vino permutati, primo quod expresserat ille,
Sub ludicro suo honorem illi dedere.

XIII.

INVICTVS.

Inuictus de petra natus si deus habetur,
Nunc ergo reticeo; uos de istis date priorem!
Vicit petra deum, quaerendus est petrae creator.
Insuper et furem adhuc depingitis esse,
Cum, si deus esset, utique non furto uiuebat.
Terrenus utique fuit et monstruosa natura,
Vertebatque boues alienos semper in antris,
Sicut et Cacus Vulcani filius ille.

15 Hinc manifeste rudes homines sine le⟨ge⟩ uiuentes *Hanssen* (*cf. 2, 5* Gens ante, Moysi rudis, sine lege morata); Huic manifeste rudes homines simile uiuentes *C*; Hinc manifeste rudes homines simile uincentes *BA*; Hinc manifeste uides homines simile uiuentes *r Oehl.*; Hinc manifeste uides homines sic mille uincentes *Ld* **16** permutati *CB* $A^t r^1$*Ld*; moti A^m; permotati r^2 *Oehl.* prɸmo *C* (*litteram* ȷ *m. 2 scripsit*); primo r^1; primus BAr^2v qđ *C* **17** dedere r^2*Oehl.*; debere Or^1; debuere *Ld* **XIII, 1** Inuictus] *cf. Timoth. Fabri dissert. de Mithrae dei solis inuicti apud Romanos cultu* (*Elberf. 1883*) *p. 26 sqq.* petra *r v*; patre *O* **2** ergo reticeo $C^2\Sigma^2$(?); ergo retiuo C^1; ergo retūo BA^t; rogo A^m; ergo retro *r Oehl.*; *malim* ego reticeo uos de istis date priorem *O r Oehl.* (= *Ego ipse tacebo, uos audiam loquentes; exhibete mihi eum, qui et Inuicto illo et petra, unde ortus est, prior sit; iam ipsi peruenietis ad Dei ueri cognitionem. — Praepositio* de *hic, ut alias* ab, *pro* quam *aut ablatiuo comparationis usurpatur; eius rei exemplum Georges, HW.*[7] *p. 1768, e Gromaticis uett. 11, 19 affert*); Nunc ergo terreno uos dedistis: date priori! *Ld* **3** ꝗrendus .. petre *C* **5** utiꝗ non *C*; '*est qui malit:* Cum si Deus esset, utique non furto uiuebat. *Sed haec particula* utique *rursus occurret uersu proxime seq.*' *Rigalt. in comment. ed. II*; unquam non BA^m; unquam, non *v*; nunquam non A^t **6** monstruosa *COehl.*; '*Placet emendatio*: Monstruosa' *Rigalt. in comment. ed. II*; monstriuora *BA r Ld* (*Tres primae edd. habent* monstriuora; *falso igitur Ld:* 'monstruosa *edd.*') **8** uulgani *C*

XIIII.

SILVANVS.

Siluanus unde deus iterum apparuit esse?
Inde forte placet, eo quod bene fistula cantat?
Largitur quoniam lignum? Nam forte non esset.
Vaenalem emisti dominum, cum tu ipse sis illi.
Aspice, deficit lignum! quid illi debetur?
Non te pudet, stulte, tales adorare tabellas?
Vnum quaere Deum, qui post mortem uiuere dicit!
Secede ab istis, qui sunt biothanati facti.

XV.

HERCVLES.

Hercules quod monstrum Auentini montis elisit,
Euandri qui solitus erat armenta furare,
Rustica mens hominum, indocilis quoque, pro laude
Cum gratias agere uellent, absentis Tonantis

XIIII, 1 apparuit *O* **2** qđ *C* **3** quoniam *rv*; quõ *C*; quō *B*; quoq; *A* nam *Crv*; non *BA* **4** Vęnalem emisti *A*; Vanalem emisti *B*; Vanale memisti *C*; Venalem emisti *rv*; *cf. Paulin. Nol. poem. adu. pagan. u. 31; Jahrb. f. class. Philol. 123, p. 431 sq.* deum r^2 *comm.* cum tuipsesis *C*; cum impseris *B*; cum empseris *Arv* illi *rv* (= *cum tu ipse illi sis dominus*); ille *O* *uulgo sic interpungebatur:* dominum: cum empseris, illi, | Aspice **5** Adspice *A* deficiet *Hanssen*; *fortasse:* defecit **6** p///det *C* **7** quaere $A^t rv$; querere *C*; quaerere BA^m deum] dõ *C*, *quod m. 1 correxit ut sit* dõɔ p morte C^1; p(oft) mortẽ C^2; *cf. S. 107 p. 775* dicit *Dauies* (*coniecturâ*; *cf. 21, 8; 35, 21; C. A. 763* qui promittit uiuere semper) *Hanssen*; dic&ı (ı = *i altera manu scriptum*) *C*; diat (docet) *B*; diat (donat) *A*; diat *r*; docet $\Sigma^1 \Sigma^2$ ('*pro emendatione*' r^2 *comm.*) *Oehl.*; duat Ldr^2 *comment., ubi haec adnotantur:* '*Quid si Commod. scripserit* duat? *archaice, pro* dederit'; sciat *Vonck lect. lat. I p. 74; ego suspicabar* duit (= *faciat*) *scribendum esse; cf. 26, 37; 28, 2 et b. Gbl. 17 p. 447; ceterum illic quae disserui, non iam omnia mihi probantur* **XV, 1** qđ *C* montes *C* **2** solitͤ (= us) *C* furare *C* (*cf. Georg. HW.*⁷ *s. u.*); furari *BArv* **3** mens *CrLd*; mons *BA*; gens Σ^2; *cf. S. 96 p. 453* indocilisq; A^m **4** uellint *C* absentis tonantis Or^1Ld; absenti Tonanti E^1r^2 *Oehl.*; *cf. Dion. Halic. 7, 39*

Vouerunt hostias inepto ut deo orando,
Laetandas aras in memoriam sibi fecerunt.
Ex eo perrexit, de uetusto more colatur.
Sed deus hic non est, licet fuit fortis in armis.

XVI.

DE DIS DEABVSQVE.

Dicitis esse deos, qui sunt manifeste cruenti,
Et dicitis fata genesis adscribere nobis?

Dicite nunc ergo, quibus primum sacra ferantur:
Inter utrumque uias mors inmatura uagatur.
Si tribuunt fata genesis, cur deum oratis?

Deciperis, uane, qui Manes quaeris orare,
Et qui fabricantur dominos tibi nuncupas esse.
Aut feminas quoque nescio quas deas oratis,

5 Vouerunt A^m *rv*; Voluerunt *C*; Voluerunt *B* A^t inepto *O Ld*; inepti *r Oehl.* dō//// *C* (*eras.* m) **6** Laetandas *OLd*; Lactentes *r Oehl.*; Litandas *Pitra Spicil. IV p. 225* **7** perrexit *Guil. Hartel*; prorexit *CB* A^m; prorepsit A^t; prouenit *r Oehl. in textu*; prouenit ut *Oehl. in comment.*; pro rectis *Ld*; prouexit (*sc. mens*) *M. Zucker* colantur *Ld*; *idem* aris *ad* rectis, arae *ad* colantur *supplet et confert C. A. 1015* quos .. pro magno colebant **XVI, inscr.** diis *O*; *cf. quae in u. 4 adnotauimus* **1** $\overset{ui}{q}$ *C* (ui *m. 2 add.*) **2** geneseis *malit Pitra Spicil. IV p. 225* ascribere *Ld* nobis *O*; uobis *rv* **4** utrũque *C*; utrumque *BA* (= *utrorumque; cf. Neue² II p. 256*); utrimque *rv*; *fortasse* utramque uiam; *cf. Verg. Aen. 3, 685*: Inter utramque uiam leti discrimine paruo inmatura *C* *post u. 4 in O unius uersus spatium relinquitur praemissa una littera* I; *neque tamen excidisse hic quidquam uidetur, sed librarius aliquis perperam haec interposuisse, ut uersuum initia formae* diis, *quam in inscriptione inueniebat, accommodaret* **5** Si tribuunt *rv*; Si tribuunt (*spatio interiecto*) *BA*; Si & tribuunt *C* fa////ta *C* (*ante* t *erasum* c) genesis *CB* A^m *rv*; geneses A^t; genesis *Pitra l. c.* **6** qris C^1; $\overset{ue}{q}$ris C^2 **8** At *Oehl.* $\text{quo}\overset{ue}{q}$ *C* (ue *m. 2 add.*)

Bellonam et Nemesim, deas Furinam, Caelestem,
Virgines, et Venerem, cui coniuges uestrae delumbant.
Sunt alia praeterea daemonia ⟨procul a⟩ fanis,
Quae nec numerantur adhuc et in collo feruntur,
Vt nec ipsi sibi rationem reddere possint [pestes].
Exportari magis in ultima terra deberent.

XVII.

DE SIMVLACRIS EORVM.

Deludunt uos pauci scelerati uates inanes,
Extricare suam dum quaerunt * * uitam.

Subornant aliis ex se sub mysteria falsum.
Inde simulantes concussi numine quodam
Maiestatemque canunt et se sub figura fatigant.
Vidistis saepe Duellonarios, quali fragore

9 Nemesim *scripsi*; nemissem ***C***; Nemesin *BArv* Furinam, Caelestem *scripsi* (*de Caelesti uirgine cf. Augustin. de ciu. Dei 2, 4*); furiãma celestem (caelestem) ***O***; Fariam unà Coelestem (coelestem r^1) *r*; ‘*in apographo* (= *Σ*) *legitur:* Furiam’ r^2 *comment.*; Furiam, unâ Caelestem *Oehl.*; Furiam, iram caelestem *Ld* **10** Virgines $A^t rv$; Virginis ***CB***A^m coniuges ***C***; ı *m. 2. in rasura scripsit; primo eius locum* g *uidetur tenuisse;* coniungere *A* uestre ***C*** **11** p̃terea demona ***C*** *post* daemonia (doemonia *A*) *in BA spatium duarum uel rium litterarum relinquitur* ⟨procul a⟩ fanis *scripsi* (= *quae templa non meruerunt*); ⟨plurima⟩ fanis *Hanssen*; uestris in fanis *Huemer*; fanis ***O*** (*Ld falso:* fana *AB*) *rv* **13** rationem reddere possint. *scripsi* (*cf. Lucret. 2, 763; 4, 570*); possint rationem reddere pestes ***O***; possint rationem reddere. Pestes | (Exportari) *rv;* Ut nec ipsis possint rationem reddere pestis *Hanssen*; *ego* pestes, *quod uerbo* possint *bis scripto ortum esse opinor, uncis inclusi* **14** ultimas terras r^3 *Oehl.* **XVII, 2** querunt ***C*** *post* quaerunt *uel* uitam *excidisse aliquid apparet*; mercede uitam *Pitra Spicil. I p. 543;* uitam inanem *Ld* (*comm.*); uitam egenam *Hanssen*; fraudibus uitam *M. Zucker* **3** alias A^m ex se *Oehl. Ld* (*cf. 19, 11*); esse (ẽe ***C***) ***O****r* misteria ***C***; sub mysterio *Oehl. in comment.*; *sed cf. 7, 11; 27, 19* falsum] sacrum (*Ld falso* sanctum) *Dau.*
4 Inde simulantes *r Oehl.* (*S. 107 p. 749*); Indisimulantes ***C***; Indissimulantes *BALd* concussi ***O***r^1 *Ld*; concuti r^2 *Oehl.* numine *Arv* (*cf. Verg. Aen. 7, 385* simulato numine); nomine ***CB*** **5** Maiestateque *Oehl. in comm.* **6** sepe ***C*** Duellonarios *scripsi* (*cf. S. 107 p. 748 sq.*); dulcmarios ***C***; didemarios *BA*$Σ^1$; Dindymarios *r Oehl.*; dites moechos *Ld*

Luxurias ineunt, dum furias fingere quaerunt,
Aut cum dorsa sua allidunt parca bipinne,
Cum doctrina sua cernant, quod cruore sanent.
Respicite, quoniam non illos numina cogunt,
Ipsi qui se primum conponunt integra mente;
Sed stipem ut tollant ingenia talia quaerunt.

Ex eo uidete, quoniam sunt omnia ficta.
Obumbrant populum suplicem, perituri ne credant.
Res semel in uano de uetustate processit,
Vt uaticinanti credantur prodita falsa;
Maiestas autem illorum nulla locuta est.

7 Luxorias *CBr* (*cf. Schuch. Vokal. II p. 159*); luxias *A* ineunt *rv*; ineũ *C*; in $\overset{\text{ineunt}}{\text{eum}}$ *B*; $\overset{?}{\text{ineant}}$ *A* ꝗrunt *C* 8 allidunt] *B primo scripserat* alligunt; *sed eadem manus* allidunt *correxit* parca *OLd* (*cf. Cypr. de laps. c. 14* manu parcente contrectat); spurca *r Oehl.* bipinne *C* (*Schuch. Vokal. I p. 345*); *idem in B primo scriptum erat*; bipenne *B* (*ex correctione primae manus*) *AΣ*^{2}(?) *rv* 9 doctrinam suam *Ld* cernant *Cr*^{1} (*S. 107 p. 750*); seruant *BAr*^{2}*v* quod cruore *Cr Oehl.* (*de clausula* ´ ⏑ ´ ⏑ *cf. 8, 3*); quid corpore *Ld* sanent *C*; sanant. (sanant? *Ld*) *BArv*; Cum doctrinae suae seruiunt, quod cruore sanant? *Oehl. in comment.* 10 Respicite *CArv*; Respuite *B* quoniam *Ld*; quõ *C*; quod *A*^{m}; quo *BA*^{t}*r Oehl.* ñ illos *C*; non illos *BAr Oehl.*; nonnullos *Ld* numina *A*^{t} (*corr.*); nomina *A*^{t} (*primo*); nomine *CBA*^{m} *Oehl.*; numine *Ld* 11 ipsi *OLd*; ipsis *r Oehl.* conponunt *C* 12 ſpem (u *supra*) *C*^{1} querunt *C* (*idem sic constanter aut* quero *aut* ꝗro) 13 qm̃ *C* facta *in C primo scriptum erat; deinde prius* a *mutatum in* l (= *i*) 14 supplicem *Ld*; supplice *C BA*^{t}; simplicem *A*^{m} *r Oehl.* ne credant *OLd*; (simplicem, perituri) ni credant *r Oehl.* 16 Vt *Or*^{1}*r*^{2}*v*; Et *r*^{3} (*S. 96 p. 462 sq.*); *falso igitur Dau. Oehl. Ld uel editiones uel Rigaltium* Vt *exhibere dicunt* uaticinanti *A*^{m}*rv*; uaticinianti *C*; uatici manti *BA*^{t} credantur prodita *Hanssen*; credatur proditi *C*; credatur prodit *BA*; credatur prodenti *r Oehl.*; credatur prodiit *Ld* 17 locuta est *A*^{m}*rv*; locutus est *B*; locutus est *CA*^{t}; *fortasse legendum* locutust; *de generis insolito usu cf. C. A. 467*: Tunc sic et ipsa maiestas .. profitetur ipse quis esset

XVIII.

DE AMMVDATE ET DEO MAGNO.

Diximus iam multa de superstitione nefanda,
Et tamen exsequimur, ne quid praeterisse dicamur.

Ammudatem qui suum cultores more colebant,
Magnus erat illis, quando fuit aurum in aede;
Mittebant capita sub numine quasi praesenti.
Ventum est ad summum, ut Caesar tolleret aurum:
Defecit numen uel fugit aut transit in ignem.
Auctor huius sceleris constat, qui formabat eundem.
Tot uiros et magnos seduxit false prophetans,
Et modo reticuit qui solebat esse diuinus.

Erumpebat enim uocis quasi mente mutata,
Tamquam illi deus ligni loqueretur in aurem.

XVIII *Hoc acrostichon, suo loco positum in* **C**, *omissum in* B^1 *et A, extrema codicis B parte additum est manu Rigaltii* (= B^2); *de qua re cf. S. 107 p. 718 sq. — De Ammudate recentiore aetate disputauerunt Hamann in Ludwigi praefatione p. XXXIII, Mordtmann et Redslob in Zeitschr. d. deutsch. morgenl. Gesellsch. XXXI p. 91 sqq.; XXXII p. 733; Ed. Meyer in lex. mythol. Roscheri p. 291; Studniczka in archaeol.-epigr. Mittheil. aus Oesterreich-Ungarn VIII p. 59 sqq.* **2** qđ p̃terisse *C* **3** Ammudatem qui *scripsi;* Ammudatemque B^2 *r v*; Ambuatemq̨ *C* more^{tt}colebant *C*; more (= *stulte*?) tollebant? **4** aede B^2*rv*; edem *C* **5** Mitteba^{n}t *C* numine B^2*rv*; nomine *C* **6** sumum *C* cesar *C* auro *C* **7** Defecit B^2*rv* (= *mortuum est*; *cf. 6, 12; 16; Cypr. p. 254, 26 H.*); Deficit *C* numen uel *scripsi*; numen ut *C*B^2; numen, aut *r*; numen aut *Oehl.*; numen: aut *Ld* **8** constat qui B^2*rv*; constatq̨ *C* eundem B^2*rv*; eudē *C* **9** seduxit *scripsi*; seducunt *C*B^2r^1; seducit E^1r^2v false *C r Oehl.* (*cf. 19, 13; II 32, 12; C. A. 393*); falsa B^2*Ld* prophetant *Pitra* (*Spicil. IV p. 225*) *perperam sibi uidebatur in codice legisse* **10** modo reticuit qui B^2*rv*; modere tacuitq̨ *C*; retacuit *fortasse retinendum* **11** Erumpebat *C*B^2*Ld*; Erumpebant *r Oehl.* uocis *C* (*Verg. Aen. 11, 377* rumpitque has imo pectore uoces); uoces *r Oehl.*; uenis B^2*Ld* **12** Tãquã *C*

Dicite nunc ipsi, si non sunt numina falsa,
Ex eo prodigio quot perdidit ille propheta.
Oblitus est iste prophetare, qui ante solebat.

Monstra deo ista ficta sunt per uiniuoraces,
Audacia quorum damnabilis numina fingit.
Gestabatur enim et aluit tale sigillum:
Nunc et ipse silet, nec ullus de illo prophetat.
O nimium sed⟨ulo⟩ uos ipsos perdere uultis.

XVIIII.

NEMESIACIS VANIS.

Non ignominium est uirum seduci prudentem
Et colere tale⟨a⟩m aut Dianam dicere lignum?

13 ñ sunt *C* (*cf. 37, 10*); non sint B^2rv numina B^2rv; nomina *C* **14** p̄digio *C* quot B^2rLd (= *si reputaueris quot*; *epiphonema causale relatiuum; cf. b. Gbl. 12 p. 176*); qđ *C*; quod *Oehl.* **16** Monstra deo *C*; Monstra adeo B^2rv; Monstra dei *Hanssen* fincta ĩ (r̃?) *C* (*cf. 12, 13; 19, 4*); ficta sunt B^2rv u⁷ni (*sic!*) uoraces *C* **17** Auditiacorũ *C* nomã *C* **18** Gestabatur (*sc. curru uel equis*) *Hanssen*; gestabunt̃ *C*; Gestabant B^2rv al̄uit *C*; aruit B^2rv **19** Nunc *C Mordtmann* (*coniecturâ*; *cf. S. 107 p. 751*); Nam B^2rv **20** O nimium sed⟨ulo⟩ uos *scripsi* (*cf. quae adnotantur in 7, 9*); Omniũ sed uos *C*; Omnino sed uos B^2rv; (prophetat |) Omnino; sed uos *v*; Omnia no⟨uistis⟩; sed uos *Hanssen*; *fortasse ut 7, 9 legendum*: O nimium stulti perdere *C* (*post* perdere *tres litterae erasae*) B^2r *Oehl.*; dementes perdere *Pitra Spicil. I p. 543*; deperdere *Ld* uoltis B^2 **XVIIII** *De argumento huius acrostichi conferenda sunt, quae Oehler in commentario affert* **1** uirum $CA^t r$ *Oehl.*; uirium BA^m; Virbium *Ld haec addens in commentario*: *'hoc l. nomen proprium desiderari ex uerbis hisce:* colere talem aut Dianam dicere lignum *adparet*; *neque uero deae nemoris numen quodlibet coniungi potest, sed solus deus nemoris ac uenationis Dianae similis uel eiusdem deae sacerdos, quem esse Virbium antiquissimum Regem Nemorensem ac sacerdotem Dianae in nemore Ariciensi cultae codicum scriptura probatur'* **2** Et colere *CBrv*; Aut colere *A* tale⟨a⟩m *scripsi* (= *ramum desectum*; *cf. Seru. in Verg. Aen. 6, 136; Arnob. adu. nat. 6, 11* coluisse .. lignum Icarios pro Diana indolatum; *Roscheri lex. mythol. p. 595*; *de uocabulo* talea (*Ital.* 'taglia) *cf. Non. 4, 473* taleas scissiones lignorum uel praesegmina Varro dicit (*r. r. I 40, 4*); *Diez, etym. Woerterb.*⁴ *p. 313 sq.*); talem *Orv* aut Dianam *Arv*; audianã *CB*; aut diuam *Gothofredus in adnot. in cod. Theodos. XIV 7, 2* lignium *B*

Mane ebrio, crudo, perituro creditis uno,
Ex arte qui fincte loquitur quod illi uidetur;
Seuere ⟨diuinum⟩ dum agit, sibi uiscera pascit.
Incopriat ciues unus detestabilis omnes
Adplicuitque sibi similis collegio facto,
Cum quibus historiam fingit, ut deum adornet.
Ipse sibi nescit diuinare, ceteris audet.
Succollat, quando libet, eum, et quando, deponit;
Vertitur a se⟨se⟩ rotans cum ligno bifurci,
Ac si putes illum adflatum numine ligni.
Non deos uos colitis, quos isti false prophetant:
Ipsos sacerdotes colitis in uano timentes.
Sed si corde uiges, fuge iam sacraria mortis.

3 perituro *C B* A^{1} *And.* (*b. Gbl. 16 p. 346*) *r Oehl.* (*cf. 17, 14*; periturus *ideo dicitur sacerdos Dianae Aricinae, quia cogebatur cum eo certamen singulare inire, qui locum eius petebat*; *cf. Seru. in Verg. l. c.*; *Maxim. Taurin. serm. 101* more gladiatorum paratus ad pugnam ferrum gestat in manibus); periuro A^{m} *Ld* uno *C* (*S. 107 p. 773*); uiro *B A r v* **4** arte *C A* (*Ouid. Her. 16, 142* lusimus arte uirum; *Maxim. Taur. l. c.* hoc autem — *ut uino se paret ad plagas deae suae* — non solum de ⟨in⟩temperantia sed et de arte faciunt, ut minus uulnera sua doleant); ante *B*; antro *Ld* fincte *C B r* (*cf. 18, 16*); ficte *A v* quid *r* **5** ⟨diuinum⟩ dum *scripsi*; d⟨iuin⟩um *Hanssen*; dũ *C*; dum *B A r Oehl.*; deum *Ld* pascit *r v*; poscit *C A Gothofr. l. c.*; poscit *B* **6** Incopriat *A r v*; Incopiat *C Σ*; incopiat B^{1} oms̃ *C* **7** adplicatque *Gothofr. l. c.* similis *C*; simili *B A r v* collegia facta (facto?) *A* **8** hystoriam *C* deam *Gothofr. l. c.* adornet *C r Oehl.*; adarnat *B*; adornat *A Ld* **9** Ipsa *Oehl.* **10** libei (= *libet*) *B*; liber *A*; *cf. S. 107 p. 723* eum *C* B^{2} (= *Rig.*) *r v*; cum B^{1}*A*; deum *Oehl. in comment.*; eam *Gothofr. l. c.* deponet *C* **11** a se⟨se⟩ *Guil. Hartel*; a se *O r Oehl.* (= ἀφ' ἑαυτοῦ, *non instinctu diuino*); asse (= *axe*) *Ld*; ac se *Oehl. comment.*; *ante* rotans *M. Zucker inseruit* sonans *coll. Verg. Aen. 6, 49* Et rabie fera corda tument, maiorque uideri | Nec mortale sonans, adflata est numine quando; Iam propiore dei **12** afflatum *B A r* numine B^{1} *in marg. r v*; nomine *C* B^{1}*A* **13** isti *C*; ipsi *B A r v* **15** si *O r Oehl.*; in *Ld* (*errore typograph.?*) uiges *C* A^{1}*r v*; urges *B* (*correctio utrum primae an alterius manus sit non liquet*); urges A^{m}

XX.

TITANES.

Titanas uobis tutanos dicitis esse;
Ita Mutas, Tacitas sub culmine uestro rogatis,
Tot Lares aediculis, simulacra facta Titano!
Adoratis enim stulti malo leto defunctos,
Non legem ipsorum legentes; non ipsi loquuntur,
Et deos audetis eramine dicere fusos?
Solueretis eos magis in ūascula uobis.

XXI.

MONTESIANIS.

Monteses deos dicitis, dominentur in auro,
Obscurati malo aliena mente iurantes.

XX inscr. tita nes *C* **1** Tutanos B^2 (= *Rig.*) *Oehl.*; titanis *C* B^1 ('Titania' *falso Ld*) *A*; Titanias *Ld* dicitis $CB^2A^t rv$; dictus B^1A^m **2** Ita Mutas, Tacitas *scripsi* (*aut* Mutae *uel* Tacitae *deae nomen ad filios eius i. e. Lares transfertur aut numerus pluralis nominis proprii uniuersum eius modi deorum genus significat*; *cf. R. Kuehner. a. Gr. §. 20, 3*); Aut mutas tacitas $CB^1A\Sigma^2$; Immites tacitos B^2 (= *Rig.*) *r*; Immotos, tacitos *Oehl.*; Immites, tacitas *Ld*; *Dauies subtiliter haec adnotat*: '*forsan legendum*: ITA MUTAE TACITAE sub culmine uestro rogatis Tot lares; *nam Lares Mutae deae filii. Lactant. Diu. Instit. I 20*: Hanc (*Mutam*) esse dicunt, ex qua sint nati Lares. *Vide sis Ouid. Fast. 2, 572*; *583 sqq.*' *post* uestro *in C erasum* ſ *post* rogatis *punctum ponebatur* **3** Tot] *in C primo scriptum erat* Tol, *quod m. 1 correxit* aediculis *ALd* (= *in aed.*); ediculis *C*; aediculꝭs *B* (ι *in* a B^2 *superscripsisse uidetur*); aediculas *r*; aediculae *Dau. Oehl.* simul acra *C* facta *O*; ficta *r Oehl.* **4** Adoratis enim stulti malo leto (laeto *B*) defunctos *And.* (*b. Gbl. 16 p. 350*) B^2 *rv*; A. e. s. m. leto (laeto *B*; lęto *A*) defuncti CB^1A **6** eramine *C* (*cf. II 9, 19*); aeramine B^2 (= *Rig.*) *rv*; aranurae B^1A **7** Soluer&is *C* (= *soluere debebatis*; *cf. Kuehner. a. Gr. §. 47, 7*); Solueritis *BArv* Deos *A* **XXI inscr.** monte sia nis *C* **1** Monteses deos *CA And.* (*b. Gbl. 16 p. 344*) Σv; Monte^et^ses deos *B*; Montes et deos *r*; Montes esse deos *Oehl.* (*in comment.*) *Hanssen* dominentur E^2rv (*cf. 27, 11*; *Verg. Aen. 2, 327* dominantur in urbe); nominentur *CA*; nominentur *B* (d *et* a B^2 = *Rig. superscripsit*); dominantes *Hanssen* in auro $C\Sigma^1r^2$; in auro *B* (g *altera manus* — *Rig.?* — *superscr.*); in auro *A*; in aruo E^2r^1; *post* auro *uulgo non interpungebatur* **2** Obscurati malo CB^1Ar^1v; Obsecratis (*sic!*) male B^2 (= *Rig.*) r^1 iurantes *C* (*altera littera incertum utrum* u *an* n *sit*); iurantes BAr^1; iuuantes r^2v; *malim* curantes (= *colentes*); *cf. 12, 10*; *C. A. 680*

Nam si purus animus et mens serena maneret,
Tu tibi de illis ipsi disputare deberes.
Excordaris homo, si putas, ut isti te saluent
Seu regant, seu minuant, nisi quid tu fani decurris.
Iustitiam legis quaere magis quam illa; salutis
Auxilium portat et fieri dicit aeternum.
Nam quicquid in uano sequeris, per tempora gaudes,
In breui laetaris et postmodum plangis in imis:
Subtrahe te illis, si uis resurgere Christo.

XXII.

HEBETVDO SAECVLI.

Heu doleo, ciues, sic uos hebetari de mundo!
Excurrit alius ad sortes, aues aspicit alter,

3 mens ſæena *B* (= *serena*; *cf. S. 107 p. 723*) *rv*; mens seuere *A*; menseraena *C* manerent *Oehl.* **5** isti *O* (*etiam BA, quod Ld non notauit*); ipsi *rv* saluent Cr^2 *Oehl.*; saluant BAr^1Ld **6** rogant *A* nisi qđ *C*; nisi quod *A*; nisi quod *B* (*correctio* si quid *Rigaltii uidetur esse*); siquid *rv* fani *A* (*Ld falso*: fana); *C primo* faтu *deinde* fani; fani *B* (s *Rigaltius superscripsisse uidetur*); sani *rv* decurris *scripsi* (*cf. 24, 11* in synagoga decurris); decurrı *C*; de|curis B^1; de curis *A*; requiris B^2 (= *Rig.*) *rv* (*cf. 24, 13* fana requiris; *C. A. 693* sancta requirit) **7** Iusticiam *B* q̧re *C*; quare *B* (e *Rig. superscr.*); quare *A* quam Or^1; *om.* E^1r^2 *Oehl.*; nam *Ld* portat *rv*; porta *CA*; porta *B* (t *Rig. add.*) dicit (diĉ *C*) *Orv*; *cf. 14, 7* **9** quicquid *CA*; quidquid *BLd*; quod *r Dau. Oehl.* in uano *C* (*cf. indicem*); in uanis *BrLd*; in////uani *A* (*post* in *uidetur ſ uel f scriptum fuisse*); inanes *Dau. Oehl.* temp̄ *C*; *cf. 26, 4* gaudes *CDau.* (*coniecturâ*) *v*; gaudet *BAr* **10** letaris *C*; lactaris r^1 p̄modum *C*; *cf. 11, 3* in imis *Arv*; in imiꝺ B^t (*correctio est Rigaltii*); *ibidem in margine scriptum*: inımıs; iminis *C* **11** Subtrah&e *C* siuis] riuis *C* Christo CAr^2Ld; cumſtro *B* (Christo *Rig. add.*) **XXII inscr.** seculi *BA* **1** hebetari *Arv*; habitari B^2; habetare *C*; habitare B^1 **2** Excurrit *rv*; Excurret *O* sortis *C*; sortes B^2Arv; fortes B^1

Belantum cruore fuso malus inspicit alter
Et cupit audire responsa bona crudelis.
Tot duces et reges ubi sunt consulti de uita,
Vel portenta sua scisse quo profuit illis?
Discite quaeso bonum, ciues, simulacra cauete:
Omnipotentis enim in legem quaerite cuncti.

Sic ipsi conplacuit domino dominorum in altis,
Ad probationem nostram daemones in mundo uag⟨ar⟩i.
Et tamen ex alia parte mandata praemisit,
Caelestis fieri qui relinquant aras eorum.
Vnde non hoc curo disputare paruo libello:
Lex docet in medio; uos consulete pro uobis!
In duas intrastis uias: condiscite rectam.

3 Belantum *scripsi* (*S. 107 p. 774*); Bellantum ***C***; Balantum B^2 (= ***Rig.***) ***rv***; Ballatum (lantem) B^1; Ballatum A^t; (Ball)antem A^m malus inspicit CB^1 (*S. 107 p. 773*); manus inspicit B^2 (= ***Rig.***) ***Arv***; manes elicit ***Dau.*** **4** bona crudelis ***CLd***; bona crudelis (uana credulus) B^1A; uana credulus ***r Oehl.*** **6** quo ***OLd***; quid ***r Oehl,*** illis A^m***rv***; illi CBA^t **7** Discite ***rv***; Dicite ***C***; Dicite (iscite) ***B***; Discite (dicite) ***A*** qso ***C*** simulacra (leta) B^1 cauete C^1 **8** in legem quaerite (qrite ***C***) CBr^1Ld; in legem quaerite (currite) ***A***; in Lege quaerite r^2 ***Oehl.*** **9** conplacuit ***C*** **10** Adprobationem r^1; Ád probatjónem nostrám *Hanssen*; nostram *fortasse delendum* daemones (daemonas r^2) in mundo uagari ***A r Oehl.***; daemones (demones ***C***) in mundo uagi ***C And.*** (*b. Gbl. 16 p. 351*) ***Ld***; daemones in mundo uagi (ati) ***B*** **11** mandata praemisit (prœmisit ***A***) ***A r v***; manda (ta) praemisit ***B***; manda p̄misit ***C***; *malim* mandato (= *pactione*) promisit; *cf. C. A. 763* **12** Celestis ***C***; Coelestis ***B***; Caelestes (is?) ***A***; Coelestes (Cael. ***v***) ***rv*** relinquat (n) C^1; relinquunt ***BArv*** **13** curo B^2 (= ***Rig.***) ***rv***; caro CB^1A disputari ***C*** paruo B^2 (= ***Rig.***) ***rv*** (*cf. II 39, 25*); paruu ***C***; paruit B^1A **14** medio: uos consulete pro uobis *scripsi* (*cf. Neue² II p. 429; Venant. Fort. IX 2, 89; 96*); medio oror conſulete pro ub ***C***; medio oror (uos) consulite pro uobis ***B*** (uos ***Rig.*** *superscr.*); medio orot (*littera paenultima parum perspicua*) consulite p. u. ***A***; medio eret c. p. u. Σ^1; medio ciet, (ciet: E^2 ***Oehl.***) consulite p. u. ***rOehl.***; medio uos: Consulite p. u. ***Ld***; in medio: ergo consulite p. u. *Hanssen* **15** intrastis ***Crv***; intrasti ***BA*** condiscite ***C Dau.*** (*coniecturâ*) ***v***; condicite ***BAr*** rectam ***rv***; rectũ ***CB***; rectam (um) ***A***

XXIII.

DE VBIQVE PARATIS.

Dum uentri seruis, innocentem esse te dicis,
Et quasi communis facis te ubique paratum.

Vae tibi, stulte homo, mortem circumspicis ipse,
Barbaro de more sine lege uiuere quaeris:
Ipse tibi figis asciam in crure de uerbo.
Qui simplicem fingis, simpliciter uiuo cum isto
Viuere te credis, dum uentrem cupis implere?
Exiguus tyranni in domo resides, praue,

Paratus ad epulas, et refugis Dei praecepta.
Aut quia discredis Deum iudicare defunctos,
Rectorem caeli facis te tute pro illo?
Aspicis ad uentrem, quasi tu sis prouidus illi.
Tu modo profanus, modo sanctus esse uideris.

XXIII, 1 dicis *A* (*correctum, ut uidetur, ex* dices) *rv*; dices *CB* **2** communis] *alterum* m *in B compluribus lineolis oblitum*; '*ambiguum est in apographo* (*Sirmondi*), communis *legi debeat an* comis' r^2 *comment.* **3** Ve *CB* montem *C* **5** Ipse tibi figis asciam in crure de uerbo *scripsi* (*S. 107 p. 751*); Ips& ibitibificis asciã incruere de uerbo *C*; Ipse tibi hinnificis asciam in cinere de uerbo *B*; Ipse tibi infligis (hinnificis A^m) asciam in cinere de uerbo *A*; ... hynnificis ... Σ^2; Ipse tibi hymnificas etiam incinere de uerbo *r*; Ipse tibi hymnifica etiam in cinere de Verbo *Oehl.*; Ipse tibi inimicus asciam impingere uerbo! *Ld*; Ipse tibi asciam infligis in crure de uerbo *Hanssen* **6** uiuo *CB* $A^t r$ (fingis: Simpliciter uiuo); uiue $A^m v$ **7** te *Arv*; de *CB* uentrem *Brv*; uentre *C*; uentrum *A* **8** Exiguus tua In domo resedes praue *C*; Exiguus tvta (tera A^t; tyranni A^m; tua *rv*) in domo residere (resedere *BA*) praue *BArv*; Exigis tyranni in domo residere praue *Hanssen* **9** refugis Dei praecepta *scripsi* (*cf. 35, 1* ut Dei praecepta uitaret; *C. A. 331*); refugiscere praecepta (p̃cepta *C*) *Orv*; refugiscens *uel* refugire *Ld in praef.*; refugis sequi praecepta *Hanssen* **10** quiad *C* **11** te tute *scripsi*; te tupte *C* (*fortasse legendum*: te tupte); te inepte *BArv* **13** modo *Arv*; modus B^1; modus *C*

In supplicem prodis Dei sub aspectu tyranni.
Senties in fatis, cuias modo leges inanis.

XXIIII.

INTER VTRVMQVE VIVENTIBVS.

Inter utrumque putans dubie uiuendo cauere,
Nudatus a lege, decrepitus luxu praesepis,
Tot ⟨uana⟩ uane prospicis; quid? quaeris iniqua!
Et quidquid egistis, istinc remanere defuncto
Respicite. Stulte, non eras, et ecce uideris!

Vnde processisti nescis nec unde nutriris.
Tu Deum excelsum fugis tuae uitae benignum
Rectoremque tuum, qui te magis uiuere uellet;
Vertis te in faciem et dorsum Deo remittis,
Mergis te in tenebris, dum putas te in luce morari.

14 dei *Cr Oehl.*; *om. BALd* tyranni A^m *rv* (*cf. b. Gbl. 18 p. 299*); tyranne BA^t; tiranne *C*; In supplicem prodis domini sub aspectu, tyranne, (*'i. e. supplicis partes agis, dum dominus esse uideris'*) *Hanssen Hartelio assentiens* **15** fatis CBA^m*rv*; factis A^t cuias modo leges inanis A^s *Hanssen* (*b. Gbl. 18 p. 299 sq.*); cuias (cuius A^t) modo lege inanis CBA^t*Ld*; cuius modo lege iuuaris *r Oehl.* **XXIIII, 1** putans *r Oehl.*; putaui *O*; putas *Ld* uincendo (u *supra* n) *B* cauere *Arv*; canere *B ab initio, quod m. 1 mutauit in* cauere **2** praesepis (= *mensae*) *scripsi cf. Horat. epist. I 15, 28*; *de confusis litteris* p *et* d *cf. II 35, 14*); presedis *C*; praesedis BA^m; praecedis *r*; procedis *Dau. Oehl.*; praesenti A^t*Ld* **3** ⟨uaua⟩ uane *scripsi*; uanítatés *Hanssen* prospicis, quid quaeris iniqua? *rv* **4** egistis *OLd*; egisti *r Oehl.* isthinc *A* defunc(to) C^1; defuncto *BA r Oehl.*; defunctos *Ld* **5** Respicite *CLd*; Respic(e tu)ite *B*; Respice tu *r Oehl.*; Respice te *A* Respice tu stulte: non *r*; R. tu stulte. Non *Oehl.* eris *A* et ecce *Cr Oehl.*; cı (= *et, nisi quod extrema lineola parum accurate scripta est*) ecce *B*; ecce *A Ld* **6** procesisti *C* **7** tue uite *C* **8** Rectoremq; *C* te *Crv*; (te) se *B*; (se) te *A* uellis *C*; *fortasse legendum* uelit **9** fatiem *C* de ore mittis *BA* **10** tenebris *OLd*; tenebras *r Oehl.* l(c)nē C^1 (*altera littera* e *fuit, quod m. 1 in* u *mutauit*)

Quid in synagoga decurris saepe bifarius?
Vt tibi misericors fiat quem denegas ultro?
Exis inde foris, iterum tu fana requiris;

Vis inter utrumque uiuere, sed inde peribis.
Insuper et dicis: 'Quis est, qui a morte rediuit
Vt credamus ei, quoniam ibi poenae aguntur.
Ea non sunt sic, ut tu putas esse, maligne!
Nam illi qui prodest, post funera recte qui uixit?'
Tu tamen mox moreris, duceris in loco maligno;
In Christo credentes autem in loco benigno,
Blanditurque quibus haeret amoenitas illa.
Vos autem dabitis uiui sine corpore poenas;
Suscitat in faciem tortoris ordo clamare.

15 Luc. 16, 31

11 sinagoga *C* decurris saepe bifarius *v*; d. sepe (saepe $B\Sigma^2$) bifarios $C B\Sigma^2$; d. saepe bifarios^{us} *A*; decurris ad Pharisaeos *r* **13** Ex sis *CB* fraena A^m **15** quis est qui a morte *rv*; qſ$^{\tilde{e}}$ qui a morte *C*; quiđ est qui a monte *B*; quia (*S. 107 p. 722*) est quia à morte *A* rediuit *scripsi* (*S. p. 753 sq.*; *cf. etiam libri Sapientiae c. 2, 1 sqq.*); redemit *Orv; post* redemit *edd. interrogationis signum ponebant* **16** qm̃ *C* poenae *rv*; poenas *C*; pαnα (= *paenae*) cτ (= *et*) *B* (*Ld falso*: paenaes *B*); poenœ$^{?}$ et *A* **17** Ea non sunt sic, ut tu *scripsi* (*cf. 26, 28* Haec autem sic non sunt; *S. 107 p. 752*); Ea ñ ſı//////cuτ τu (*ab initio fuerat*: ſunτ cuτ τu) *C*; Eia non si (sic A^m) aut *BA*; Eia, non sic ut tu r^1; tu *om.* r^2 *Oehl.*; Eia! non, si ait, tu *Ld* maligne *O* (*A quoque, cui Ld lectionem* maligno *ascribit*); (esse,) maligne. (;) *r Oehl.*; (esse) maligno? *Ld* **18** Nam illi qui prodest, post funera recte qui uixit *scripsi*; Nam illi qui ꝓdẽ ꝑ funera recte (ſecte?) que uixit *C*; Nam illi qui prodest per (post A^m) funera recte uixit *BA*; Nam illi prodest post f. r. qui uixit *r Oehl.*; Nam ille, qui pro Deo est, post funera recte uixit *Ld*; ....post funera reuiuiscet *Huemer* **19** mox moreris *C* (*cf. 29, 16*); moriens *BArv* loco maligno *Crv*; loco (loca *A*) maligni *BA* **21** quebs heret *C* **22** dabitis *A*; dubiis *CBr Oehl.*; dubii *Ld* uiui *scripsi*; uiuos *C*; in uos *BArLd*; intus *Oehl.* poenas *A* (*om. Ld*); poena *CBrv* **23** fatiem *C*; fratrem *BArv* tortoriđ *B* (*cf. u. 15*); tortoria *A*; tentatoris E^1

XXV.

QVI TIMENT ET NON CREDENT.

Quamdiu, stulte homo, Christum cognoscere non uis?
Vitas agrum pinguem et sterili semina iactas.
In silua manere quaeris, ubi latro moratur.

Tu dicis: Et ego Dei sum, et foras oberras.
Ingredere iam nunc totiens inuitatus in aula:
Matura iam messis, tempus totidemque paratum,
Ecce modo mete; quodsi non, te paenitet inde.
Nunc, si non habes, collige; uindemia uenit;
Tempus adest uitae credendi tempore mortis.

Est Dei lex prima fundamentum posterae legis,
Teque designabat. Crede sis in lege secunda;

Nec minus † ex ipsos et ex ipsas ibi prudentes;
Obstupe iam factus ora tu credere Christo,
Nam testamentum uetus de isto proclamat.

XXV, inscr. credent *O r Oehl.* (*cf. u. 20*); credunt *Ld* **1** Quandiu *BA* cognoscere *O* (*A quoque, quod om. Ld*) r^1 *Ld*; agnoscere r^2 *Oehl.* **2** Vitas agrum pinguem A^t *r v*; Vitas acrum pingem *C*; Vita sacrum pinguem BA^m sterili semina *rv*; stereli semina *C*; serili semina *B*; sterili semine *A* **3** sylua *A* **4** Tu dicis CA^t *rv*; Iudicis BA^m **5** totiens *C*; toties *BA rv* aula *OLd* (*cf. II 10, 6*); aulam *r Oehl.* **6** messis *A rv*; messes *C*; messus *B* **7** quod si *BA Ld*; quotsi *C*; quid *r Oehl.* *de interpunctione huius loci cf. b. Gbl. 17 p. 447*; mete. quid? non te paenitet? inde (Inde *Oehl.*) | Nunc *r Oehl.*; mete. Quodsi non te paenitet, inde | Nunc *Ld* **8** si manus habes *Hanssen* uenit *C*; uina *BA rv* **9** abest *Oehl.* uite *C* credendo C^1 mortis] *litteras* tis *primo omissas m. 1 s. l. scripsit* **10** prostere *C*; postere *B* **11** Teq designabat *C* (*gentilem hominem poeta adloquitur, quem crediturum uetus testamentum praedixit*; *cf. Cypr. test. 1, 21*); Te qui designabas *BA*; Tequidem signabat *r Oehl*; Te cui designabas? *Ld* Crede sis *scripsi*; Crederis *O Ld*; crediturum *r Oehl.* **12** Nec minus *scripsi* (*cf. II 1, 31*); nec minos *C*; Nec minae *BA r v* ex ipsos & ex ipsas ibi prudentes *C*; ex ipso sed ex ipsa sibi (tibi *rv*) pudenter (pudentes *A*; potentes *rv*) *BA rv* **13** fatus *CB* Obstupe — iam — factus *A* ora tu *O Ld*; iura te *r Oehl.* **14** isto *C*; illo *BA r v*

Credere nun⟨c⟩ opus est, tantum in isto defuncto
Resurgere posse ⟨et⟩ uiuere tempore toto.
Ergo si quis ea discredit esse futura,
Dummodo uincetur reus in morte secunda,
Euen*tura canam* paucis in isto libello;
Nam cognosci potest, ubi sit spes uitae ponenda.
Tamen uos adhortor quantocius credere Christo.

XXVI.

REPVGNANTIBVS ADVERSVS LEGEM CHRISTI DEI VIVI.

Respuis, infelix, bonum disciplinae caelestis
Et ruis in mortem, dum uis sine freno uagari.
Perdunt te luxuriae et breuia gaudia mundi,
Vnde sub inferno cruciaberis tempore toto.
Gaudia sunt uana, quibus oblectaris, inepte.
Non illa te reddunt hominem fuisse defunctum.
Anni te non possunt iam triginta reddere doctum?
Nescius si primum errasti, respice canum.

25, 18 Apoc. 2, 11; 20, 14 **20** Tit. 1, 2; 3, 7

15 Credere nunc *scripsi*; Crederenun *C*; Credere enim *BArv* isto *C*; ipso *BArv* defuncto] defunctum? *cf. 27, 2* **16** et *add. Ld* **17** discredit *scripsi*; discredis *Arv*; discr&is *C*; discretis *B* **18** reus *B*[2] (*incertum an altera manu*) *A*; res *B*[1]; reos *C* secūda *C* **19** Euentura canam *r Oehl. Hanssen*; Euenter enī (enim *BA*) *O*; Ventura canam *Ld* **20** uite ponenda *C* (*cf. C. A. 58*); ante ponenda *BArv* **21** adortor *C* quantotius *C* chris[to] *C*[1] **XXVI, inscr.** Dei uiui *om. C*; *cf. p. 4* **1** Respicis *A* discipline *C* **2** fręno *A* uacari *C* **3** Perdunt te luxuriae *scripsi* (*cf. 17, 7; II 12, 3; C. A. 208 etc.*); Perdunte luxorie *C*; Perdunt te luxuria *BArv* **4** sub in (*s. l. B*) inferno crutiaberis *CB* temp̄ *C*; *cf.* 21, 9; II 2, 5; 18, 8 **5** sunt] f̃ *C* **6** te reddunt] terrebunt *r*[2] *comment.* hominem fuisse] *malim* omnem fuisse (*cf. Horat. carm. III 33, 6* non omnis moriar) *i. e. ut non solum corpus, sed etiam animus tuus morte prima interierit; cf. u. 27* **8** nestius *C*

Tu putas nunc uitam isti te perfrui laetum?
Iniuriae, lites ibi sunt et damna diurnum,
Bella uel infanda, fraudes, cum sanguine furta,
Vlceribus corpus uexatur, gemiturque, ploratur,
Seu luis inuadit, aut longo morbo teneris,

Aut natis orbaris, aut perdita coniuge defles;
Destruitur totum, ruunt dignitates ab alto;
Vreris pauperie dupliciter certe si langues:
Et dicis uitam, ubi uitrea uita moraris?
Respice iam tandem hoc tempus inritum esse:
Sed in futuro tibi spes est sine dolo uiuendi.
Viuere uolebat utique ⟨pater⟩ paruoli rapti;
Sed uita priuati iuuenis et senescere forte.

9 nec C^1 isti *CBLd*; istic *Ar Oehl.*; *cf. 32, 12; Cypr. p. 356, 26; 368, 15; 481, 24* te *C*; *om. BArv* laetum *BA*; latum *C*; laetam *rv* **10** Iniurias lites *C* (*cf. S. 107 p. 755*); inniuias inter *B*; In inuias inter *A*; Iniurias inter? *rv* et *C*; *om. BArv* diurnum *OLd*; tuorum *r Oehl.* **11** infanda *BLd*; infunda *C*; infandae *Ar Oehl.* fufta C^1 **12** uexator gemitque *C* **13** luis *OLd*; lues r^1; leues r^2; leuis (*morbus scil.*) *Dau. Oehl.* **14** natis B^2 (= *Rig.*) *Arv*; noctis *CB* coniuge B^2 (= *Rig.*) *rv*; cōmgule *C*; coniugale *B* **15** Destruitur A^m (*S. 107 p. 755 sq.*); Deseruitur *C*; Desæuitur *B*; desaeuitur A^t*Ld*; Deseritur *r Oehl.* totum ruunt *C*; totum, heu ruunt *BAr*; totum. Heu ruunt *v* dignitatis *C* **16** Vreris *C*; breues (= *breues*) *B*; breues *A*; Vitiis *r Oehl.*; Breui *Ld* langues *v*; languis *Or* **17** moraris *C*; moralis *BALd*; mortalis *r Oehl.* (*idem in comm.* '*Malim*: Et dicis uitam uti uitreâ uitâ mortales?') **18** temps *C* inritum B^2 (= *Rig.*) *rv*; inruitum CB^1A **19** dolore *Dau.*; dolio *Oehl.* (*in comment. ad 29, 18*); *sed cf. S. 107 p. 786 sqq.* **20** úolebat *C*; uolebat (= *uolebat*) *B*; uolebas *A* (*cf. S. p. 723*); uolebant *rv* utíque *r*; *de quo accentu cf. Hanssen p. 27*; *idem tamen* in uitia *pro* utique *recepit* pater paruoli *scripsi*; paruoli Or^1r^2Ld; paruuli r^3 *Dau. Oehl.* **21** Sed uita (*primo* fita, *deinde* uita C^1) *Or*; Sunt: uita *v* iuuenis (= *genetiuus pendens a uocabulo* pater) *scripsi*; iuuenes *Orv* et senescere *scripsi* (*sc. filium*; *idem u. 20 ad* Viuere *supplendum*); esse (eē *A*) nescire *CA*; f ee' nescire *B*; senescere *rv*

Lautitias diues perfrui quia ipse parabat;
Et tamen inuiti reli⟨n⟩quimus omnia mundo.
Gens et ego fui peruersa mente moratus
Et uitam istius saeculi ueram esse putabam
Mortemque similiter sicut uos iudicabam adesse,

Cum semel exisset, animum periisse defunctum.
Haec autem sic non sunt; sed conditor orbis et auctor —
Requisiuit enim fratrem a fratre peremptum —:
Impie, dic, inquit, ubinam frater? — Ille negauit. —
Sanguis enim fratris ad me proclamauit in altum.
Torqueris, uideo, ubi nil sentire putabas,
Ille autem uiuit et loca dextera tenet,

Delicias fruitur, quas tu perdidisti, nefande!
Et cum renouasti⟨s⟩ saeculum, et ille praegressus
Inmortalis erit; nam tu sub tartara planges.

26, 29 sqq. Genes. 4, 9; 10

22 Lautitias diues *scripsi* (*cf. Petron. 21, 5* lautitiarum apparatus); Lautities diues *C*; Laetitios di^{u}es (*sic!*) *B*; Laetitior (*r? s?*) di^{u}es (*sic!*) *A*; Laetificos dies *Oehl.*; Laetitias diu *Ld* perfrui (= *perfruendas? cf. C. A. 305*) quia ipse (ipso *A*) parabat *O* (*supplendum:* pater filiis); perfruique ipsi parabant *rv* **20** *sqq.* Viuere uolebant in uitia paruoli rapti; | Sed uita priuatur iuuenis, senescere forte, | Lautities diues perfrui qui ipse parabat. *Hanssen* **23** relinquimus *scripsi*; reliquimus *C*; rem primus *BA*; reponimus *rv* omnã *C*; oĩa *B* mondo *BA* **24** Gens! et *Oehl.* **25** secłı *C* ueram *And.* (*? cf. b. Gbl. 16 p. 347*) *r Oehl.*; coram *C* A^1; coram (ueram *s. l.*) *B*; solam A^m; caram *Ld* **26** sic *C* adeẽ *C* **27** Cum] Cur *B* animum *rv*; aĩum *B*; anim₊ *C*; animas *A* perisse *C* **28** autor *BA* **29** frẽm *C* **30** dic A^1*rv*; dico *CB*A^m fr̃ *C* **31** proclamauit *BArv*; pclamauit *C*; clamauit *Pitra Spicil. I p. 543* **32** uideo] adeo B^2 (= *Rig.*) *s. l.* (*a Ld omiss.*); *malim*: tu ideo **33** uiuit *rv*; uiu& *C*; uiuet *BA* **34** deliciis *A* nefande, | Et *v* **35** renouastis saeculum *scripsi* (*S. 107 p. 757*); renouasti seculum *C*; reuocasti seculum (saec.) *BArv* p̃gressus *C*; pregressus *B* **36** Immortalis *BArv*; Iã mortalis *C*; Iam inmortalis? erit *CB*A^m*rv*; est A^1 tartaro *Oehl. comment.*; *sed cf. 27, 19*

Viuit certe Deus, qui defunctos uiuere fecit,
Innocuisque bonis ut reddat praemia digna,
Vesanis autem et impiis tartara saeua.
Incipe sentire iudicia Dei, seducte!

XXVII.

STVLTE, NON PERMORERIS DEO.

Stulte, non permoreris nec mortuus effugis actus,
Tu licet disponas nihil te sentire defunctum.
Vinceris, insipiens: uiuit Deus conditor orbis,
Legitima cuius clamat⟨ur⟩ ualere defuncto.
Tu autem dum praeceps sine Deo uiuere quaeris,
Extinctum in fatis iudicari tu futile credis.

Non ita disposuit, ut tu putas, Deus aeternus,
Obliuitos esse mortuos de gesto priore.
Nunc nobis imperitis fecit receptacula mortis,

Post cineres autem nostros uidebimus illa.
Erue te, stulte, qui putas, post funera non sis.

37 Viuit *rv*; Viu& *C*; uiuet *BA* ꝗ *C* **38** reddat *rv*; reddas *O* p̃mia *C* **39** Versaris *C* seua *C* **40** iuditia *C*
XXVII, inscr. permoueris *A* **1** permoueris *A* act\ *C* **2** sentir& *C* defunctum *rv*; defuncto *C*; definito *B*; finito A^m; defunctam A^1 **3** incipiens *C* uiuet *Huemer* o'rbis *C* **4** clamatur *scripsi* (*cf. C. A. 451; 473; 673*); clamat Or^1; clamant r^2v defuncto Or^1 *Ld*; defunctos r^2 *Oehl.* (*Ld falso:* definitos *edd.*); defunctum *Huemer* **6** Extinctum *C* iudicari tu *scripsi*; iudicas ut *O Ld*; iudicas et *r Oehl. Hanssen* futile *Hanssen*; futale *C*; fatale *BArv* **8** Obliuitos *rv*; Obliuitor (*r? s?*) *C*; obliuitor *BA* **9** nobis *r Oehl.*; nƀ *C*; n̄o̅ *B*; non *ALd* imperitis *scripsi*; imperitas *C*; imperita? *B* (*primo* -tus *uel* -tas; *sed ultima littera perplexum in modum correcta*); imperitus *ALd*; imperitans *r Oehl.*; *fortasse* imperita (= *incomperta?*) *scribendum* mor^tis^ C^1 **10** Post cineres *Arv*; Prescineres *C*; re^post cineres^serueris *B* (*Ld falso:* p^ne serueris^ost cineres *B*); Reserueris Σ^1 illa CBA^1r *Oehl.*; illum A^m *Ld* **11** Eru&e *C* (*cf. 34, 6*); Eruere *BALd*; Exuere *r Oehl.* p^per^ost funera *A* (*Ld falso:* p^post^er *A*); ꝑ funera *C* (*S. 107 p. 775*); per funera *Brv* non sis *O Ld* (*cf. 21, 1*); ut non sis *r Oehl.* **10 sq.** *mutauimus interpunctionem uulgatam:* illa (illum) | Eruere . . non sis, | Rectorem

Rectorem dominumque tuum nihil posse fecisti.
Mors autem in uacuum non est, si corde retractes.
Optandum noscas, nam sero senties illum.
Rector eras carnis, non te certe caro regebat;
Exemptus ab illa, reconditur illa tuorum.
Recte mortalis homo separatur a carne.
Idcirco nec poterint oculi mortales aequari —
Sic habet abyssus noster — de Dei secreta.

Da nunc ergo Deo, fragilis dum moreris, honorem,
Et crede, quod Christus uiuum te de mortuo reddit.
Omnipotenti laudes in ecclesia reddere debes.

XXVIII.

IVSTI RESVRGVNT.

Iustitia et bonitas, pax et patientia uera
Viuere post fata faciunt, et queri de actu:

12 nihil *C*; nil *BArv* **14** Optand̄ *C* nosces *A* illud *A*[m] **15** rege (b, t) *C*[1] **16** Exemptus ab illa (ab illa (o) *A*) *O r Oehl.* (= *ubi exemptus illâ eris*; *de eiusmodi participio absoluto cf. Victor. Vitens. 3, 71* Nam putrefactus et ebulliens uermibus, non corpus, sed partes corporis eius uidentur esse sepultae; *alia indidem exempla Petschenig in indice editionis suae affert*); Exemptus ⟨es⟩ ab illa *Ld* recondit̃ illa tuorum (tuorꝝ *C*) *O Ld*, *qui haec addit:* 'tua *intellege animi carnisque coniunctionem, quarum partium illa* (caro) *sola reconditur; sed forte* duorum *legendum*'; reconditur illa, tu horsum *r Oehl.* **18** nec poterint *O Ld*; non poterunt *r Oehl.* equari *C*; caecari *Oehl.* **19** abysus *C* secreta *O* (*cf. C. A. 106, 502; I 29, 11* uiuitur in Dei secreta; *aliis quoque locis Commodianus accus. plur. neutr. gen. cum praepositionibus ablatiuum regentibus coniungit uelut I 7, 11* sub fata; *17, 3* sub mysteria; *26, 36* sub tartara; *II 3, 12* in aurea castra; *5, 10* sine damna; *15, 5* in . . uolumina; *C. A. 263* In quorum stadia esse; *708* de sua facta; *813* cum multa milia); secreto *rv* **18** *sq.* post aequari *et post* noster *parenthesis signa posui* Da] δι *B* **20** fragiliα *B*; fragilia *A* (*S. 107 p. 722*) moraris *Pitra Spicil. I p. 543* **21** reddit *O Ld*; reddet *r Oehl.* **XXVIII, 1** patientia] sapientia *Dauies ingeniosius quam uerius; cf. Cypr. p. 398, 11 sqq. H.* si sapientia illic (*in philosophis*) uera non est, esse non potest et uera patientia. *Vera patientia opponitur fucatae patientiae Stoicorum et Cynicorum* **2** p̃facta *C* (*S. 107 p. 775*) et q̃ri *C* (= *paenitentia propter peccata*?); et quare *BA*; et cura *rv* (*Ld in praefat.*: et curae); *malim:* nec queri *deleto commate post* faciunt; *quod si uerum est*, de actu *idem ualet quod* de iudicio nouissimo; *cf. S. 107 p. 784*

Subdola gens autem, noxi⟨os⟩a, perfida, praua
Tollit se in parte et fera mente moratur.
Impie, nunc audi, qui * * malefacta lucraris:

Respice terrenos iudices, in corpore qui nunc
Excruciant poenis diros: aut ferro parantur
Supplicia meritis aut longo carcere flere.
Vltime tu speras Deum inridere caelestem
Rectoremque poli, per quem sunt omnia facta?
Grassaris, insanis, detractas nunc et Dei nomen?
Vnde non effugies, poenam post fata qui ponet.
Nunc uolo sis cautus, ne uenias ignis in aestu.
Trade te iam Christo, ut te benefacta sequantur.

XXVIIII.

DIVITI INCREDVLO MALO.

Differ⟨r⟩is, diues, nimium tua cuncta uidendo,
Insatiabiliter quibus adhuc adgerere quaeris.
Viuere post ista, dicis, non spero defunctus.
Ingrate summo Deo, qui sic Deum iudicas esse,

28, 14 Apoc. 14, 13

3 gens *Ld*; mens *OrOehl.* noxi⟨os⟩a *Hanssen*; noxia *Orv* 4 re (re *supra scr.*) *C* parte *O* (= *recedit a Deo uel ab ecclesia*; *cf. II 11, 2*); partes *rv* fera *A* mente Or^1 *Ld*; morte r^2 *Oehl.* 5 qui per male facta *r*; quid per m. f. *Oehl.*; qui malefacta *OLd*; *fortasse*: qui *uel* quae in malefacta (*cf. 27, 19*; *II, 23, 3*) 7 Excruciant r^1v; Excrutiant Cr^2; Excruciauit *BA* au (t *supra scr.*) C^1 parat̃ *C* 10 omña *C* 11 nom̃ *C* 12 Vnde non *Arv*; Vnde nom̃ *C*; Vnde nomen *B* (*Ld om.*) poenam post fata qui ponet *scripsi* (*S. 107 p. 775*); poenam ꝑ factãq' ponet *C*; poenam (*Ld om.*) per factaque ponet (pones *A*) *BA*; poenas per factaque ponet *rv* 13 cautus *Arv*; autus *CB* aestu BA^m *Ld*; estu *C*; aestus A^t; aestum *r Oehl.* XXVIIII, 1 Differris *scripsi*; Differes *Orv*; Differis *Ld in praefat.* 2 adgerere quaeris *scripsi* (*cf. C. A. 607* Dum cupiunt multa oculo, dum augere quaerunt; *Sen. ad Helu. 10, 6* opes opibus adgeritis); adarere q̃ris *C*; adhaerere quaeris *BA* (*Ld falso:* adhaerue *A*) *rv* 3 post *rv*; p *C*; pro *BA* dicis *Cr Oehl.*; dices *BALd*

Te qui nescientem protulit, deinde nutriuit;
Ipse prata tua gubernat, uineas ipse,

Ipse greges pecorum et quicquid possides ipse,
Nec istis adtendis. Aut tu regis omnia forte?
Caelum hoc et terram et maria salsa qui fecit,
Reddere decreuit nos ipsos in aureo saeclo,
Et modo si credis, uiuitur in Dei secreta.
Disce Deum, stulte, qui uult te inmortalem adesse,
Vt gratias illi referas in agone perennes.
Lex docet ipsius, sed quia uagari tu quaeris,
Omnia discredis, et inde in tartaros ibis:

Mox animam reddis, duceris quo te paenitet esse,
Ac luitur ibi poena spiritalis aeterna;
Lugia sunt semper, nec permor⟨i⟩eris in illa,
Omnipotentem Deum iam tunc ibi sero proclamans.

29, **9** Psal. 145, 6; Apoc. 10, 6; 14, 7 etc.

5 nescientem *Dau.v*; nesciente ***CBr*** *malim* et deinde *totus uersus in A deest* **6** prata *r Oehl.* (*Cypr. de bono pat. c. 4* gratias agentibus et ingratis Dei nutu tempora obsequi .. fructus mitescere uinearum .. prata florere; *Horat. epist. I 16, 3* Pomisne an pratis an amicta uitibus ulmo; *Auson. Edyll. 3, 21—23*); para ***C***; pars ***BALd*** uineas ***Cvr***; uiuas *B*; uias *A* **7** greges ***OLd***; gregem ***r*** *Oehl.* quicquid ***C*** possidet *A* **6** *sq. ordo uersuum 6 et 7 in A inuersus* **8** attendis *r Oehl. Hanssen*; adtendistis ***C***; attendistis ***BA***; attendisti *Ld* oma ***C*** *ante* aut *uulgo nulla interpunctio, post* forte *punctum ponebatur* **10** nos *rv*; ñ ***C***; non ***BA*** seclo ***O*** **11** si credis *rv* (*cf. 32, 10*); sic credis A^t; sic reddis BA^m; sicreddis ***C*** secreta Or^1 *Ld*; secreto E^1r^2 *Oehl.* **12** q uulte inmortalem ***C*** **13** referas *rv*; refferas ***C***; referas *B*; deferas *A* ago ne *B* pennis ***C***; perennis ***BA***; perennes *rv* **15** tartaros *rv*; tartaras ***O*** (*A quoque, quod Ld om.*) **16** penitet ***C*** **17** Ac luitur *scripsi*; adluitur ***OrOehl.***; abluitur *Ld* spital C^1; spiritualis *A* **18** permorieris *scripsi* (*27, 1* permoreris *praesentis temporis est*); permoreris ***Orv*** **19** Ompm ***C*** tunc Or^1r^2 *Ld*; nunc r^3*Dau.* (*S. 96 p. 468 sq.*) *Oehl.* proclamas *A*

XXX.

DIVITES HVMILES ESTOTE.

Disce, moriture, bonum ostendere cunctis.
In medio populi quid te facis alterum esse?
Vadis ubi nescis, et inscius inde recedis;
Impie tractas cum ipso corpore, sitis
Tu super diuitias, nimium te tollis in altum
Et † stifam ducis, nec respicis pauperes ultro
Subditos nunc uobis, nec parentes pascitis ipsos.

Heu miseri! fugiant longius mediocres a uobis.
Vixit et extinxit pauper † ebreica clames.
Mox furiis ageris, cum pereas ipse, Charybdis.
Indisciplinati sicut * * diuites estis:
Legem datis istis, nam uobis parcitis ipsis.
Exue te, diues, tantis malis Deo reuersus,
Subueniat [uti]que tibi, quod nunc operasti si forte.

XXX, 1 bonum ostendere *O Ld* (*cf. S. 107 p. 796*); bonum te ostendere *r Oehl.* **2** te *rv*; de *O* faris *Oehl. comm.* **5** sup *C* (*cf. Horat. serm. I 1, 68 sqq.*); semper *Brv*; per *A* **6** stifã *C*; ꟗifam *B*; fifam *A*[t]; diuam *A*[m]; typhum *r Oehl.*; diuum *Ld*; stipamen? *cf. II 9, 19* ultro | Subditos *v*; ultro. | Subditos *r* **7** uob̄ *C* pascites *C* **9** Vixit et exstinxit (extincxit *C*) pauper *O r*[1] *Ld*; Vixit. &, Extinxi. Pauper *r*[2]; Vixit et extinxit pauperes *La Croze, Schurzfl. suppl.*; Vixit et exiuit pauper *Oehl.* ebreica clames *C*; ebrcica clamor *B*; ebraica clamor *A*; Ebrea clamor *Σ*[2]; Ebraea clamet *r*[1]; EVRHKA clamat *E*[1] *r*[2] *Oehl.*; saeculi amore *La Croze, Schurz. suppl.*; ebriacus clamas *Ld in textu*; Abrahae amor *Ld in praefat.* **10** carybdis *O* **11** Indiscipulinati *Ld* sič (= *sicut*) *C*; sic *B A Ld*; sic uos *r Oehl.*; sic ut⟨ique⟩ *Hanssen; fortasse* sicut bestei; *cf. 34, 17* **12** ipsis istis *A* nam uobis parcitis *C*; nam uobis paratis *BA*; non uobis paratis *rv* **13** Exue te, diues, tantis *r Oehl. Hanssen*; Exuete (Exuite *A*) diuites tantis *O*; Exue te diuitis tantis *Ld* reuersus *Ld Hanssen*; peruersus (ꝑuersus *C*) *C B A*[t]; peruersis *A*[m] **14** Subueniatque tibi *Hanssen*; Subueniat utique tibi *O r v* quod nunc operasti, si forte *r* (*cf. Cypr. de op. et eleem. c. 2*: adsidua et iugis operatio . . Dei rursus indulgentiam largiatur; *b. Gbl. 17 p. 448*); ꝗ nunc (quod nun *A*) opericti si forte *O*; quod nunc operasti in morte *Oehl.*; quid nunc operisti si forte *Ld*

Estote communes minimis, dum tempus habetis;
Sicut ulmus amat uitem, sic ipsi pusillos.
Terribilem legem malis bonis atque benignam
Obserua, nunc sterilis! subditus in prosperis esto:
Tollite corda fraudis, diuites, et sumite pacis.
Expiate malum uestrum benefactis a Summo.

XXXI.

IVDICIBVS.

Intuite dicta Salomonis, iudices omnes,
Vno uerbo suo qualiter uos ille detractat:
Dona quam et xenia corrumpunt iudices omnes!

31, 3 Sirac. 20, 31

15 cõmunes *C And.* (*b. Gbl. 16 p. 349; cf. Instr. II 22, 11*) *Pitra Spicil. IV p. 226;* cões *BA*; comes *r v* **17** bonis atque *O* (= *atque bonis*); bonis aeque *r v* benignam *r v*; benigna *O* **18** sterelis *C*; sterilia (= *sterilis*) *B*; sterilia *A* (*S. 107 p. 722*) subditus *scripsi*; subtitis *C*; sub totis *B A Ld*; subtutus *r Oehl.*; subtristis, subcautus, submissus (= *subditus!*) *Oehl. comm.* **19** paces *BA* (*cf. Horat. epist. II 1, 102*); *quae lectio si retineretur,* corde *pro* corda, fraudes *pro* fraudis *esset legendum; sed cf. 33, 4* **20** Expiate *scripsi* (*b. Gbl. 17 p. 449; Cypr. p. 377, 12 H.* eleemosyna a morte liberat et ipsa purgat peccata — *Tob. 12, 9* —); Expectate (Exspect.) *O Ld*; Et spectate *r Oehl.* benefactis A^m *Ld*; benefacitis *C B*; bene facitis A^t; (uestrum,) Benefacitis? *r Oehl.* a Summo (= *apud summum?*) *Hanssen p. 53 in nota* (*quod prius iniuriâ repudiaui*); absumi *idem in textu*; a sumo *C*; asurio (a surio A^t) *B*A^t; usuram A^m; Adsum *r Oehl.*; ac sacris *Ld; idem in praefatione p. XVIII et XLIII lectionem* usuram *praefert* **XXXI, 1** Salomonis] *locus, quem Commodianus u. 3 affert, ex Siracide sumptus est; sed caue de nomine quidquam mutaueris, cum et Commodianus ipse II 32, 4 Siraciden uel Ecclesiasticum* 'Salomoniacum librum' *dicat et Cyprianus eundem librum Salomoni adscribat; de qua re cf. Cypr. Test. III, 51; 109:* Apud Salomonem in Ecclesiastico **2** detractat *C* r^2 *v*; detrectat *B A* r^1 (*Ld falso:* detractat *A edd.*) **3** et *in C primo omiss. m. 1 s. l. add.* exenia *C B* omſ (= *omnes*) *C; om. B A*; (iudices:) inde *r v*

Idem: V⟨o⟩s, sequit⟨ur⟩, datorem semper amatis;
Cum quaerit⟨ur⟩, causa uictoriam tollit iniqua.
Innocens hic ego sum, nec uós incuso pusillus,
Blasphemium tollat Salomon, qui ⟨clamat⟩ aperte.
Vobis autem Deus est uenter et praemia iura.
Suggerit hoc Paulus apostolus, non ego pulex.

XXXII.

SIBI PLACENTIBVS.

Si locus aut tempus fauet aut persona prouenit,
Iudex esto nouus. Quid nunc extolleris inde?
Blasphema⟨s⟩, indocilis; de cuius praestantia uiuis,
In fragilitate tanta non respicis umquam.

31, **5** Prouerb. 19, 6; 22, 9 **8** Phil. 3, 19 **9** I Reg. (Sam.) 24, 15; 26, 20

4 Idem: Vos, sequitur datorem semper amatis *scripsi* (sequitur = *pergit dicere; de qua notione cf. August. de ciu. Dei 16, 3 uol. II p. 128, 7 D²*: Deinde s e q u i t u r Scriptura dicens; *ibid. p. 121, 16; 229, 15 etc. Poeta hic cogitauit fortasse de Prou. 19, 6; certe u. 5 Prou. 22, 9* u i c t o r i a m . . acquiret q u i d a t m u n e r a *secutus est*); Indē mussequit datorem s. a. *C*; Inde munus sequitur mussequit dator ē s. a. *B*; Inde munus sequitur musse quit. torem Dator est s. a. *A*; Inde ius sequitur. (; *Oehl.*) datores s. a. *r Oehl.*; Inde mussitatur: datorem s. a. *Ld* **5** Cum quaeritur *scripsi*; cum quaerit *B A*; Cum qrit *C*; Cumque erit *r Oehl.*; Cum qua erit *Ld* uictoriam tollit iniqua r^2; uictoria tollit iniqua' *C*; uictoria tollit iniquam *B A* $\Sigma^2 r^1 v$ **6** hic *C*; sic *B A r v* pusillus *r Oehl.* (*cf. u. 9*); pusillos *O Ld* **7** Blasphemiam r^1 tollat *O* r^1 *Ld*; tollit $r^2 \Sigma^1$ (*? cf. S. 96 p. 457*) *Oehl.* salamon *C*; Solomon r^2 qui clamat aperte *scripsi;* q apte *C*; q aperte *B*; quod aperte *A Ld*; quia aperte *r Oehl.* **8** premia *C* **9** Suggeret *C B* non ego pulex *B* $r^1 r^2$ (*S. 96 l. c.*); ñ ego pulix *C* (pulix *fortasse retinendum*); non ergo pulex *A* (*in* ergo *littera* r *primo omissa eadem manu uidetur inserta esse*); non ego duplex r^3 *Oehl.*; non ergo index *Ld* **XXXII**, **1** puenit *C*; prouenit *B A v*; prouexit *r Oehl.* **2** Quid *A r v*; qđ *C B* **3** Blasphemas *r Oehl.*; Blasphemans *Oehl. comment.*; Blasphema *O Ld* cui' (= *cuius*) prestantia *C* **4** umquā *C*

Per gradum et lucra auidus fortunae praesumis,
Lex tibi non ulla est, nec te in prosperitate dignoscis.
Auro licet cenes cum turba choraulica semper,
Cruciarium Dominum si non adorasti, peristi.
Et locus et tempus et persona tibi donatur,
Nunc si tamen credis; sin autem, pro eo timebis.
Tempera te Christo et ceruicem illi depone:
Istic honor remanet et tota fiducia rerum.
Blanditur quando tibi tempus nunc, cautior esto.
Vltima fatorum non prouidens, quae te oportet,
Sine Christo nequis esse ⟨ui⟩tae conpotis unquam.

XXXIII.

GENTILIBVS.

Gens sine pastore ferox iam noli uagare.
Et ego, qui moneo, idem fui nescius errans.

33, 1 Matth. 9, 36; Marc. 6, 34

5 gradum *Ld*; gradu *O*; gradus *r Oehl.* auidus *r v*; auidũ *C B* auidum *A* (*uarias lectt. codd. BA om. Ld*) fortunae *r v*; fartune *C*; furtu ne *B A* **6** tibi non ulla *r v*; tibm̃ nulla *C*; tibi nonnulla *BA* dignoscis *O Ld*; dinoscis *r Oehl.* **7** cenes cum turba choraulica *scripsi* (*S. 107 p. 758*); cenis cũtur ba choraulica *C*; ceniseuntur bacchor aulica *B A*m; censeur turba choraulica *A*t; censeantur, bacchent aulica *r Oehl.*; censeant turbam choraulicam *Ld*; Auro licet splendes cum turba choraulica semper *Hanssen* **8** dñm *C* (*cf. S. 107 l. c.*); dñni *B A* (*om. Ld*); Domini *r v* **9** donatur *C r Oehl.*; donαtur (= *donaetur*) *B*; donetur *A Ld* **10** Nunc si tamen credis; sin autem, pro eo timebis. *scripsi* (*cf. b. Gbl. 17 p. 449*); Nunc, si tamen credis: sin autem (, *r*) pro eo timebis *r v* **12** Isti° *C*¹⁷; Isti *B A r v* honor remanet *r v*; honorẽ manet *C*; honorem manet *B A* fidutia *C* rerum *C r v*; reum *B A* **13** Blandit̃ *C* nc̃ *C* **14** q *O* **15** nequis esse uitae *scripsi* (uitae = *uitae uerae; cf. C. A. 172*); nec uisissete *C*; nec uisis sere (*uel* seu) *BA*; reuiuiscere *r v*; nequis surgere *Hanssen p. 10, ut incisionis semiquinariae lex teneatur; cf. ibid. p. 7 sq.* conpotis *C* (= *nominat.? cf. Georg. HW*⁷ *s. u.* compos *extr.*); compotis *B*; compositis *A*; non potes *rv*; conpositus *Hanssen* ũquam *C*
XXXIII, 1 postore *A* uagare *A*m*r v*; uacare *CBA*t; *cf. 26, 2*
2 nestius *C*

Nunc ideo Domini figuram sumite uestri,
Tollite corda fera et exasperata seorsum:
Intrate stabulis siluestris ad praesepia tauri,
Latronibus tuti sub regia tecta manentes.
In silua lupi sunt, ideo refugite sub antro.
Bellaris, insanis nec respicis, ubi moraris.
Vno crede Deo, ubi mortuus uiuere possis
Surgas et in regno, cum sit et resurrectio iustis.

XXXIIII.

ITEM GENTILIBVS IGNARIS.

Indomita ceruix respuit iugum ferre labori,
Tunc iuuat in campis crassis satiari coliclis.
Et tamen inuita domatur utilis equa
Minuiturque ferox esse proinde domata;

33, 3 Rom. 13, 14; Gal. 4, 19 **5** Esai. 56, 9

3 summite *C* **4** exasperata *r Oehl.*; exasperate *O Ld* seorsum *O Ld*; sursum *r Oehl.* **5** Inſtrate *C* stabulis *Rig. ms. v*; stabiles *r* Σ^1 (?) ; stabilis *O* Σ^2 (?); stabula *Dodwell* siluestris (= *siluestres*) *C*; siluestres *uel* siluestris *Dodwell* (*coniecturâ*); siluestri *B A* Σ^1; Siluestri (*papae!*) *r*; siluestri (= *siluestres*) *Rig. ms. v*; uestra *Sirmond* (*S. 96 p. 473*) ad praesepia (praesaepia *B A Ld*) tauri *O* Σ^1 *Rig. ms. v*; ad praesepe pastoris *r; de toto hoc loco cf. S. 96 p. 467 sq.; 471 sqq.* **6** tuti *r v*; toti *O* regia *r v*; regi *O* manentes *O* (*Ld falso*: manentis *B Oehl.*) *rv*; manentis *Oehl.* **7** sylua *BA* **9** Vno *O Ld*; Vni *r Oehl.* ubi *O Ld*; uti *r Oehl.* uiuꝏ (= *uiuere*) *B*; vevıre *A* **10** resurectio *C*; resurectis *B* **XXXIIII, 1** ceruix *B r v*; ceruis *A*; ceruia *C* ferre labori *B A Ld* (*cf. C. A. 199* Gens ingrata b o n i s noluit i u g u m f e r r e p r a e c e p t i s); ferre laboris *r Oehl.*; terre tabori *C* **2** Tunc iuuat *r v*; Tunc iubat *C*; nunc iubaɿ [tunc iuuat] (= *iubat*) *B*; nunc iubar [tunc iuuat] *A* (*S. 107 p. 723*) satiari Σ^2 *r v*; satiare *O* coliclis (= *cauliculis*) *Oehl. in comm. Ld*; caliglis *C*; caliglis [senguis] *BA*; siliquis *r Oehl. in textu* **3** utilia *A* equae *C* **4** proinde domata *scripsi* (*S. 107 p. 758*); p̃ ın (p̂ ın *B*; p ın *A*) dedomata *O* primum dedomata *r v*

Gens, homo, tu frater, noli pecus esse ferinum,
Erue te tandem et tecum ipse retracta:
Non utique pecus nec besteis, sed homo natus,
Tu te ipse doma sapiens et intra sub antra.
Idola, quae sequeris, nihil nisi uanitas aeui.
Leuia uos corda perducunt poenali barathro.
Ibi aurum, uestes, argentum ulnis refertis,
Bellatur ibi, dein canta⟨n⟩tur pro psalmis amore⟨s⟩.
Vitam esse putas, ubi ludi⟨s⟩ aut prospicis ista:
Sortiris, ignare, extincta, aurea quaeris.
Inde non effugies pestem, licet ipse diuines.
Gratiam, quam misit Dominus in terra legendam,
Non requiris eam, sed sic quasi besteus errans.
Aurea post fata ueniet tibi saecla, si credis,
Rursus ut incipias inmortale uiuere semper.
Illud quoque datur scire, quod ante fuisti:
Subiectum te praebe Deo, qui cuncta gubernat.

5 fr̃ *C* 6 Eruete *C* retra^{c}ta C^1 7 besteis (*ad* natus *pertinens*) *CB*; bestia *A Ld*; bestia es *r Oehl.* nat\ *C* 8 antra *scripsi* (*cf. 33, 7; C. A. 66*); antro *Dau.*; arma (arma' *C*) *Orv*; *fortasse* aula *uel* aulam; *cf. 25, 5; II 10, 6, ubi BA* $\overset{\text{arma}}{\text{aula}}$ *praebent* 9 quae *Oehl. in comment. Ld*; ꝗ *C*; qui *B A r Oehl. in textu* eui *C* 10 perducunt *O Ld*; perdunt *r Oehl.* poenali barathro *Ld*; poenali beratro *C*; poena liber atro *BA*; paene liberatos *r Oehl.* 11 uertes *BA* ulnis refertis *C*; ulnis refertur *rv*; ɩl nıa refertur *B*; el nies refertur *A*; *cf. Anthol. lat. ed. Riese II p. LXX:* me (*Sericum*) Caesar ulnis efferunt et reges 12 cantantur pro psalmis amores *Hanssen* (*coll. II 19, 18*); cantatur pro psalmis amor (amore *C*) *O r v* 13 ludis *r Oehl.*; ludi *O Ld* ꝓspicis *C* ista: *Ld*; ista? *r Oehl.* 14 extincta *C* 15 diuines *scripsi* (*S. 107 p. 758*); diuinis *O*; diuinus *rv*

16 legenda' *C* 17 besteus errans *C*; lesteua ɯranа *B*; lestens & errans *A* (*uocabulorum* lestens *et* errans *littera ultima* s *in rasura scripta*; *de qua re cf. S. 107 p. 722*); bestius errans *r*; bestius erras *Dau. v* 18 post fata *scripsi* (*S. p. 774 sq.*); ꝑ fata *C*; ꝑ fata *B*; per fata *A Ld*; praefata *r Oehl.* ueni& *C* (*cf. 35, 17*); uenient *r Oehl.*; uchıa (= *uenis*) *B Ld*; uehis *A* secla *O* 19 Rursus] Recte credis rursus *C* (recte credis *uerbo* credis *explicandi causa ab homine docto aliquo additum; cf. 6, 18*); Nec te credis rursus *BA; in B altera manus* (*Rig. ?*) *uerba* Nec te credis *uncis inclusit* ut incipias *O Ld*; et incipies *r Oehl.* $\overset{\text{semper}}{\text{uiuere}}$ *BA* 21 Subiectum *C rv*; Sub^{i}lectum *B*; Sub^{l}iectum *A* (*Ld om.*) prebe *C* gubnat *C*

XXXV.

DE LIGNO VITAE ET MORTIS.

Adam protoplastus ut Dei praecepta uitaret,
Belias seruator fuit de inuidia plasmae.
Contulisset nobis seu boni seu mali quod egit
Dux natiuitatis; morimur itemque per illum,
Ex diuino ipse ut [recedens] exsul factus a uerbo.
Finitis sex milibus annis inmortales erimus.
Gustato pomi ligno mors intrauit in orbem:
Hoc ligno mortis quaeramus uitae futurae.
In ligno pendit uita ferens poma, praecepta:
Kapite nunc ⟨inde⟩ uitalia poma credentes.

35, 7 Sap. 2, 24; Rom. 5, 12

XXXV, inscr. uite *C* **1** protoplastus *scripsi*; protoplaustus *C* (*S. 107 p. 759*); protolapsus *BArv* **2** Belias r^2*v*; Bellias *O*; Belial r^1 seruator *scripsi*; seruatur *O*; tentator *rOehl. Hanssen*; seruatus *Ld* plasme *C* (*cf. C. A. 315*); psalmae *BA*; palmae *rv* **3** Contulisset *OLd*; Contulit et *rOehl.*; Contulitque *Hanssen* boni seu mali *rv*; bonis seu malis *O* **4** natiuitatis *ODau. v*; nati natiuitatis *r* itemque *scripsi* (*cf. C. A. 324*); idemq *C*; idemque (idem que *B*) *BLd*; idem quod *A* natinitatis, (morimur . . illum,) | Ex diuino *Ld* **5** ipse ut recedens exsul (exul *BA*) factus a uerbo *O* (recedens *explicandi causa uidetur* exsul *uoci adiunctum esse; cf. 34, 19*); ipse ut recedens exul a uerbo *rOehl.*; *idem in comment.:* '*Olim pro* ut *malui* at *uel etiam* erat'; ipse, at recedens e. f. a. u. *Ld*; ipsest recedens e. f a. u. *Hanssen**) **6** millibus *rOehl.* inmortales *C* **8** quaeramus uitae futurae *BA* (*supplendum:* lignum); queramus uite future *C*; generamur uitae futurae *rOehl.*; quaeramus uitam futuram *Ld* **9** pendit *OLd* (*cf. II 20, 9*); pendet *rOehl.* precepta *C*; praecepta *B* (*a paene* u *est*); praeceptu *A* **10** Kapite *Ld*; Capite *Dau. Oehl.*; Kauete *Cr*; Cauete *B* (*initio* Cauete, *quod altera manus* (*Rigaltii?*) *lineola addita correxit*); Cauete *A* inde uitalia *Hanssen*; uitalia *Orv; nobis in mentem uenerat:* uobis (ub) uitalia

*) *Versuum 3—5 haec esse sententia uidetur: Ita fuit ab initio comparatum, ut, quidquid primus homo egisset siue boni siue mali, id in nos quoque, prolem eius, transferretur; mors quoque ab illo nobis profecta est, ut ipse Dei uerbo ex uita diuina exul factus est; cf. Optat. Donat. 1, 12:* ueritatis exules (= *haeretici*) a domo ueritatis satis extorres.

Lex a ligno data est homini primitiuo timenda,
Mors unde prouenit neglecta lege primordi:
Nunc extende manum et sume de ligno uitali.
Optima lex Domini sequens de ligno processit;
Perdita lex prima; gustat, unde licet illi,
Qui deos adorat uetitos, mala gaudia uitae.
Respuite gustum; sufficiet scire quod esset.
Si uiuere uultis, reddite uos legi secundae,
Templorum culturam, daemonum fana uitate.
Vertite uos Christo, et eritis Deo sodales.
Xancta Dei lex est, quae mortuos uiuere dicit.
Ymnum sibi soli Dominus proferre praecepit,
Zabolicam legem omnes omnino uitate.

XXXVI.

DE CRVCISTVLTITIA.

De duplici ligno dixi, mors unde processit,
Et iterum inde procedere uitam frequenter.
Crux autem stultitiam facit adulteri genti.

35, 21 Ioh. 10, 28: 11, 25 **22** Deuter. 6, 13; Eph. 5, 19
36, 3 I Cor. 1, 18; 23

11 tim̃da *C* **13** sūme *C* **15** illi *O r*; ille *v*, *nulla post* gustat *interpunctione posita* **16** uetitos *B*; uetilos *A* (*S. 107 p. 724*) **17** esset] *malim* essent *sc. mala gaudia; sed cf. 34, 18*; *Roensch. It. et Vulg. p. 435; S. 107 p. 764; 775* **18** uiuere *rv*; uere[uiuere] *BA*; uere *C* legis secunde *C* **19** culturam *Ld*; cultura *O*; culturas *r Oehl.* demonum *C* fana *Dau.* (*cf. 1, 5; 16, 11; 21, 6; 24, 13; 37, 22*); fata *O r v* **21** Xancta *CB* (*cf. II 19, 21*); Sancta *A*; Xanta *rv* Dei *r v*; dĩ[dei] *C*; deus *B*; Dei[Deus] *A* q *C* dicit *C*; dicit[docet] *B*; docet[dicit] *A*; docet *r Oehl.*; duat *Ld*; *cf. 14, 7* **22** soli *C* (*S. p. 759 sq.*); solus *B*; solva *A* (*S. p. 722*) **23** om̃s *C*; oẽs *B*; oĩes *A* oĩo *B totum uersum, ut editus est, And. habebat* (*b. Gbl. 16 p. 345*) **XXXVI, inscr.** crucistultitia *C Ld*; crucis stultitia *BA r*; *sed Rig. in commentario: 'Aut composito uocabulo legendum:* crucistultitia,.. *aut deerit acrostichidi uersus'* **1** dublici *C* **2** uitam *r v*; uita *O* **3** stultitiam facit *Ld*; stultitia fac̃ *O*; stultitia facta est *r Oehl.* adulteri *O* (= *diaboli; cf. II 16, 7; 32, 12; C. A. 179; 206; 985*); adulterae *rv*

Rex aeternitatis per crucem diros adumbrat,
Vt sibi non credant. O stulti, morte uiuentes!
Cain iuniorem occisit nequam repertus:
Inde *Enoch* subolis Chananaei nati feruntur.
Sic genus iniquum increuit mundo, qui nunquam
Transmutat animos in Domini credere crucem.
Venit in errorem, et dicunt se uiuere recte.

36, 4 Matth. 13, 14 sqq.; Rom. 11, 8; 10 **6** Gen. 4, 8 **7** Gen. 4, 17 sqq.

4 eternitatis *C* crucem *r v*; gregem *C*; gregem (*supra* gregem) *B*; crucem (*supra* crucem) *A*; *cf. 35, 21*; *S. 107 p. 729* diros *Dau. v*; dirus *O r* **5** non credant *Dauies* (*coniecturâ*); ñcredant *C*; nunc credam (= *credant*) *B*; nunc credam *A* (*cf. u. 13*; *S. p. 723; 760*); nunc credant *r v* o stulti *C B r v* (*cf. 7, 9*); non stulti *A*; pro stulti *Roensch* **6** iuniorem *C r Oehl.*; innocuum *A Ld*; iunıoiem (inmoiem?) *B*; *cf. S. p. 731; 738* occisit *O Ld*; occidit *r Oehl.* **7** Enoch subolis Chananaei *scripsi**); nohel subolis (suboles *Σ*?) Chananaei (chananei *C*; Cananaei r^1 $Σ^2$) *O* r^1 $Σ^2$ (*cf. II 13, 3*); Enoch suboles Cainaea r^2 *v* **8** genus iniquum *C Ld* (*coniecturâ*); Ꮆchas (Ꮆ‹has *A*) iniquum *B A* (*S. p. 727; de confusis litteris* n *et* h *cf. 34, 18*); gens iniqua *r Oehl.* increũ *C* qui numquam *Hanssen*; q nũquã (numquam *B*; nunquam *A*) *O*; quae nunquam *r Oehl.*; quod nunquam *Ld* **9** Transmutat *C* (*S. p. 760 sq.*); Transmittat *B A Ld*; Transmittit *r Oehl.* aĩos *B* in dñi *C*; in deum *B A*; in Deum. r^1; in Deum: r^2 *v* crucem *B*, *sed apicibus satis perplexis scriptum*; cruam (*supra* u: ?) *A*, *quod altera manus in* crucem *mutauit* (*S. p. 724*) *interpunctio post* crucem *uulgo omittebatur* **10** errorem *scripsi* (*S. p. 761*); herrorem *C*; horrorem *B A r v* uiuere *r v*; uidere *O*

*) Chananaei, *quam uocem falsa originatione a Cain nomine poeta uidetur deduxisse, per synecdochen pro hominibus uniuersis a Deo alienis ponuntur; a Cain nati dicuntur non uera nimirum, sed spiritali quadam generatione, nisi forte Sethoitarum errore imbutum fuisse Commodianum arbitrabimur, de quo incertus quidam scriptor in libelli 'aduersus omnes haereses' inscripti capite 2 agit; cf. Oehleri ed. min. Tertull. p. 1169. — Iidem, qui hic a Cain nati perhibentur, alias (u. 3 et II 16, 7) diaboli quoque uocantur filii. Similiter bonos atque fideles u. 16 poeta 'Abel genus', II 16, 7 'Altissimi prolem' nominat.*

Lex in ligno fuit prima, et inde secunda
Terribilem legem primam cum pace ⟨p⟩raeuenit.
In peruersitate saeua scelerati ruerunt:
Traiectum clauis Dominum cognoscere nolunt,
In cuius iudicium cum ue⟨ne⟩ri⟨n⟩t, ibi dignoscunt.
Abel genus autem credit modo Christo benigno.

XXXVII.

QVI IVDAEIDIANT FANATICI.

Quid? medius Iudaeus, medius uis esse profanus?
Vnde non effugies iudicium Christi defunctus.
Ipse caecus eras et ad caecos intras, inepte;
Idcirco caecus caecum in fossa reducit.
Vadis ubi nescis, et inscius inde recedis.
Discentes ad doctos eunt, ut docti recedant,
At tu ⟨t⟩alis adis, unde nihil discere possis:

37, **2** Rom. 2, 16 **3** Rom. 2, 19 **4** Matth. 15, 14

11 secunda *Ld* (*cf. 38, 5*); secundo *O*; secunda. *r Oehl.* **12** primam *Ld*; prima *O*; primo *r Oehl.* praeuenit (= *superauit*) *Ld*; reuenit *O r Oehl.*; reuincit *Dauies* (*Ld falso*: reuinxit *Dau.*) **13** peruersitate saeua sceleratis *scripsi*; peruersitates uanas scelerati *Hanssen*; parua dictatione seua scelati *C*; parua dictatione renascelati *BA*; praeuaricationes uanas elati *r Oehl.*; praua luctatione uana scelerati *Ld*; ... recalciati (= *rebelles*) *Pitra Spicil. IV p. 227; uix impedior metri difficultate, quominus ed. primam ex parte secutus scribam*: praeuaricatione saeua; *cf. ep. Pauli ad Rom. 2, 23, ubi Iudaeo dicitur*: per praeuaricationem legis Deum inhonoras ruαum *B*; &ruerum *A*; *cf. u. 5* **15** In cuius iudicium (iuditium *C*) *O Ld*; Iudicium cuius *r Oehl.* cum uenerint *Ld*; cum (cũ *BA*) uerit *O* (*Schuch. Vokal. II p. 439*); uenerit *r Oehl.* dignoscunt *O* (*in B* u *litterae* a *simile*); dignoscent *r v* **XXXVII, inscr.** iudeidiant *C*; iudaei diant *BA* **1** Iudaeus *r Oehl.* (*cf. ep. ad Rom. 2, 17*); nudus *O Ld* (‘*h. e. sine deo, profanus, cf. I 24, 2*’) prophanus (profanus above) B^1 **2** iuditium *C* **3** eras *O r*; erras *Dau. v* **3** *sq.* cecus *etc. C* **4** caecum caecus *r Oehl.* fossam deducit *r Oehl.* **6** Discentes *r Oehl.* (*cf. Roensch. It. et Vulg. p. 107 sq.; Zeitschr. f. wissensch. Theol. XXIV p. 480 sq.*); Discendentes *C*; Discedentes *BA* eunt *O Ld*; eant *r Oehl.* ut docti *O Ld*; doctique *r Oehl.* **7** At $r^2 v$; Aut $O r^1$ tu talis (= *tales*) adis *scripsi* (*cf. u. 6*); tu aliis uadis (suadis *BA*) *O*; tu ad eos uadis *r Oehl.*; tu alias uadis *Ld*

Exis pro foribus, inde et ad idola uadis.
Interroga primum, quid sit in lege praeceptum,
Dicant illi tibi, si iussum est deos adorare.
Ignoratur enim propter quod maxime sumus:
At illi quoniam rei sunt ex ipso delicto,
Nil de praeceptis Dei nisi mirabilia narrant.
Tunc tamen in fossam secum uos caeci deducunt.

Funera sunt; nimium de illis tota deferre,
Aut quia concludor agere co⟨a⟩ngustus aratri.
Noluit Omnipotens illos intellegere Regem;
A scelere tanto refugit ipse cruentis.
Tradidit se nobis ⟨noua⟩ superaddita lege,
Inde modo latrant nobiscum re⟨ge⟩ deserti.
Ceterum in illis ⟨uobis⟩ si spem esse putatis,
In totum erratis, si Deum et fana colatis.

8 et] ec *C* **9** qđ *C* **11** Ignoratur *scripsi*; Ignorantur *Orv* propter] p̃p̃ *O* sum⁺ *C*; possunt *B*; possunt *Arv*; *malim* quid .. simus **12** qm̂ *C* *uulgo post* sunt, *non post* delicto *interpungebatur*; ipso = *eodem* **13** Nil *scripsi* (*cf. 41, 4*); Nihil *Orv* p̧ceptis *C* deis *C* ni *Hanssen* mirabilia *O Ld*; mirabile *r Oehl.* **14** fossanτ *C*; fossam *B*; fossam (m *altera manus in ras. scripsit*) *A* ceci *C* **15** *ante* nimium (= *longum est*) *semicolon pro commate posui* tota deferre *O Ld in lemmate praefat.*; nota referre *r Oehl.*; tota referre *Ld in textu* **16** concludor *O Ld*; concludit *r Oehl.* agere (= aggere?) *Ld*; agerẽ *C*; agerem *BA*; agrum *r Oehl.* co⟨a⟩ngustus *scripsi* (*cf. Paucker, Addend. lex. lat. subrel. p. 24*; Cypr. p. 411, 20 H.* angusto fine concluditur; *Verg. Aen. 1, 425; 5, 755 et Seru. ad hunc locum*); congurtus *C*; congustus *BA*; congestus *rv* aratri *rv*; aratriχ *C*; aratriz *B*; aratriχ *A*; *r*[2] *in comment. 'acrostichidos modus non capit plura'* **17** omnipotes *A* illos *rv*; illo *O* intellegere *C Ld*; intelligere *BA r Oehl.* **18** A scelere tanto *rv*; A scelera tanto *C*; a scelera tanta *BA* cruentis *scripsi* (*S. 107 p. 775*); cruentes *O* (*Ld falso*: cruentis *BA*); cruentos *Dauies*; cruentus *rv* **19** se *O*; sese *rv*; se regem *Hanssen* noua *scripsi* (*cf. II 1, 6; C. A. 287*); *om. Orv* legem *O* **20** latrant *O Ld*; latitant *rv* nobiscum rege deserti *r Oehl.* (= *expostulant nobiscum, a rege deserti; cf. August. de ciu. Dei uol. I p. 557, 21; 558, 15 D*[2] anima Deo deserta); nobis cũ (cum *A*) re deserti (deser ti *C*) *O*; nobis curae deserti *Ld*; nobis commiseratum deserti *Hanssen* **21** Caeterum *BA* in] m *C* uobis si spem esse *scripsi*; si spem esse *Orv*; si spem superesse *Hanssen*

XXXVIII.

IVDAEIS.

Inprobi semper et dura ceruice recalces,
Vinci uos non uultis: sic exheredes eritis.
Dixit Esaias incrassato corde uos esse.
Aspicis legem, quam Moyses allisit iratus;
Et idem Dominus dedit illi legem secundam.
In illa spem posuit, quam uos subsannatis erecti.
Sic ideo digni non eritis regno caelesti.

XXXVIIII.

ITEM IVDAEIS.

Inspice Liam typum Synagogae fuisse,
Tam infirmis oculis, quam Iacob in signo recepit;
Et tamen seruiuit rursum pro minore dilecta,
Mysterium uerum et typum ecclesiae nostrae.

38, **1** Exod. 32, 9; 33, 3; 5; **34,** 9; Act. 7, 51 **3** Esai. 6, 9; Matth. 13, 15; Act. 28, 27 **39,** **1** sqq. Gen. 29, 17 sqq. (Cypr. test. 1, 20 med.)

XXXVIII, **1** Inprobi ***C***; Improbi *BArv*; *fort.* inprouidi; *cf. C. A. 229*; *II 16, 24* recalces ***Crv***; recalcα (= *recales*) ***B***; recalca *A* (*cf. S. 107 p. 722 sq.*) **2** Vinci *BArv*; Vincir̉ (= *Vinciri?*) ***C***; *quae si uera lectio est*, uos *pronomen uidetur abundare*; *cf. S. p. 761* ` exere des eritis (deseritis *BA*) ***O*** **4** Aspicis ***O*** *Ld*; Aspicitis *r Oehl.* Moyses ***O*** *Ld*; Moses *r Oehl.* **5** legem secundam ***rv***; lege secunda ***O*** **6** quam ***O*** *Dau.* (*coniecturâ*) *Ld*; quod ***r***; quid *Oehl.* subsannatis erecti *scripsi* (*S. p. 761*); subsanati (*cf.* ***40, 11***) sericti ***C***; subsannati reıciti *BA*; subsannati reicitis ***r*** *Oehl.*; subsannatis reiecti *Ld* **7** Sic ideo ***C***; Sed ideo Jδδδ *BA* (*S. p. 727*); Sed ideo *rv* digni ***rv***; indigni ***O***, *quod ferendum est, si post* caelesti *interrogationis signum posueris* **XXXVIIII,** **1** Liam ***Crv***; iam *BA*Σ^1 ***in C inter*** Inspice *et* Liam *duae litterae* (he?) *erasae* sinagoge ***C*** **2** Tam ***Crv***; iam *BA* infirmis ***rv*** (*cf. Cypr. p. 53, 1 H.*); infimis ***CB***; infiruis ***A*** **3** seruiuit ***Crv***; seruium *B*; serůium *A*; *cf.* ***36, 5; 13*** dilecta ***r²v***; delicto ***O***Σ^2***r¹*** **4** Misterium ***C*** ecclésie ***C***

Intuite plenae dictum Rebeccae de caelo,
Vnde similantis alieni Christo credatis.
Deinde Thamar partum geminorum adite;
Ad Kain intendite, primum terraeque cultorem,
Et Abel pastorem, priscus inmaculatus offertor
In sacrificio qui fuit mactatus a fratre.
Sic ergo percipite iuniores Christo probatos.

XL.

ITERVM IPSIS.

Incredulus populus non est nisi uester, iniqui,
Tot locis et totiens reprobatus lege clamantum.
Et sabbata uestra spernit et tricensimas Altus

39, 5 Gen. 25, 23 **7** Gen. 38, 27 sqq. **8** Gen. 4, 2 sqq.
40, 3 Esai. 1, 13 sq.

5 plenae *scripsi* (= *praegnanti*); plene *O r Ld*; plane *Oehl.* rebecce *C* **6** similantes *r Oehl.*; simulatis *C*; simulans *BA*; simulantes *Ld* alieni (*sc. ab Iudaeorum gente*) *scripsi*; aliene *O*; alienae *rv* **7** par tũ *C* *post* Thamar *fortasse* quoque *uel* etiam *excidit*; *ceterum Hanssen p. 71 hic nihil desiderat* **8** Kain *C*; Cain *BArv* terraeque cultorem *Ld*; terreq̧ cultorem *C*; terraeque cultore *BA*; terrae cultorem *r Oehl.*; Ad Cain terrae cultorem intendite primum *Hanssen* **9** *sq.* pastorem, priscus immaculatus offertor | In sacrificio qui fuit mactatus a fratre *scripsi* (*cf. Cypr. de dom. orat. c. 24*); pastorem priscusq̧ fuit | lnm aculatũ offertoꝛ Ī fratris euıto q̧ fuit actatus a frẽ *C* (*apparet* q̧ fuit *per errorem bis scriptum esse*); pastore (-ré *B*) priscꝰ qui (q̧ *B*) fuit immaculatus (-tũ *B*) offertor | In fratris euito (euito, *supra* cuto, *A*) qui fuit mactatus a fratre *BA*; pastorem qui fuit immaculatus | In fratris exitio offertor mactatus a fratre *r Oehl.*; pastorem, priusquam fuit mactatus a fratre | In fratris saeuitu offertor immaculatus *Ld*; in fratris crisi (= *iudicio*) *Pitra Spicil. IV p. 227*; pastorem offertorem inmaculatum | In agrum secuto qui fuit mactatus a fratre *Hanssen* **11** praecipite *A* (*om. Ld*) **XL, 1** nisi ũr̃ *C*; nisi ví *B*; nisi ví *A* (*Ld falso:* ú *A*; ví *B*) **2** Tot *Crv*; te *BA* tociens *C* **3** sabbatas *C*; sabbatha *BA* uestra *rv*; urãs *C*; uẽraẽ *BA* spernit et *rv*; spernite *O* **3** tricensimas *Or*; tricesimas *v* altas *C*

Rescidit omnino uniuersas uestras de lege,
Vt nec sacrificia faceret⟨is⟩ illi praecepta,
Mittere qui dixit lapidem in scandalo uestro.

Iniqua si quis uestrum non crediderit morte perisse,
Pars alia legis clama⟨t⟩: 'Videbitis inde
Suspensam in ligno uitam; nec illi credetis'.
Ipse Deus uita est, pependit ipse pro nobis,
Sed uos indurato corde subsannatis eundem.

XLI.

DE ANTECHRISTI TEMPORE.

Dixit Esaias: Hic homo, qui commouet orbem
Et reges totidem, sub quo fiet terra deserta.

Audite, quoniam propheta de illo praedixit;
Nil ego conposite dixi, sed ⟨de⟩ lege legendo.

40, 6 Rom. 9, 33; Esai. 8, 14 **8** Deuter. 28, 66 (Cypr. test. 2, 20) **41, 1** sq. Esai. 14, 16 sq. (Cypr. test. 3, 118)

4 Rescidit *scripsi*; Resciuit *C*; Rescuuı (= *Reseuut*) *B*; Reseuuʒ *A*; Respuit *rv Hanssen*; *fort.* resecuit oĩo *BA* uniuersas uestras (uĩas *O*) *Orv*; uniuersa uestra *Hanssen* **5** nec *C*; ne *BArv* faceretis *rv*; faceret *O* precepta *C* **6** dix̃ *C*; diʒ' *B*; dix' *A* uĩo *C* **7** Inique *A* (*in B* iniqua *ita scriptum est, ut* a *littera paene* e *sit*) quis *O*; qui *rv* crediderit *scripsi*; crediderint *Orv* perise *C*; periisse r^2 **8** Pars alia legis (*Hanssen*) clamat: Videbitis inde *scripsi* (*S. 107 p. 762*); Pars alias leges clamaui debetis (deletis *BA*) inde *O*; Perque alias leges saluari dilectos: inde *r Oehl.*; Perque alias leges clamauit dilectis: inde *Ld*; Pars alia legis clamauit de lege secunda *Hanssen* **9** credetis *scripsi*; credistis *O Ld*; creditis *r Oehl.*

11 nos *A* subsanatis *O*; *cf. 38, 6* **XLI, inscr.** antechristi *B Ld* (*cf. u. sexti initium*; *Schuch. Vokal. II p. 5*); antichristi *C A r Oehl.*; *cf. p. 4* **1** Esaias *Arv*; Isaias *CB*; Esdras *La Croze, Schurzfl. suppl. coll. apocr. Esdr. IV 12, 23* commouit *C* **2** q̊ *A* **3** qm̃ *C* **4** Nil *Guil. Hartel* (*cf. 37, 13*); Nihil *Orv* conposite *C* dixi, sed de lege legendo *scripsi* (*cf. 1, 6*; *C. A. 579*; *S. 107 p. 763*); dixi sed lege legendo *C*; dixisset nege (nerge *A*) legendo *BA*; dixi, sed neglegendo *rv*; dixi sed inde legendo (*sc. apud Esdram*) *La Croze, Schurzfl. suppl.*; dixi sed legi legenda *Hanssen Hartelium secutus*; *fort.* legem legendo; *cf. 20, 5*; *Sedul. carm. pasch. 2, 84* legemque legendo

Tum scilicet mundus finitur, cum ille parebit
Et tres imperantes ipse deuicerit orbe.
Cum fuerit autem Nero de inferno leuatus,
Helias ueniet prius signare dilectos,
Res qu⟨i⟩a sub fine regit † et artatio tota.
In septem annis tremebit undique terra:
Sed medium tempus Helias, medium Nero tenebit.
Tunc Babylon meretrix ⟨erit⟩ incinefacta fauilla;
Inde ad Hierusalem perget, uictorque Latinus

Tunc dicet: Ego sum Christus, quem semper oratis,
Et quidem conlaudant illum primitiui decepti,
Multa signa facit quoniam eius pseudopropheta.
Praesertim, ut credant illi, loquetur imago;

41, 12 Apoc. 18, 2; 10; 21 **17** Apoc. 13, 15

5 mondus *B* **6** Et *O Ld*; In *r Oehl. Ebert* (*Abhandl. d. saechs. Ges. d. W. V p. 419*) deuicerit *B A Dau.* (*coniecturâ*) *Ld* (*cf. C. A. 911 sq.*; *uidetur poeta Sibyll. 5, 51 perperam intellexisse*; *cf. Alexandre, excurs. ad Sibyll. p. 501*); diuicerit *C*; diuiserit *r Oehl. Ebert* orbe (= *in orbe*) *scripsi*; orbem *O r Oehl. Ebert*; orbi *Ld*; *Ebert l. c. haec quoque proponit:* (In tres imperantes) sese diuiserit orbis **7** Nero de inferno $r^2 v$; nero d////inferno *C* (*post* d *erasum* e[1]); Herode (-des r^1) inferno $BA\Sigma^2 r^1$ **8** Helias *rv*; Hesaias *C*; Hesaias (Helias *supra*) *BA* signare] *ante* s *in A* d *littera extincta* dilectos] c *in B litterae* r *simile*; disertos *A* **9** Res quia sub fine *scripsi*; *cf. Sulp. Seu. Chron. 2, 29 extr.* sub saeculi fine; *S. p. 763*); Resqua suf fine *C*; Res quas affine *BA*; Res quas Africae *r Oehl.*; Res quassat fine *Ld* regit *C*; regis *B A Ld*; regio *r Oehl.* et artatio tota *O Ld* (*idem ante* tota *comma ponit et hanc uocem cum insequentibus coniungit*); Arctoa natio tota *r Oehl.*

10 anī (i *supra*) *C* **11** helyas *O* Nero *Crv*; uero *BA* **12** erit incinefacta *scripsi*; incinefacta *r Oehl.*; incme facta *C*; incmc facta *B*; incuiq facta *A*; in igne facta *Ld* **13** Hierusalem *BA*; hyerusalē *C*; Ierusalem *rv* **14** Tun dic̄ *C*; Tunc dic *BA* **15** c̄laudant *C*; conclaudant *A* **16** eius *rv*; cuius *O* speudopropheta *C*; speudo (propheta *supra*) *BA* (*Schuch. Vokal. II p. 364*) **17** Presertim *C* credant *rv*; credat *O* loqtur *Cr Oehl.* (*cf. S. p. 776*); loquitur *B A Ld* *post* Praesertim *et* illi *interpunxi*; praesertim *enim* (= *disertim*) *cum* loquetur *coniungendum uidetur*; *cf. C. A. 647*; *Instr. I 6, 11*

Omnipotens tribuit, ut ⟨spiri⟩talis eradat.
Recapitulantes scripturas ex eo Iudaei
Exclamant pariter ad Excelsum sese deceptos.

18 ut ⟨spiri⟩tales *Roensch* (*Berl. philol. Wochenschr. V p. 400*) ut talis ***Orv***; formam ut talis (euadat) *Hanssen*; *idem postea* (*Philol. Anzeiger 1885 p. 510*) *haec proponit*: ut totos fideles eradat   eradat ***O*** (*Ld falso:* 'euadat *B*; eradat *uel* euadat *A*'); euadat *rv*   **19** Recapitulantes ***Crv***; neca pitulantes *B*; nec opitulantes *A*   *post uersum* **20** *in codice C haec inueniuntur*:

Expł lib̄ ·I· Incp̃ lib̄ ·II·

Deinde sequitur capitulatio libri secundi

LIBER SECVNDVS.

I. De populo absconso sancto omnipotentis ⟨Christi⟩ Dei uiui.
II. De saeculi istius fine.
III. De resurrectione prima.
IIII. De die iudicii.
V. Catecuminis.
VI. Fidelibus.
VII. Fideles cauete malum.
VIII. Paenitentibus.
VIIII. Qui apostatauerunt Deo.
X. De infantibus.
XI. Desertores.
XII. Militibus Christi.
XIII. De refugis.
XIIII. De lolii semine.

Tituli I—XXI (XX) inueniuntur in ***CBA***; *ceteros omiserunt* B^1 *A, in B altera manus (Rigaltii, ut uidetur) suppleuit. Numeri titulorum hic quoque sicut in capitulatione prioris libri eadem manu altera in margine sunt additi, desunt in* AB^1 **I** Omnipotentia *BA*; *iidem inde nouum uersum ordiuntur* Christi *om. BAr* sancto — uiuo *om.* ***C***; *cf. p. 58* **II** seculi *BA* **I—III** *tres primi tituli in B sic scripti sunt:*

1 1 De populo absconso sancto
2 Omnipotentia dei uiui
2 3 De seculi istius fine
3 4 De resurrectione prima

Numeri alterius manus sunt; *eadem lineolam inter uocabula* De *et* Omnipotentia *duxit. Apparet inde Rigaltium (?) initio arbitratum esse ab* Omnipotentia *alterum titulum initium capere*; *dein intellecto errore uocem* Omnipotentia *lineola cum antecedentibus copulauit, numeros primo scriptos expunxit uerioresque eorum loco posuit* **VIII** penitentibus ***C*** **XII** χρ̃ι ***C*** **XIII** refugiis ***O***

XV. Dissimulatori.
XVI. Saecularia in totum fugienda.
XVII. Christianum talem esse.
XVIII. Matronis ecclesiae Dei uiui.
XVIIII. Item ipsis.
XX. In ecclesia omni populo Dei.
XXI. Martyrium uolenti.
XXII. Bellum cottidianum.
XXIII. De zelo concupiscenciae.
XXIIII. Qui de malo donant.
XXV. De pace subdola.
XXVI. Lectoribus.
XXVII. Ministris.
XXVIII. Pastoribus Dei.
XXVIIII. Maioribus natis dico.
XXX. Infirmum sic uisita.
XXXI. Pauperibus sanis.
XXXII. Filios non lugendos.
XXXIII. De pompa funeris.
XXXIIII. Clericis.
XXXV. De fabulosis et silentio.
XXXVI. Ebriosis.
XXXVII. Pastori.
XXXVIII. Oranti.
XXXVIIII. Nomen Gasei.

XV Dissimulatori (Dessimulatori *C*) secularia in totum (totŏ *C*) fugienda *O*. *Antiquo igitur errore, ut ipsa acrosticha XV et XVI* (*cf. p. 78*), *ita etiam tituli eorum coaluerunt. Quo factum est, ut acrostichis insequentibus XVII, XVIII, XVIIII etc. in CB falso numeri XVI, XVII, XVIII* (*16, 17, 18*) *etc. adtribuerentur*; *qui error in editionis primae titulis correctus est*; *ibi enim legitur:* 56. Dissimulatori. 57. Secularia in totum fugienda *etc.* (*cf. S. 107 p. 741 sq.*) **XVII** tale *C* **XVIIII** Item *CBr* (*cf. titul. I, 39 et p. 85*); Iterum *ALd* **XXI** Marturium *Ld*; *cf. p. 89* **XXIII** concupiscentie *C*; concupiscentiae *r*[2] **XXVI** Rectoribus *r* **XXVIIII** Maloribus *C* dico *om. C*; *cf. p. 99* **XXXV** fabulis *B*(?) **XXXVIIII** GASEI *C*; gasei *B* (*cf. p. 110*); Gazei *r*[1]; Gazaei *r*[2]*v*

I.

DE POPVLO ABSCONSO SANCTO OMNIPOTENTIS CHRISTI DEI VIVI.

Desidet ⟨populus⟩ absconsus ultimus sanctus,
Et quidem ignotus a nobis ubi moretur.

Per nouem tribuum ⟨cum⟩ agant et dimidiam ipsi,
Omissae duae tribum haec sunt et dimidia nobis.
Praecepitque Christus per legem uiuere priscos.
Viuamus nunc omnes, nouellae traditio legis,
Lex ut ipsa docet! Apertius indico uobis.
Obrelictae duae tribuum et dimidia: quare

Ab istis dimidia tribuum? Vt martyres essent,
Bellum cum infer⟨r⟩et electis suis in orbem,

I, 8 sqq. Numer. 34, 13; 15; Esdr. IV, 13, 40 sqq.

I *Hoc primum secundi libri acrostichon* Oehler *numero XLII inscriptum priori libro adiungit et librum secundum ab altero acrosticho orditur, de qua re agebamus S. 107 p. 741 sq.* **inscr.** sancto — uiui *om.* ***C***; *cf. p. 56* Christi *om.* r^1 **1** Desidet populus *scripsi* (*S. p. 743 sq.*); Desideret ***O***; Desideretur hic r^1; Desideretur r^2 *Ld Hanssen*; Desideratur *Oehl.* **3** tribuum *Dau. Ld*; tribum (tribū ***C***) ***O*** *r Oehl.* (*cf. Schuch. Vokal. II p. 506 sq.*) cum *scripsi*; *om.* ***O*** *rv* agant ***O***; agens *rv* ipsi ***C***; nobis ***BA*** *rv* **4** Omissae duae tribum haec sunt et dimidia nobis *scripsi*; Ommisse dē tribū haec sunt & dimidiā nobis ***C***; *om.* ***BA***; *in edd. deesse hic uersum sic indicatur*: O . . . .
5 Precepitq ***C*** Christus ***O*** *Ld*; *om. r Oehl.* priscos ***C*** (= *sanctos, integros? cf. I 39, 9*); prisca- ***B***; priscam ***A*** *rv* **6** nouellae traditio legis *scripsi* (*cf. I 37, 19; C. A. 287*); nouell&raditio legis ***C***; nouella tr. l. ***BA*** *rv* **7** apertius indico ***C*** *Dau.* (*coniecturâ*) *v*; aptius iudico ***BA*** *r* *ante* apertius *maiorem pro minore posui interpunctionem*
8 Obrelicte due ***C***; Ob relictae duae ***A*** tribuum *rv*; tribū ***O*** dimidia, quare? r^1 **9** Ab istis ***BA*** *r Oehl. in textu*; Abistis *Oehl. in comment. Ld* (Abisti *quoque Oehl. suspicabatur*); Abhistis ***C*** tribuum? ut *r Oehl.*; tribuunt ***C***; tribuum ***A***; trib$\overset{u}{u}$m ***B***; tribuum? *Ld* martires ***C***; martyres ***A*** **10** cū inferret *r Oehl.*; inferet ***C***; infert ***BA*** *Ld* Ecclesias electis ***A*** orbē ***C***

Seu certe sanctorum chorus prophetarum ad illam
Consurgeret plebem, qui frenum inponeret illis,
Obsceni quos equi trucidarunt calce remissa;
Nec ruent ad manus pacem aliquando tenere.
Semotae sunt istae tribuum, ut mysteria Christi
Omnia per istas conpleatur saeculo toto.

Sunt autem de scelere duorum fratrum enatae,
Auspicio quorum facinus secutae fuere.
Non merito tales dispersi sunt ipsi cruenti?
Conueniunt iterum propter mysteria castris.
Tunc autem properant conpleri legis narrata.
Omnipotens Christus descendit ad suos electos,

Obscurati nobis qui fuerunt tempore tanto,
Milia tot facti; illa est gens uera caelestis.

11 certes anctorum *C* 11 *sq.* ad illam | Consurgeret plebem *Hanssen*; prophetarum | Consurgere (Consurgeret *Ld*) ad illam plebem *O Ld*; prophetarum (profetarum r^1) | Consurgeret ad plebem *r Oehl.*
12 qui r^2v; quae r^1; ꝗ *O* inponeret *C* 13 Obscaeni *B*; Obscoeni *A* equ&rucidauerunt *C* calci *C* 14 Nec ruent ad manus pacem aliquando tenere *scripsi* (= *ut pacem aliquando teneant; de infinit. finali cf. indicem; de locutione* ruere ad manus *cf. Cic. ad Att. II 1, 7* si mulli barbati in piscinis sunt, qui ad manum accedant. *Varr. r. r. II 7, 13*); Nec ruerit ad manus pacem aliquando temere *C*; Nec ruerit ad //pacem //manus (*signo // inuersio indicatur*) aliquando (*Ld falso:* aliquando) temeré *BA*; Nec rueret temere ad pacem manus aliquando *r Oehl. Hanssen;* Nec rueret manus pacem temere aliquando *Ld*
15 Semote *C* istae *rv*; isti *O* ut *C*; et *BArv* misteria *C*
16 Oĩa *CB* conpleatur (compleatur *BA*) *O*; complentur *rv; conpleantur?* (*S. p. 763*) seculo *O* 17 Scelтac *B*; ſectae *A* (*Ld falso:* sectae *A*)*; cf. S. p. 723* (*duobus locis*) enate *C* 18 Auspitio *C* secute *C* 19 merito *C*; immerito *BArv* *post* cruenti *uulgo semicolon ponebatur* 20 Conueniunt CB^1A; conuenient B^2 (*Rig.*?) Σ^1(?) *rv* castris *C* (*cf. 11, 8*); castus (craſti) *B*; Christi (castris) *A*; castus $\Sigma^1\Sigma^2$; Christi *rv* 21 aũ *C* conpleri *C* leges *O* narrata? *B*; narratu? *A* 22 Christus descendit *O Ld*; descendit Christus *r Oehl.* 23 fuer̃ *C* 24 Milia *O* tor *CB* (?) facti *Crv*; iacti *BA*

Non natus ante patrem moritur ibi, neque dolores
In suis corporibus sentiunt uel ulcera nata.
Pausantes in lecto suo mature recedunt
Omnia conplentes legis, ideoque tutantur.
Transire iubentur ad Dominum partibus istis,
Exsiccat fluuium quibus sicut ante traiectis,
Nec minus et Dominus ipse producit cum illis.
Transiit ad nostra, ueniunt cum rege caeleste.
In quorum itinere quid dicam quod Deus educet?
Subsidunt montes ante illos et fontes erumpunt:

Caelestem populum gaudet creatura uidere.
Hic tamen festinat matrem defendere captam.
Rex autem iniquus, qui obtinet, illum ut audit,
In partem boreae refugit et colligit omnes.
Sed cum se inlidet exercitu Dei tyrannus,
Terrore caelesti prosternuntur milites eius,
Ipse cum infando conprehenditur pseudopropheta;

1, 37 II Thess. 2, 7 sq. **41** sq. Apoc. 19, 20

25 patrẽ morĩt *C* neq̃ (neque *B*) doleris (o *in B* e *litterae simile est*) *CB*; neque deleris *A* **26** uel *scripsi*; ut *O*; aut *rv* ulcera nata *C Ld* (*ingeniosâ coniecturâ*; *coll. I 26, 12*; *C. A. 801*); ubera nato *BAΣ²*; tubera naso *r Oehl.* **27** pausontes *BA* **28** conplentes *C* **29** partibus istis *scripsi* (*S. p. 777*); patribus istis *O*; partibus dextris *r Oehl.*; patribus iustis *Ld* **30** Exsicat fluuiũ q̧bus *C* traiectis *rv*; traiectus *C*; traiectas *BA* **31** Dominis *BA* producit *O Ld*; procedit *r Oehl.* **32** nr̃a *O* celeste *C* (*cf. 3, 1 sq.*; *15, 2*; *C. A. 722*; *Neue² II p. 31*); caelesti (coelesti) *BArv* **33** quid dicam quod *r²v*; quod dicam *r¹*; qđ dicam qđ *C*; quod dicam qđ *BA*; *malim:* quid dicam quî (= *qua ratione*) dĩ *C* **36** Hic tamen festinat *scripsi*; Hic tamen festinant *Or*; Hi tamen festinant *v* matre defendere capta' *C*; matre deſſendere (deſſendere *A*) capta *BA* **37** aũ *C* iniquis *C*; uugmd (?) *B* obtinet, illum *scripsi* (*cf. S. p. 778*); obtinet illum *O*; obtinet illam (,) *rv* ut audit *rv*; ut audet *CB*; et audet *A* **38** ſefugit *C*; *sed m. 1 litteram* ſ *mutauit in* r collegit *C* **39** S& *C* exer citu *C* tirannus *C* **40** milites el' *C* (*cf. S. p. 764*); milites Eli *BAΣ²r¹*; milite coeli *r²*; milites illi *Dau. v*; milites; Eli | Ipse *Pitra Spicil. IV p. 228* **41** conprehenditur *C* speudoprophẽa *C*; *cf. I 41, 16*

Decreto Domini traduntur uiui gehennae.
Ex eo primores et duces seruire iubentur.
Intrabunt tunc sancti ad antiquae ubera matris,

Vt tandem et illi refrigerent, quos malus ille [suasit]
In uariis poenis cruciabat sibi credendos.
Ventum est ad finem: quo tollantur scandala mundo,
Incipiet Dominus iudicium dare per ignem.

II.

DE SAECVLI ISTIVS FINE.

Dat tuba caelo signum sublato leone
Et fiunt desubito tenebrae cum caeli fragore.

Summittit oculos Dominus, ut terra tremescat,
Adclamat et⟨iam⟩, ut audiant omnes, in orbem:
Ecce diu tacui sufferens tanto tempore uestra!
Conclamant pariter plangentes sero gementes,

1, 48 Esai. 66, 16; II Thess. 1, 8 **2, 1** sq. Apoc. 8, 12 (?) **5** Esai. 42, 14

42 gehenne *C* **43** sæuire (= *seruire*) *B*; saeuire *A* (*S. p. 723*) **44** antiquae *rv*; antiqua *O* **45** tandem *scripsi*; autem *Orv* malus ille (*deleto* suasit) *Hanssen p. 11 sq.*; *idem haec adnotat:* 'ut *pendet a uersu qui praecedit*; autem *fortasse corrigendum est*'; mal+ (= *um? us?*) ille suasit *C*; male ille suasit *BArv* **44** *sqq. uulgo sic interpungebatur*: matris. | Vt . . refrigerent, quos . . suasit, | In uariis **46** penis *C* cruciabat (crutiabat *C*) *O*; cruciabit *rv* credendos *O Ld* (= *ut sibi crederent; cf. I 41, 17 sq.*; *Koffmane, Gesch. d. Kirchenlat. p. 127*); credentes *r Oehl.* **47** quo *rv* (*cf. C. A. 44*); quod *O* tollantur *C*; tolluntur *BArv* mondo *B* **48** Incipiet *Or* (*S. p. 778*); Incipit *v* iuditium *C* *cum ultimis uersibus cf. apocr. Esdr. IV 12, 34* **II, inscr.** seculi *BA* istius ////////// *C* (*erasum*: tius) **1** caelo] *malim:* de caelo leone] *fortasse*: Nerone; *cf. C. A. 891* **2** desubito *C* (*cf. C. A. 249*); subito *BArv* tenebre *C* **3** dñs *CB* ut] et *BA* tremescat *O Ld*; tremiscat *r Oehl.* **4** Adclãmat *C* et⟨iam⟩ ut *scripsi*; et ut *C*; ut et *BArv*; uti et *Kaelberlah* (*Curarum in Commodiani Instructiones specimen*; *Halis Sax. 1877*); dicens ut *Hanssen* oms̑ *C*; oẽs *BA* **5** temp̃ *C*; *cf. I 26, 4* uñ̃a *O* **6** gem̃ntes *C*

Vlulatur, ploratur, nec spatium datur iniquis.
Lactanti quid faciet mater, cum ipsa crematur?
In flamma ignis Dominus iudicabit iniquos:

Iustos autem non tanget ignis, sed immo delinget.
Sub uno morantur, sed pars in sententia flebit.
Tantus erit ardor, ut lapides ipsi liquescant,
In fulmine cogunt uenti, furet ira caelestis,
Vt, quacumque fugit, impius occupetur ab igne;
Subpetium nullum ⟨tunc⟩ erit, nec nauticae puppis.

Flamma tamen gentis media partitaque seruans,
In annis mille ut ferant corpora sanctis.

2, 9 Esai. 66, 16; II Thess. 1, 8

7 olulatur *B*[1]; *sed* o *alterâ manu — Rigaltii? — in* u *mutatum*; Vlulant, plorant *Hanssen*; *cf. I 26, 12* **8** Lactanti *B*[2] (= *Rig.*) *rv*; Laetanti *B*[1] *A*; L&anti ***C*** quid *rv*; quod ***O*** **10** aũ ñ ***C***; autem *om. Hanssen*; *fort.* autem ignis non tanget delinget ***C*** *r Oehl.* (= *tactu innoxius lambet*; *cf. Verg. Aen. 2, 683*); delingit *Ḃ A*; delinquet *Kaelb. Ld*; relinquet *idem Kaelb.* **11** morantur ***C*** flebit *v*; fleuit *r*; fleũ ***C***; fleui͂ (= *fleuit*; *S. 107 p. 722*) *B*; fleui *A* **12** erit *rv*; erat ***O*** liquescant *rv* (*cf. 4, 7*); laquencant ***C***; laꝗuen eant *BA* (ꝗ *in B* q *significat*) **13** fulmine ***CBLd***; flumine *A*; fulmina *r Oehl.* (*Ld falso*: flumina *edd.*) cogunt ***O*** (*cf. Lucret. 6, 211 sq.*; *274*; *464*); coeunt *rv* furet ***C***; furit *BArv* **14** Vt quacumque ***C*** *B*[2] (= *Rig.?*) *rv*; et quacunque *B*[1] *A* occupetur ***O*** *Dau.* (*coniecturâ*) *v*; occupatur *r* ab] cob ***C*** **15** Subpetium ***C*** tunc *inseruit Pitra Spicil. I p. 543 coll. C. A. 1013* nec nauticae puppis (= *genet. pendens ex uocabulo* subpetium; *cf. Verg. Aen. ecl. 4, 38* nec nautica pinus) *scripsi*; nec nauticae puppes (nautice pupes ***C***) ***O*** *Kaelb. Ld*; nec nautica puppis *r Oehl.*
16 Flamma tamen gentis media partitaque seruans *scripsi* (*cf. C. A. 834* Tempore partito, medio hebdomadis axe; *926* partita locorum; *1019* Pars incredulorum seruatur molliter usta); Flāma tamen gentes media p⁼artitq̃ seruans ***C***; flamma tamen gentc̕nd (= *ens*) media par tıɩq (= *titque*) ſ*a*uans *B*[1]; flammat Amen gentes, Medi Parthique feruent *B*[2] (= *Rig.*); Flamma tamen gent eris media par′ tir′ q seruans *A*

17 mile *BA* ferant ***C*** (*cf. 39, 16*); ferunt (en *superscr.*) *B* (en *Rig. superscripsit*); ferunt *Ar Oehl.*; feruunt *Kaelb. Ld* corpora sanctis ***O*** *Σ*[2] *Ld* (*cf. C. A. 988*); operta Ioannis *r Oehl.*; coperta Sancti *r*[2] *comment.* **16** *sq.* Flamma tamen gentes partitur media, seruans | In annis mille, ut ferunt corpora sancti *Hanssen*

Nam inde post annos mille gehennae traduntur,
Et fabrica cuius erant cum ipsa cremantur.

III.

DE RESVRRECTIONE PRIMA.

De caelo descendit ciuitas in anastase prima.
Et quid referamus de fabrica tanta caeleste?

Resurgimus illi, qui fuimus illi deuoti,
Et incorrupti erint iam tunc sine morte uiuentes,
Sed nec dolor ullus nec gemitus erit in illa.
Venturi sunt illi quoque, sub Antechristo qui uincunt
Robusta mar⟨tyr⟩ia, et ipsi toto tempore uiuunt
Recipiuntque bona, quoniam mala passi fuere,
Et generant ipsi per annos mille nubentes.
Conparantur ibi tota uectigalia terrae,
Terra quia nimium fundit sine fine nouata.
Inibi non pluuia, non frigus in aurea castra,
Obsidiae nullae, sicut nunc, neque rapinae.

3, 1 Apoc. 21, 2; 10; 20, 5 **5** Apoc. 21, 4

18 post] p̃ *C* gehenn&raduntur *C* **19** cum ipso *Oehl.* cremantur *CB*² (= *Rig.*) *rv*; armantur *B*¹*A* **III, inscr.** resurectione *B* **1** descendit *O Ld*; descendet *r Oehl.* anastase *Cr*; anastasi *BA r*²*v* **2** Et quid *Ld*; Et qđ *C*; Et quod *BA*; Est quod *r Oehl.* celeste *C* (*cf. 1, 32; 15, 2*); coeleste *BA* (*om. Ld*); coelesti (caelesti) *rv* **3** Resurgimus *Or*¹*Ld*; Resurgemus *r*² *Oehl.* **4** erint *CB*; erunt *Ar*; erimus *Dau. Oehl.* morte uiuentes *Cr Oehl.*; more uiuentes (mora uel morte) *BA*; more uiuentes *Σ*¹; mora uiuentes *Kaelb. Ld* **6** antechristo *C* (*cf. I 41*); Antichristo *BArv* qui *Brv*; q *CA* uincunt (uineum) *A* (*cf. u. 7*) **7** martyria *r Oehl. Hanssen*; maria *O*; mala *Kaelb. Ld* uiuunt *r*²*v*; uiuum *B*; ui(u)num *A* (*S. 107 p. 722 sq.*); uiunt *Cr*¹ **8** qm̃ *C* **10** conparant̃ *C* uegtigalia terre *C* **12** inıbı (= *inibi?*) *B*; intus *A* pluuiã *C*; pluuiam *BA* frigud (= *frigus*) *B*; friget *A* castra' *C* **13** Obsidie nulle siõ . . rapine *C*

Nec lucernae lumen desiderat ciuitas illa:
Ex auctore suo lucet, nec nox ibi paret.

Per duodecim milia stadia lata, longa, sic alta;
Radicem in terra, sed caput cum caelo peraequat;
In urbem pro foribus aut sol aut luna lucebit.
Malus in angore saeptus propter iustos alendos.
Ab annis autem mille Deus omnia portat.

IIII.

DE DIE IVDICII.

De die iudicii propter incredulos addo:
Emissus iterum Dei do⟨mi⟩nabitur ignis;
Dat gemitum terra rerum tunc in ultima fine,

3, 14 sq. Apoc. 20, 23; 25; Esai. 60, 19 sq. **16** Apoc. 21, 16
4, 2 Apoc. 20, 9

14 lucerne lum̃ *C* **15** auctore *rLd* (*cf. Schuch. Vokal. II, 100 sqq.*; *III, 197 sq.*); augure *C*; augure[aratore] *BA* (aratore *ex* creatore *eodem errore ortum est, quo 2, 19 lectio* armantur *ex* cremantur); creatore *Σ¹E² Oehl.* nox ibi paret *C* (*S. p. 739*; *764*); non ibi parat *BAΣ¹*; non ibi paret *r*; non ibi patet *Oehl.*; non ibi parata *Ld* **16** duodicẽ *C* milia *CLd*; millia *BArOehl.* **17** in] cum *Ld satis commode*; *cf. Verg. Aen. 6, 782* Imperium terris, animos aequabit Olympo aput . . ꝑequat *C* non sibi parat | (Per . . alta) | Radicem *Kaelb.* **18** urbem *O*; urbe *rv* aut sol aut luna *scripsi*; aũ (= *autem*) sola ut luna *C*; autem sol et luna *BArv* **19** angore *B²* (= *Rig.*) *rv*; augure *CB¹A* septus *B²* (= *Rig.*) *rOehl.*; saeptus *Ld*; septies *CB¹ AE¹* propter] p̃p *O* **20** oña *C*; oĩa *BA* portat *C* (*cf. Hebr. 1, 3* portansque omnia uerbo uirtutis suae); pertat (*sic!*) *B*; perstat *A*; perdet *rOehl.*; praestat *Kaelb. Ld* **IIII, 1** iuditii *C* propter] p̃p *C*; ꝑꝑ *BA* **2** dominabitur *Dau. Oehl.*; donabitur (= *dabitur*) *O rLd* **3** gemitum *rOehl.* (*cf. Verg. Aen. 9, 709* Dat tellus gemitum; *b. Gbl. 17 p. 450*); gẽmitum *C*; genitum *BA Ld Hanssen* rerum *scripsi*; uerũ *C*; uerum *BA r Oehl.*; dirum *Oehl. comment.*; uirum *Kaelb. Ld Hanssen* ultimo *A*

In ter⟨r⟩a gentes ut tunc incredulae cunctae;
Et tamen euitat sanctorum castra suorum.

In una flamma conuertit⟨ur⟩ tota natura,
Vritur ab imis terra montesque liquescunt,
De mare nil remanet, uincetur ab igne potente,
Interit hoc caelum et ista terra mutatur.
Conponitur alia nouitas caeli, terrae perennis.
Inde qui mereunt mittuntur in morte secunda,
Interius autem habitaculis iusti locantur.

4, **4** Matth. 24, 3 **5** Apoc. 20, 8 **10** Apoc. 21, 1

4 In ter⟨r⟩a gentes ut *scripsi*; Inter agentes ut *O*; In terra agentes (et) r^3 *comment. ex supplementis Rigaltii editionis II. additis* (*S. 96 p. 462 sq.*); Iter agentes et *r Oehl.*; In terra gentes et *Kaelb. Ld* **4** *sq.* incredulae cunctae; | Et tamen euitat (*cf. C. A. 996*) *scripsi;* incredule cuncteuitat | Et tamen *C*; incredule cuncte (cuncti$^{?}$ *A*) uitat | Si tamen *BA*; increduli cuncti | Euitate tamen $r^1 r^2$; increduli cuncti. (,) | Euitante tamen r^3 (*ex supplem. Rig. etc.*) *Oehl.;* increduli cuncti | Euitant tamen *Kaelb. Ld*; (ut cogantur) incredulae cunctae. | Euitat ignis tamen *Hanssen* **2** *sqq. interpunctio in edd. mirum quantum uariat*: ignis: | Dat gemitum terra, uerum tunc ; . fine. | Iter agentes, et . . cuncti | Euitate $r^1 r^2$; ignis: Dat . . terra uerum, tunc . . fine | Iter,agentes (,) et . . cuncti. (,) | Euitante r^3 (*ex supplem. Rig.*) *Oehl.*; ignis, | Dat . . fine. | In terra . . cuncti | Euitant *Ld*
6 conuertitur *r Oehl.*; conuertit *O Ld* **8** mare *C B r Oehl.* (*cf. Neue*^{2} *I p. 229 sq.*); mari *A Ld* (*Ld falso*: mari *AB*) nihil *O* (*om. Ld*) remanit *C* uincet^{tur} *BA*; uincet *C*; uincitur *r v* **9** celū *C* et ista *Kaelb. Hanssen* (*S. 107 p. 778 sq.*); et ista et ista *C*; et ista^{astra} et ista *B*; et astra^{ista} et ista *A*; et astra et ista *r Ld*; et astra uel ipsa *Dau. Oehl.* terra mutatur *O Ld*; mutantur *r Dau. Oehl.* (*om.* terra)
10 Conponitur *C* alia *del. Kaelb.* celi terre p̄ennis *C*; coeli terra perennis *BA*; caeli terraeque perennis *rv* **11** mereunt *C B r Oehl.* (*cf. Schuch. Vokal. II p. 504; Neue*^{2} *II p. 433*); meuerunt *A* (*S. p. 723 extr.*); merunt *Ld*; meruerunt *Huemer*, *Hanssen* mittuntur *rv*; mittunt *O* **12** Interius *scripsi*; Interribus *C*; in terribus *BA*; In tribus r^1; Interioribus $r^2 v$; In terrae *Hanssen*; In aeternis? *cf. eu. Luc. 16, 9*

V.

CATECVMINIS.

Credentes in Christo derelictis idolis omnes
Admoneo paucis propter salutaria uestra.
Temporibus primis per errorem si qua gerebas,
Erogatus enim Christo tu cuncta relinque,
Cumque Deum nosti, esto bonus tiro, probatus,
Virgineusque pudor tecum uersetur in agno.
Mens bonis inuigilet: caue ut non delinquas in ante;
In baptismo tibi genitali⟨a⟩ sola donantur.
Nam si quis peccans catecuminus, poena notatur;
Insignis illa uiuas, sed non sine damna moraris.
Summa tibi: grauia peccata deuita tu semper.

V, inscr. cate cuminis *C; de uocabuli forma cf. Schuch. Vokal. I p. 395; b. Gbl. 16 p. 347* **2** propter] p̃p *C* ur̃a *C* **3** si qua *Crv*; signa *BA* **5** Cũq *C*; Cumq *B* tiro *Ld*; tyro *Cr Oehl.;* l,ro *B;* [yro *A* **7** bonis *rv*; bonus *CB*; bonꝰ (= *us*) *A* ut non delinquas inante *r Ld* (*cf. 11, 8; Woefflin. Arch. f. lat. Lexicogr. I p. 437*); ut non delinquas (in ante superscr.) *BA* (*etiam in B* inante *prima manu superscriptum!*); ut non delinquas unante *C*; non delinquas, ut inante *Dauies*; ut non delinquas ut ante *Oehl.* **8** genitalia sola donantur *scripsi* (*cf. C. A. 746; Cypr. p. 450, 21 H.*: Si haereticis in baptismo suo peccata donantur; *ibid. 821, 28 sqq.; append. 103, 23*); genitali sola (sola+ *B*) tenant̃ (tenantur *BAΣ*[1]) *OΣ*[2]; genitalia sola lauantur (leuantur *Oehl.*) *r*[1] *Oehl.*; genitale solox lauatur *r*[2]; genitali scelera leuantur *Dauies*; genitali stola lauatur (*Ld falso:* leuatur) *Pitra Spicil. IV p. 228;* genitale (*i. e. peccatum insitum*) solum leuatur *Kaelb. Ld* **9** caticuminus *O* poena notatur *rv*; peno notant̃ *C*; peno' notant *B*; pene notant *A* catecuminus poena notatur, | In signis *v*; *cf. 16, 1 sq.* **10** Insignis (In signis *C*?) illa (= *poenâ notatus*) *CBr*[1]; Insignia illa *A* (*Ld falso:* insignis *uel* insignia *AB*; *cf. S. 107 p. 722*); In signis (= *in castris Christianis*) ille *r*[2]*v* uiuas *scripsi* (= *effugias fortasse mortem secundam*); uiuat *Orv* non sine damna (*cf. I 27, 19*) moraris *scripsi* (= *uiuis; cf. I 9, 9; 24, 10; 26, 17; 27, 20*); ñ sine dãna memoraris *C*; non sine damna (*in A alterum* a *litterae* o *simile*) memoraris (memoraria *A*) *BA*; sed non sine damno. (*ceteris omissis*) *r Oehl.*; sed non sine damno. Memoreris, *Ld*; Ille uiuat (*omisso* In signis) sed non sine damna. Memorare (| Summa tibi:) *Kaelb.*; Insignis ille uiuat, sed non sine damno moratur *Hanssen*

VI.

FIDELIBVS.

Fideles admoneo, fratres ne odia tollant:
Impia martyribus odia reputantur in ignem;
Destruitur martyr, cuius est confessio talis,
Expiari malum nec sanguine fuso docetur.
Lex iniquo datur, ut possit sese frenare;
Inde lotus debes cauere similiter et tu.
Bis Deo peccas, qui lites fratri protendis.
Vnde non effugies peccatum prisce sectans.
Semel es lotus, numquid poteris denuo mergi?

6, 4 Hebr. 10, 4 **5** I Tim. 1, 9

VI, 1 admoneo, fratres ne odia tollant *scripsi* (*cf. 29, 5* quod ueritas odia tollat; *39, 4*; *alludere poeta uidetur ad turbas in ecclesia Carthaginiensi motas, de quibus Cyprianus agit epist. XV sqq.*); admoneo (,) fratres (frs *C*) de odio tollant ***Orv*** (*'h. e. ut fratres odio eximant neu odio persequantur'*); admoneo fratres ne odio tollant *r*[1] *comment.*; admoneo fratres, de odio tollant *Dauies* (*in Minuc. Fel. iterata recens. p. 42*) *Kaelb.* **3** Destruitur *Dau. v*; Distruitur ***Or***; Despuitur *Oehl. comment.* martir ***C*** **5** iniqua ***O*** possis ***C*** fraenare ***BA***
6 lotus debes cauere similiter et tu *scripsi*; lotus (lotus, u superscr., *B*; u *fortasse altera manus superscripsit*; *Ld falso*: uotus, l superscr., *B*) debet (***CB***; delet ***A***; *cf. S. 107 p. 724*) carere debis similiter (similit̃ ***C***) ut tu (tu' ***C***) ***O***; Inde debet carere dolis; (; *om. r*[1]) similiter et tu *r Oehl.*; lotus debet cauere, debes similiter ut tu *Ld in textu*; lotus cauere, debes similiter ut tu *Ld in lemmate praefationis*; lotus cauere debet, similiter et tu *Kaelb.*; lotus debet cauere, similiter ut tu *Hanssen* **7** q ***C*** peccat, quisquis .. protendit *Pitra Spicil. I 543* **8** peccatum prisce sectans ***O***Σ^2 *Ld* (*de clausula* ⏑́ ⏑ ⏑́ ⏑ *cf. I 8, 3*); peccatum prisca sectans *r*; peccatum pristina sectans *La Croze, Schurzfl. suppl., Pitra Spicil. I p. 543*; peccatum pristinum sectans *Hanssen*; peccatum praescie sectans *Oehl.*; priscum persectans *Kaelb.* **9** lotus ***Crv***; notus ***BA*** nũquid ***C*** lotus aqua: num poteris *Pitra l. c.*; lotus; aqua num poteris *id. I praef. p. XXI*

VII.

FIDELES CAVETE MALVM.

Falluntur uolucres et siluarum bestei uiscis:
Iocis incantantur, quibus est ratio mentis,
Decipiunturque stropha ut esca sequentes,
Et uitare malum nesciunt nec lege tenentur.
Lex homini data est et doctrina uitae legenda,
Ex qua recordatur, ut possit uiuere caute,
Sui quoque locum, mortis et deroget ea quae sunt.

Condemnat se ipsum grauiter qui regi delinquet:
Aut ferro ligatus aut de suo gradu deiectus
Vel uita priuatus perdit, quod frui deberet.

VII, 1 Faluntur *C* siluarum bestei uiscis *scripsi*; *cf. 23, 19; Verg. Georg. 1, 139* Tum laqueis captare feras et fallere uisco; *Ern. Appel de genere neutro intereunte in l. l. p. 102*; siluarum bestei escis *Hanssen* (*cf. Cic. Cat. mai. 13, 44:* Plato escam malorum appellat uoluptatem, quod ea uidelicet homines capiantur ut pisces); siluarum bestei siluis *C;* ẞylarim (bylarim *A*) *l*estei (Cestei *A*) ſiluis *BA*; siluarum bestiae siluis *r Oehl.*; siluarum bestiae cibis *Ld*; *eidem in mentem uenit* silphiis *uel* sil(i)quis; *ego prius conieceram:* siluarum bestei uuis; *cf. S. 107 p. 765 sq.* **2** Iocis incantantur, quibus est ratio mentis *scripsi* (*cf. Lucret. 2, 677*); Iscis incauta nictura ꝗbus es tradita m̄tis *C*; icıᏱ (= *icis? B;* Icta *A*; *cf. S. p. 722*) incanta inctura quibus es tradita mentis *BA;* Ipsis incanta (, r^{2}) iactura quibus est tradita (, r^{2}) mentis (. r^{2}) *r*; Ipsis incautae natura quibus est tradita mentis *Oehl.*; Ita incantant, uestrae quibus sunt traditae mentes *Ld* **3** Decipiuntꝗ strofa ut esca sequentes *C*; Decipiuntꝗ ſUofà [aurta] ut esca sequentes *BA*; Decipiuntque (quae Σ^{2}) aurea *etc.* Σ E^{2} *Oehl.*; Decipiuntque quaestuosa, ut esca, sequentes *r*; Decipiuntque antra *etc.* r^{2} *comment.* (*antra* = '*fossae obtectae uirgultis*'); Decipiuntque stropha uestras (*sc. mentes*) ut escam sequentes *Ld* **5** uite *C* **7** Sui quoque *O Ld*; Suique *r Oehl.* **6** *sq.* recordatur, ut .. caute | Sui *v*; *ego cum* r^{2} *post* caute *interpunxi* **8** regı *C* delinquet *O* r^{1} *Ld*; delinquit r^{2} *Oehl.* **9** ligatus aut de suo gradu deiectus *rv*; ligatur aut decus gradu dilectus *C*; ligatur (liquatur *A*) aut decus [de suo] gradu dilectus [dele] *BA* **10** Vł *C* priuatus *rv* (*cf. I 26, 21*); ꝑbatur *C*; probatus [priuatus] *B*; priuatus [probatus] *A* (*cf. S. p. 729*) ꝑdet *C*; perdet *BA*; perdit *rv*

Exemplo moniti grauiter peccare nolite,
Translati lauacro magis caritatem habete,
Et escam muscipuli, ubi mors est, longe uitate.

Multa sunt martyria, quae sunt sine sanguine fuso.
Alienum non cupire, † uelli martyrii habere,
Linguam refrenare, humilem te reddere debes,
Vim ultro non facere nec factam reddere contra,
Mens patiens fueris: intellege martyrem esse.

VIII.

PAENITENTIBVS.

Paenitens es factus: noctibus diebusque precare,
Attamen a matre noli discedere longe,
Et tibi misericors poterit Altissimus esse,
Non fiet in uacuum confusio culpae proinde,

11 moniti *rv*; ñ iste *C*; moniti $\overset{\text{moniti}}{\text{non isto}}$ (*sic!*) *B*; $\overset{\text{moniti}}{\text{non isto}}$ *A* **12** Tranlati C^1 caritatẽ *C*; charitatem *BA* **13** Et escã *C*; Et escam $BA\Sigma^2 r^1 v$; Escam r^2 mos *A* est, longe uitate $r^2 v$; et longe uitate r^1; et longe uite (uitae $BA\Sigma^2$) $O\Sigma^2$ **14** quae *rv*; ꝗ *CB*; qui *A* sunt $Or^1 Ld$; fiunt r^2 *Oehl.* **15** ñ *C* cupire *OLd* (*Schuch. Vokal. I p. 408*); cupere *r Oehl.* uelli (uelle *BA*) martyrii habere $O\Sigma^2$; uelle martyrium habere *rv* **16** refraenare BAr^3 *Oehl.* reddere debes *Crv*; redde deles *BA* **17* factũ *C*; factum *BA* c̃tra *C* **18** Mens *Dau. v*; Mons *Or* fueris *Crv*; $\overset{\text{s}}{\text{fuerit}}$ *BA*; fuerit, sic *Hanssen* intellege *CLd*; intellige *BAr Oehl.* martyrem *CKaelb.* (*coniecturâ*); $\overset{\text{te}}{\text{martyrem}}$ *BA*; te martyrem *rv* esse] c͡c (= *esse*) *B*; e͡t *A*; *cf. S. p. 724* **VIII, inscr.** penitenti bus *C* **1** Penitens *C*; Paenitens *B*; Poenitens *A* **2** Attam̃ *C*; at tamen *B*; Et tamen *A* (*om. Ld*) $\overset{\text{t}}{\text{mare}}$ C^1 disce////dere *C* (re *eras.*) **4** confusio $C\Sigma^1 E^2$ *Kaelb. Ld* (*cf. Roensch. Ital. et Vulg. p. 309; 354 sq.*); $\overset{\text{confessio}}{\text{confusio}}$ *BA*; confessio *r Oehl.*; *quod cunctanter repudiaui; cf. Cypr. 258, 18; 260, 4; 14 H.* culpae proinde. *scripsi* (proinde = *deinde*; *ut I 5, 3; 34, 4*); culpae; proinde *Oehl.*; culpe ꝑinde *C*; culpa (= *culpae*) perinde *B*; culpa perinde *A* (*S. 107 p. 724*); culpae; perinde *r Ld*

In reatu tuo sorde manifesta deflere,
Tu si uulnus habes altum, medicumque require,
Et tamen in poenis poteris tua damna lenire.
Namque fatebor enim unum me ex uobis adesse
Terroremque *item* quondam sensisse ruinae.
Idcirco commoneo uulneratos cautius ire,
Barbam ⟨atque⟩ comam foedare in puluere terrae
Volutarique saccis et petere summo de Rege,
Subuenire tibi, ne pereas forte de plebe.

5 reatu *rv*; ////reatu *C* (c *eras.*); reatu *B*; reutu *A* sorde manifestā deflere *scripsi* (deflere *subiecti locum obtinet*; *cf. Cypr. p. 262, 25 sq. H.:* stratos solo adhaerere cineri, in cilicio et sordibus uolutari; *antecedunt ibi haec:* quam magna deliquimus, tam granditer defleamus; *259, 21*: ingemesceres et fleres, facie inculta, ueste mutata, neclecto capillo .. indicia maeroris ostenderes; *641, 20*: dolorem delictorum .. manifesta lamentationis suae professione testantes); sedde manifesta deflere *C*; sedde [discede] (*B*; *in uocabuli* discede *extremis duabus litteris* — de — *recens atramentum de industria, ut uidetur, extinctum*; discede [sedde] *A*) manifesta deflere *BA*; disce manifeste (manifesto *Ld in praefat.*) deflere *r Oehl. Ld*; debes m. d. *Kaelb.* **6** habes altum medicumq. require Σ^1 *Hanssen* (*S. p. 779*); habes altū medicūq require *C*; habes altum [sabam] medicumque r. *BA*; habes herbam medicumque r. *r*; habes, Altum medicumque r. *Oehl.*; habes Alti medicamen r. *Kaelb. Ld* **7** Et tamen (tam̄ *C*) *Or*; Et tum *v* paenis *B* **9** Terroremque item quondam sensisse ruinae *scripsi* (*de ruina fidei cf. S. p. 769*); Terroremque linquendā sensisserumā *C*; Terroremq linquendâ sensisse minam *BA* (*Ld falso*: ruinam *A*; minam *B*); Terroremque linquendum sensi ipse (sensisse Σ^2) ruinam Σ^2 *r*; Terroremque linquentem sensisse ruinam *Oehl.*; Terrorem qui ingentem sensi ipse ruinae *Ld*; Terrorem qui ipse et ingentem sensi ruinam *Hanssen*; *sed omnes huius acrostichi uersus finiuntur littera* e **10** uulneratus *Pitra Spicil. I praefat. p. XVIII* caucius *C* **11** Barbam ⟨atque⟩ comam *scripsi*; Barbā comā *C*; Barbam comam *BA*; Barbam comamque *rv* terre *C* **12** Volutarique saccis *rv* (*b. Gbl. 18 p. 302*); Volutareq (*fortasse recte*) satis *CB*; Volutare qui satis *A*; Volutarique satis Σ^2(?) *Hanssen* sūmo *C* **13** Subuenire tibi *Hartel, Hanssen* (*S. p. 766*); Subuenir&ibi *C*; Subuenies tibi *BALd*; Subueniet tibi *r Oehl.*

VIIII.

QVI APOSTATAVERVNT DEO.

Quando bellum autem geritur aut inrigat hostis,
Vincere qui poterit aut latere, magna tropaea,
Infelix autem erit, qui fuerit captus ab illis.
Amittit et patriam et regem, cui digne prouenit,
Pugnare pro patria qui noluit neque pro uita.
Obisse debuerat quam ire sub barbaro rege,
Seruitium quem pateat hostibus sine lege deferre.
Tu si proeliando moreris pro terra, uicisti,
At si manus dederis, incolumis lege peristi.
Transfluuiat hostis, tu sub latebra ⟨te⟩ conde,
Aut si intrare potest, † si nec ne cessa.

VIIII, inscr. apostauerunt Ar^{3} **1** aut inrigat hostis *C* (*S. 107 p. 780*; inrigat = *inundat*; *cf. 10, 1*); [imminet ingruit] inrigat hostis *BA*; aut ingruit hostis *r Oehl.*; inrigat hostis *Ld* **2** tropea *C* **3** Infelix *CArv;* infelix infrelit *B* aũ *C* erit qui *in C primo omissum m. 1. superscripsit* [illis] ab *BA* **4** cui digne prouenit *scripsi* (= *conuenienter, apte contigit, ut pugnet pro patria et uita*; *cf. 21, 4*; *I 32, 1; C. A. 797*); cui digne ꝑuerit (ꝑ uerit *B*; ꝑ uerit *A*) *O*; qui digne pro ueritate *r Oehl.*; qui digne pro ueris *Kaelb. Ld* **5** qui = *si*; *neque tamen quidquam mutandum; de duobus enuntiatis relatiuis iunctis, quorum alterius loco sententiam condicionalem expectaueris, egi in editione mea Minucii Felicis p. 137* **6** debuerat quam (quã *C*) Or^{1} *Ld;* deberat quam r^{2} r^{3} *Schurzfleisch*; deberet quam *Dauies*; deberet qui *Oehl.* **7** Seruitium quem pateat hostibus *scripsi*; Seruitiumq̧ pateat q̧ hostibus *C*; Seruitumq̧ (*Ld falso*: seruitiumque) pateat q̧ (qui *A*) hostibus *BA*; Seruitiumque petat qui hostibus *r Oehl.*; Seruitium poterat qui *Kaelb. Ld*; Seruitium qui parat hostibus (*i. e. qui se seruum offert*) *Hanssen* siue *A* **8** proeliando *rv*; praedicando Σ^{1}; predicando *C*; [proeliando (prael. *B*)] praedicando *BA* ꝑ *C* terra $C\Sigma^{1}v$; [rege] terra *BA*; rege *r* **9** At si $CBr^{2}v$; Ac si *A*; Aut si r^{1} dederis, incolumis *r Oehl.*; dederis incolumẽ *C*; dederis incolumen (*sic!*) *BA*; dederis incolumes, *Kaelb. Ld* **10** tu sub latebra ⟨te⟩ conde *Kaelb.* (*de accentu uocis* latebra *cf. C. A. 883; 1014*); tu sub laterebra (*litteras* re *m. 1. del.*) c̃de *C*; tu sub latebra conde *B A r Oehl.*; tu ⟨te⟩ s. l. c. *Hanssen*; te s. l. c. *Ld* **11** si nec necessa (neᶠessa *C*; *in B* a *litterae* e *simile*) *CB*; si nec necesse *A*; si necne, ne: cessa r^{1}; si necne, ne cessa $E^{1}r^{2}$ *Oehl.*; si nec, ne cessa *Ld*; sedulo certare ne cessa *Hanssen*

Vndique te redde tutum, tuos quoque: uicisti;
Et uigilanter age, ne quis incurrat in illa.
Rex infamis erit, si quis se propalat hosti.
Vincere qui nescit et occurrit tradere sese,
Nec sibi nec patriae laudem remisit ineptus;
Tunc uiuere uoluit, cum ipsa uita periuit.

De⟨inde⟩ si refugiat inops aut profanus ab hoste,
Eramen ut sonans, facti uel ut aspides surdi,
Orare satis debet uel se condere tali⟨s⟩.

X.

DE INFANTIBVS.

Duellum hostis subito ⟨ubi⟩ uenit inundans,
Et prius quam fugerent, [et] paruulos occupauit inertes,

9, 19 I Cor. 13, 1; Ps. 57, 5

12 reddetutũ ***C*** **14** Rex ***O*** (*Jenaer Literaturzeit. 1879 p. 195*); Res ***rv*** qſ ***C*** **14** *sq.* hosti. | Vincere *r*; hosti, | Vincere *v* **16** patrie ***C*** **17** uoluit *scripsi* (*cf. eu. Luc. 9, 24*); noluit ***Orv*** periuit *Roensch Ld*; peribit ***O****r Oehl.* **18** De⟨inde⟩ si refugiat *scripsi*; De si refugiat ***C***; De si u figuet *BA* (*Ld falso*: De si n — *uel* u — si qu et *BA*); Domini siquis *r Oehl.*; Deum si non sequitur *Ld* **18** *sq.* ab hoste. | Eramen *Ld* **19** Eramen (*cf. ital.* rame = *cuprum*; *Schuch. Vokal. I p. 226* erugo) ut (uti *Hanssen*) sonans, facti *scripsi*; Erã ut sonans facti ***C***; Eram <Couaud (*B*; Bouans *A*) facti *BA*; Eramen sonans facti (,) *rv* uel ut *BAv* (= *ut aspides, quae aures sibi obturando ipsae surdas se fecerunt*; *quod quomodo fieri ueteres putauerint, ex Augustini enarratione in psalm. LVII cognoscas*; *ceterum poeta ut Prudentius in praefat. in Symmach. u. 37 uoci* aspis *praeter consuetudinem masculinum genus adtribuit*; *de* uel *particula postposita cf. I 26, 11*); uelut ***Cr*** **20** satis ***Crv***; fatis *BA* (*om. Ld*); *malim* saccis; *cf. 8, 12* debet uel *scripsi*; debet ut ***O*** (*cf. 7, 10*); debent aut *rv* condere talis *scripsi*; conder&ali ***C***; condere tali BAr^1; condere tales r^2v; *fort.* tabi = *sordibus? cf. 8, 11*; *Georg.* HW^7 *s. u.* **X, 1** Duellum ***rv***; Debellum ***C***; De bellum *BA*; Duellum est ortum *Hanssen* desubito *Kaelb.* ubi *scripsi*; *om.* ***Orv*** mundans *A* (*B*?) **2** fugerent, paruulos E^3r^2v; fugeret (fugeret & ***C***) paruulos $O\Sigma^2$(?); sugeret paruulus r^1 occupaũ ***C*** *post* inertes *comma pro puncto posui*

Inproperandum eis non est, licet capti uidentur.
Nec quidem excuso: ob delicta forte parentum
Fuere promeriti, ideo Deus tradidit illos.
Attamen adultos hortor, in aula recurrant
Nascanturque quasi denuo suae matri de uentre.
Terribilem gentem fugiant semperque cruentam,
Impiam, indocilem, ferina uita uiuentem;
Bellum enim alium cum fuerit forte gerendum,
Vincere qui poterit, aut certe iam scire cauere,
S . . . .

XI.

DESERTORES.

Desertores enim genere non uno dicunt⟨ur⟩:
Est alius nequam, alius in parte secedit,
Sed tamen utroque iudicia uera decernunt.

10, **7** Io. 3, 3

3 Inproperandũ *C* non] õ *A* **4** excuso E^3r^2v; excusso Or^1 **6** Attam̃ *C* aula $C\Sigma^1$ (*cf. I 25, 5*); $\overset{\text{arma}}{\text{aula}}$ *BA*; arma *r Oehl.*; aluum *Kaelb.*; aluo *Ld*; *idem in praefat.* alma *proponit* **7** Nascanturque *rv*; Nascunturque *C*; nascunturqui *B*; nascuntur *A* **8** gentem *scripsi* (*cf. C. A. 171* Tunc genus indocile uitam feritatis agebat); legem *Orv* fugiant E^3r^2 *Oehl.*; fugiens $Or^1\Sigma^2$; fugient *Ld* semperque *BArv* (*Ld falso*: semper qui *B*); sempq̧ *C* **9** ferina uita uiuentem (uiuentẽ *C*) *Or*; ferina uita uiuentes *Kaelb.*; ferinam uitam iubentem *Oehl.*; ferinam uitam uiuentem *Ld in textu*; f. u. uiuentes *idem in lemmate praefationis* **10** alium Or^1*Ld*; aliud r^2 *Oehl.* **10 sq.** gerendum — scire *om. A* (*non notatum a Ld*) **12** *hic uersus deest in codd. et edd. praeter primam litteram* S, *quam C edd. exhibent, B A om.*; *Oehl. lacunam inuita Minerua sic explet:* Si non fuerunt quid sit bellum experti **XI, 1** dicuntur *rv*; dicunt *O* **2** in parte secedit *scripsi* (*cf. I 28, 4*; *secessio haereticorum a doctrina Christiana hic uidetur agi, cum illud* nequam *ad morum deprauationem pertineat*); in partesecedat *C*; in parte recedat BAr^1; in partes (parte r^2) recedit E^3r^2 *Schurzfl. suppl.* **3** temen *A* utroque Or^1*Ld*; utrique r^2 *Oehl.* iudicia *B* (*sed* u *ad formam litterae* n *accedit*) *rv*; indicia *A*; iuditia *C* (*Ld falso*: iudicia *A*; indicia *B*) decernunt *C Kaelb.* (*coniecturâ*) *Hanssen*; decernuntur *BArv*

Ecce militatur; Christo sicut Caesari pares:
Refugium Regis pete, si delictor fuisti;
Tu illum inplora, prostratus illi fatere:
Omnia concedet, cuius sunt et omnia nostra.
Repositus castris ulterius caue delinquas.
Errare noli diu miles per spelaea ferarum.
Sit tibi post peccare desistere gestum inmensum.

XII.

MILITIBVS CHRISTI.

Militiae nomen cum dederis, freno teneris.
Incipe tunc ergo: dimitte pristina gesta,
Luxurias uita, quonium labor iuminet armis;
Imperio Regis omni uirtute parendum,

12 II Tim. 2, 3

4 Ecc̄ *C*; E ēe *BA* Cħo *A* sicuti *Oehl.* militatur Christo, sicut *v* cesari *C* pares *scripsi*; paret *O*; paretur *r Oehl.*; parent *Kaelb. Ld* 5 delictor fuisti *OE*^{3}*r*^{2}*v*; dilector fuisti *r*^{1}; fuisti delictor *Hanssen*; *fortasse:* delicta fecisti 6 inplora *C* 7 Omā *C; o*ĩa *BA* sunt *r Oehl.* (*S. 107 p. 780*); f̂ *C*; -S- *BA* omā *C* nr̂a *C*; nr̂a *B* (a *parum accurate scriptum*); nr̄o *A* 8 Repositus *Oehl. comment.* (*cf. Cypr. p. 297, 16 H.* positus in caelestibus castris; *p. 605, 3* cum .. militibus gloriosis et bonis congruat intra domestica castra consistere et intus positos agere; *C. A. 959* Hic ergo populus, qui nunc est extra repostus; *ceterum iam Rigaltius in commentario explicandi loci causa scripserat: 'Castris scilicet aduersus Ecclesiam rursus positis tu ipse post acceptam paenitentiam repositus Ecclesiae castris noli amplius esse desertor'*); Repositis *Orv*; *Oehl. in commentario etiam* Repotitus *proposuit* delinquas *rv*; delinques *O* 9 Errari *C* spelaea *rv* (*Verg. Aen. Ecl. 10, 52*); spelunca *CKaelb.*; spelunca (spelaea) *B*; spelunca (speloia) *A* 10 Sit tibi post peccare *scripsi* (*cf. Verg. Aen. 9, 140* peccare fuisset | Ante satis; *de* ꝑ = *post cf. S. p. 775*); Si tibi propeccare (pro peccare *BA*) *O*; porro peccare *Ld in praefat.* inmensum *C* Si ultra peccare desistere gestis immensum *Hanssen* **XII, inscr.** mili(ti)bus cristi *C*; *litteras* ti *m. 2. superscr.* 1 Milicie nom̄ *C* fraeno *BA* ergo: dimitte *Ld*; ergo dimitte *O*; ergo dimittere *r Oehl.* 3 Luxorias *C* qm̄ *C* inminet *C*

Tempora postrema si uis pertingere laeta.
Illa bonus miles semper exspecta fruenda,
Blandire noli tibi, desidias omnis omitte;
Vt tuo praeposito cottidie praesto sis ante,
Sollicitus esto, matutinus signa reuise.

Cum uideris bellum, agonia sume propinquus;
Haec gloria Regis, militem uidere paratum.
Rex adest optato; propter spem dimicat uestram;
Ille parat dona, ille pro uictoria laetus
Suscipit et proprium satellem dedicat esse.

5 ꝑtingere leta *C* **6** Illa *v*; Ille *Or* milis *C* expecta *CB*; experta *A* fꝛuenda *B*; finenda *A* **7** tibi noli tibi *B* omnis omitte *Hanssen*; omnes omitte *Kaelb.*; om̃o mite C^1; omnino mitte *BArv* **8** praeposito r^2 (*cf. C. A. 987*; *Cypr. p. 240, 23; 473, 17* praepositis et plebi; *475, 15* praepositos et diaconos); proposito $O\Sigma^2r^1v$ cottidie *rv* (*cf. II, 22*); cotidie *C*; quotidie *BA* presto *C* ante (= *coram*, *ἄντην*) *ut* r^1 *cum antecedentibus coniunxi*; praesto sis, ante | Sollicitus esto r^2v **9** signa reuise *rv*; signare uisa *O*; *in B autem m. 2.* (= *Rig.?*) *lineolis additis* re *a* signa *separatum et cum* uisa *coniunctum* **10** agonia sume propinquus *scripsi* (*cf. C. A. 209*): agonia sũme ꝑpinquus *C*; agonia (agonis *A*) summe propinquas *BA*; agonias sume propinquas *Ld*; agonia (agoni *Oehl.*) sume propinqua *r Oehl.* **11** Hec *C* **12** Rex *BArv* (*cf. 9, 14*); Res *C* adest optato: (*cf. Ter. Andr.* 533 optato aduenis) *Oehl.*; adest, optato *r Ld*; adest ad latus *Kaelb.* propter spem dimicat uestram *scripsi* (= *in bello, quod Christus cum diabolo gerit, de spe potissimum uestra agitur*); p̃p spẽ dimicaturã *C*; ꝑꝑ spem dimicaturam *BA Rig.ms. Ld* (*'i. e. dimicationem'*; *Rig. ibid.* dimicatum *proponit*); propter spem dimicaturum *r* (dominicaturum r^2 *in lemmate commentarii, qui error quam mira habuerit fata, exposui S. 96 p. 466*; *repetitus est ille etiam in Dauisii commentario!*); praeter spem dimicaturum r^2 *comm.*; propter spem dimicaturo | Ille *Oehl.* **13** Ille *rv*; Illa *O* dona *in A s. l. script.* ꝑ *C*; *fortasse*; post uictoriam letus *C* **14** Suscipit et *rv*; Suscipi& C^1; suscipiet et *BA* satellitem *Oehl. comment.* dedicat esse *r Oehl.* (*cf. Lucret. 1, 422* corpus enim per se communis dedicat esse | Sensus; *Verg. Aen. 1, 73* propriamque dicabo); dedecat ẽe *C*; dedicat (deduat B^mA^m) esse *BA*; deduat esse Σ^2 (*lectio 'superlita'*) *Ld* (*coll. I 14, 7*); deduat sese *Kaelb.*

Tu tibi praeterea in d⟨el⟩ictis parcere noli,
Impiger esto magis, ut reddat famam pro morte.

XIII.

DE REFVGIS.

Damnatorum animae merito se ipsae secernunt;
Ex hoc protegenti iterum ad sua recurrunt.

Radix Chananaea, maledictum semen, erumpit
Et in seruili gente sub barbaro rege refugit,
Flamma quos aeterna torquebit die decreto.
Vult uagus errare sine disciplina profanus,
Grassari per fauces ferarum lege solutus.
Isti ergo tales, quos nulla poena coegit,
Si ⟨ce⟩dere nolunt ab idolis, respui debent.

13, 3 Gen. 9, 25

15 preterea *C* delictis $r^1 \Sigma^2$ (*Rig. in comment.: 'Quae scriptura ferri .. posset, nisi nos admoneret is qui apogr. recensuit, ueterem manum fuisse* in Belian'); in dictis *C*; in dictis (in delian) *BA*; in Belian E^1 $r^2 v$ **16** p *C* **XIII, inscr.** De refugis *r*; De refugiis $O\Sigma^2$
1 serenunt *A* **2** Ex hoc (*sc. Christo rege, de quo antecedente carmine agebatur*) protegenti *O*; Ex hoc protegente *Ld*; Ex hoc progeniti *r Oehl.* recurr̃ *C* **3** Chananaea *scripsi* (*cf. quae in I 36, 7 notauimus*; *ea quoque, quae sequuntur,* maledictum semen *et* in seruili gente, *argumento sunt,* Chananaea *ueram esse lectionem, si comparaueris Genes. 9, 25*: Maledictus Chanaan, seruus seruorum erit fratribus suis); cananea *C*; Cananaea $BA\Sigma^2 r^1$; Cainaea $r^2 v$; cainina r^2 *in lemmate comment.* **5** eterna torqbit *C* **6** pfans (= *profanus*) *C* (*S. 107 p. 766*); profugus *BArv* **7** ferarum *scripsi* (*cf. 11, 9*); uiarum *rv*; uariarum *O* **8** talcıт *B*; talct *A* *in mss. post u. 8 unius uersus spatium relictum praemissa littera* I (*C*; i *BA*)
9 Si cedere nolunt *scripsi* (*cf. I 14, 8*); Si dere uolunt *C*; Sydere uolunt $B^1 A \Sigma^2$; Si Fıδ B^2 (= *Rig.*) *in margine*; Si uiuere nolunt *r*; Si uidere nolunt *Oehl.*; Si fidere nolunt *Ld* Respui $CB^1 Av$; respici B^2 (= *Rig.*) *in marg. r* *uulgo sic interpungebatur:* nolunt, ab idolis respui

XIIII.

DE LOLII SEMINE.

De semine lolii qui stant in ecclesia mixti,
Expletis temporibus messis separantur a fructu.

Lolium est natum, quod non miserat dominus ⟨agri⟩;
Omne [lolium] agricola collectum separat illud.
Lex ager nobis est: qui fecerit bonum in illa,
Ipsam uti⟨que⟩ nobis praestat requiem ueram
Ipse Dominator; nam lolium igne crematur.

Si ergo putastis, quoniam sub uno morantur,
Erratis: sterilis Christianos uos esse designo.
Maledicta fuit arbor sine fructu ficulna
In uerbo Domini, et statim exaruit illa.
Non operas facitis, non donum gazo paratis:
Et sic promereri Dominum putatis inanes?

14, 1 sqq. Matth. 13, 24 sqq. **10** sq. Matth. 21, 19

XIIII, inscr. lilii C^1; *primum* i *m. 2. mutauit in* o **1** qui *rv*; q *C*; quae *BA* **1** *sq.* lolii qui . . mixti, | Expletis *r Hanssen*; lolii, qui . . mixti. | Expletis *v* **2** messis *rv*; mensis *C*; mensis (messis *supra*) *BA* separantur a fructu. *Hanssen*; separatur (separat̃ *C*) a fructu *Orv* **3** Lolium est natum, quod non miserat dominus agri *Hanssen*; *eandem lectionem omisso* agri *praebent BA*; Lolium ẽ natũ qđ ñ miserat dominus *C*; Lolium enatum, quod non miserat (emiserat *Kaelb.*) Dominus (Domnus r^1; Deus *Ld*) *rv*; miserat dominator *Huemer* **4** Omne lolium *Orv*; lolium *del. Hanssen* collectum separat illud *rv Hanssen*; collectã ẽe parat̃ illud *C*; collectum ẽe (et (& *A*) separat *supra*) parat illud *BA* **5** nob̃ *C* qui *rv*; que *C*; quae *BA* **6** Ipsam *scripsi*; Ipsa *rv* utique *rv*; uti *C*; uti (utique *supra*) *BA* prestat *C* ueram *B*; nouam *A*; *cf. S. 107 p. 723 extr.* **7** nam *rv;* quã *C*; quâ (nam *supra*) *B*; nam (quâ *supra*) *A* **8** putastis *C*; putatis *BA rv* quõ *O* **9** Erratis *Arv*; Eratis *CB* sterilis *BA*; sterelis *C*; steriles *rv* ẽe *C* **12** gazo paratis *r Oehl.* (*cf. 31, 14*); gazophilatio paratis *C*; gaſophylacio (paratis *supra*) *B*; gaꝣophylacio (paratis *supra*) *A*; gazophylacio *Ld* **13** putatis *r Oehl.*; portatis *O*; paratis *Ld*

XV.

DISSIMVLATORI.

Dissimulas legem tanto praeconio latam,
In tuba praesentem caeleste uoce clamantem.
Si propheta tantum ⟨unus⟩ declamasset in orbem,
Sufficeret utique Domini uox missa per illum.
In tot profatorum uolumina uox Domni proclamat;

XV, inscr. Dissimulatori *rv*; Dissimulatori (Disimulatori *C*) saecularia (secularia *C*) in totum fugienda *O*. *Sunt igitur inscriptiones carminum XV et XVI in mss. coniunctae* (*cf. p. 57*); *in iisdem post uersum 13 carminis XV* (Inmites — demersit) *nullo spatio interposito sequitur uersus 1. carminis XVI* (Si quidam — uestra); *ea cum re conueniunt in cod. C acrostichorum insequentium numeri ita scripti, ut carmini XVII numerus XVI, carmini XVIII numerus XVII praemittatur etc. In codd. BA, ut supra* (*p. 00*) *diximus, ab initio omnino deerant numeri acrostichorum, quos in B altera manus ita suppleuit, ut nulla diuisionis in duos libros ratione habita acrosticha a primo ad octogesimum numerentur*; *eadem manus lineolis interpositis et in inscriptione carminis XV uerba* Saecularia fugienda *a primo uocabulo* Dissimulatori, *et uersum 13. carminis XV a primo uersu carminis XVI separauit et suos utrique acrosticho numeros* (*56 et 57*) *adscripsit. Ordinem altera manu in codice B institutum editio I retinuit. Hanc Oehler et Ludwig secuti sunt, nisi quod ille XIV et XV, hic XV et XVI pro 56 et 57 posuit; cf. quae notauimus ad primum huius libri acrostichon et S. 107 p. 741 sq.* **1** Desimulas *C* latam *rv*; lata *O* **2** tuba praesentem (p̃sentem *C*) *CB*¹*A*¹*Σ*¹*v* *); tot prophetarum *B*²*A*²*r* celeste *C* (*cf. 1, 31*; *3, 2*); coeleste *BA*; coelesti (caelesti) *Σ*¹(?)*rv* clamantem *r* (*cf. 22, 15*; *C. A. 313*); clamante *Ov* **3** unus *add. Hanssen* declamasset *r Oehl.*; declamasse *O*; declamauisset *Kaelb. Ld* in orbem *Dau. Oehl. Hanssen* (*cf. 2, 4*); iñubem *C*; in nubem *r*; iuubem *BA* **5** pfatorum uolumina uox dñi *C* (*pronuntiandum* uolumna Domni, *de quo syncopae genere cf. Hanssen p. 67*; *Schuch. Vokal. II, 411 sq.*); profatorum uel munia uox dni *BA*; prophetarum uolumina lex Domni (Domini *Oehl.*) *r Oehl.* (*Tertull. adu. Iud. 8*; *13*); profatorum uel minis uox Dei *Ld*

*) *Pitra* (*Spicil. IV p. 229*) *in cod. B non* praesentem, *sed* praesertim *legere sibi uidebatur. Nisi fallor casu quodam per errorem uerum inuenit, cum* praesertim (= *disertim*) *cum uerbo clamandi coniunctum in hanc sententiam apte quadret, si comparaueris, quae in I 41, 17 adnotauimus.*

Malitiam nullus dimittit [ita] aeque de corde.
Vis bona uidere et fraudibus uiuere quaeris.
Lex ipsa cur ergo processit tanto labore?
Abuteris Domini mandata et te filium inquis;
Tu si talis eris, sine causa fideris, inquam.
Omnipotens mites quaerit sibi filios esse,
Rectos, corde bonos, deuotos legi diuinae,
Inmites autem iam scitis ubi demersit.

XVI.

SAECVLARIA IN TOTVM FVGIENDA.

Si quidam doctores, dum exspectant munera uestra
Aut timent personas, laxantes singula uobis,
Et ego non doceo, sed cogor dicere uerum.
Cum caterua Mali pergis ad spectacula uana,
Vbi ⟨a⟩ Satana fragoribus pompa ⟨pa⟩ratur.
Licere persuades tibi, quodcumque placebit.

15, 6 I Petr. 2, 1 **7** I Petr. 3, 10

6 Malitiam *Ld*; Militia *O*; Malitias *r Oehl.* eque *O* **8** ego *C* **9** *metri causa malim* et filium *omisso* te; *cf. S. p. 796* iniquis *O* **10** causa] cāa *A* sine causa fideris *O* (= *frustra confisus eris?*; *C. A. 76*; *Roensch. It. et Vulg. p. 306*; *Zeitschr. f. d. oesterr. Gymn. 1885 p. 9*; *Neue² II p. 334*); sine causa, uideris *r Oehl.*; sine causa uideris *Ld*; sine causa finderis *Hanssen* **11** Om̄apotens *C* quit .. ēe *C* **12** bonos *OLd*; bono *r Oehl.* diuine *C* **13** Inmites *C* aū *C* sutis *C* **XVI, 1** expectant *O* uā *C* **2** laxantes B^2 (= *Rig.*; *cf. 5, 9*) r^1 *Hanssen*; luxante (lux ante B^1A) CB^1A; laxant r^2v singula] *malim* uincula; *cf. Lucret. 6, 356* doceo *OLd* (*coll. 22, 15*); doleo *r Oehl.*; taceo '*olim*' *Ld* **4** ////cateruā *C* (a *ante* c *eras.*); cateruam *BA* Mali E^1v; mali *r* spectacula *rv*; expectacula *C* (*cf. Schuch. Vokal. II p. 341 sqq.*); ex $\overset{?}{\text{r}}$ectacula *B*; ex $\overset{\text{Spect}}{\text{r}}$ectacula *A* **5** Vbi ⟨a⟩ Satana fragoribus pom⟨pa⟩ paratur *Hanssen* (*cf. 18, 4; 19, 16*; *C. A. 206; de uocabulo* fragoribus *cf. I 17, 6*); Vbi Satanas fragoribus conparatus (comparatus $BA\Sigma^2$; comparatur *Ld*) *OLd*; Vbi Satanas fragoribus circo operatur *r Oehl.*; *Ld* '*olim*' *maluit:* compar paratur **6** persuadis *O* quodcumque *rv*; quocūq *C*; quocunque *BA*

Altissimi prolis cum filiis Zabuli mixta
Respicere nunc uis, cui renuntiasti, priora?
In ipsis uersaris iterum: qui proderit Vnus?
Aut si pro languore datum quod stulte profanas
I . . . .
Nolite diligere mundum neque ambitum eius:
Tanta Dei uox est, et tibi pro le⟨ui⟩ uidetur.
Obseruas mandatum hominis, et Dei deuitas;
Tu fidis muneri, quo doctores ora procludunt,
Vt taceant neque dicant tibi iussa diuina.
Me uera dicente[m] sicut teneris, prospice Summum:
Filius cuius eras, illi te adsigna clientem.
Viuere si quaeris gentiliter homo fidelis,
Gaudia te mundi remouent a gratia Christi;
Indisciplinate quod libe⟨t⟩ licere praesumis,
Et choros historicos et cantica musica quaeris,

16, 12 I Ioh. 2, 15 **17** I Cor. 3, 1

7 prolis (ꝑlis *C*) *CLd* (*cf. I 36, 7*); prolis [proles] *BA*; proles *r Oehl.* **8** nunc *scripsi* (nunc *et* priora *inter se opponuntur*); ñ (= *non*) *C*; non *BA*; num *rv* uia *A* cui *C* (*cf. Cypr. p. 122, 7 H.*); cui [quocl (= *ques*)] *B*; cui [quos] *A*; queis *rv* renuntiasti *CLd*; renunciasti *BAr Oehl.* priora [. . . .] *BA*; *cf. u. 19* **9** qui *O* (*de BALd nihil notauit*; *cf. I 24, 18; Liu. XXVI 3, 3*); quid *rv* Vnus *Or* (*cf. C. A. 114; 771; 803*); Vnctus *Dau.* (*coll. 31, 15*) *v* **10** profanas *C*; profanus *BArv* **11** *in mss. et edd. I littera praemissa ceterum spatium uacuum relictum* **12** dilegere *C* **13** pro leui uidetur *Ld egregie* (*cf. 35, 1*); ꝑle uidetur *C*; prole (*in A* l *paene* b) uidetur *BA*; proba uidetur *r Oehl.* **15** fidis muneri, quo doctores *rv*; fidis (fides *BA*) muneris quod doctoris *O*; fidis muneribus, quod doctores *Hanssen* **17** dicente *Dau. Oehl.*; dicentem *Or Ld* sicut (sič *C*) teneris *Or Oehl.* (*I Cor. 3, 1?*); si uteris *Ld* **18** ille *C* **19** Viuire *C*; Viuere [. . . . .] *BA*; *cf. u. 8* queris *C* hoc͡ *B* **21** libet *scripsi* (*b. Gbl. 17 p. 450*); leue *Orv* **22** choros historicos *CΣ¹ Hanssen*; choros historicos [caros histriones] *BA*; caros histriones *r*; choros, histriones *Oehl.*; choros histronicos *Ld*; *cf. quae adnotauimus in C. A. 877* qris *C*

Nec tali subolem insanire licentia curas.
Dum uita fruisci putas, inprouidus erras.
Altissimus iubet, et iusta praecepta deuitas.

XVII.

CHRISTIANVM TALEM ESSE.

Cum Dominus dicat, in gemitum edere panem,
Hic ut quid nunc agis, qui cupis uiuere laetus?
Rescindere quaeris sententiam Summi demissam;
In protoplasto uide frenum procedere legis.
Si Deus omnipotens cum sudore uiuere iussit,
Tu qui iocundaris, ergo iam exter es illi.
Indignatum ait Dominum scriptura Iudaeis:
Ab esca refecti surrexerunt ludere fili.

17, 1 Gen. 3, 17 8 Exod. 32, 6; I Cor. 10, 7

23 Nec tali subolem insanire licentia curas *scripsi* (subolem = *filios uel filium cf. C. A. 725*); Nec tali subolem & (*C*; & *B*) uani recurentia (uanire curentia *B*) curas *CB*; Nec tali subolem uanni curentia curas *A*; Nec tali subolem garrire amentia curas *r Oehl.*; Nec talis abolere uani reuerentiam curas *Ld*; Nec talem Zabuli uanitatem iacere curas *Huemer*; Nec talja abuti uani reuerentia curas *Hanssen* **24** Dum] Eum *r* inprouidus *C* **25** iubet *rv*; uiu& *C*; uiuet [iubet] *BA* iusta *Crv*; iuxta [iusta] *BA* **XVII** (XVI *C*), **inscr.** tale *C* **1** in] ĩ *C* gemitum *CLd*; gemitu *r Oehl.* (*cf. Cypr. p. 405, 4*; *10 sq. H.* in tristitia et gemitu edes); gemitum [u] *BA* **2** Hic *rv*; His *C*; *k*is *B*; is *A* ut quid] et [ut] nunc quid *B*; ec quid *Oehl.* **3** Resindere [c] *C* summi demissã *CLd*; sumi demissa [dei missam] *BA*; summi Dei missam *r Oehl.* **4** protoplasto: *Ld*; ꝑtoplausto *C* (*cf. I 35, 1*); protoplasto [um] *BA*; protoplastum: *r Oehl.* uide *C*; uis *BArv*; uides (poenam) *Ld sagaciter coniecerat, neque tamen in textum recepit* fraenum *BA* procedere *CLd* (*coll. 19, 7*); procedere [prodere] *BA*; prodere *r Oehl.* **5** Omp̃s *C* **6** ergo *C*; ergo [eris] *BA*; eris *rv* exter es *scripsi* (*Neue*[2] *II p. 3 sq.*); exteris *C*; exteris [us] *BA*; exterus *rv* **7** iudeis *C* **8** surexer̃ *C*

Nunc ergo cur illos persequimur sponte profectos?
Vnde perierunt illi, nos cauere debemus.
Maxima pars uestra luxuriis dedita paret.

Transgrederis legem, cum te facis musicis inter.
Apostolus clamat, ⟨clamat⟩ immo Deus per illum:
Licentia uestra uos, inquit in ipsa, deperdit.
Esto ergo talis, qualem uult esse te Christus:
Mitis et in illo hilaris, nam saeculo tristis.

Excurre, labora, suda, cum tristitia pugna;
Spes cum labore uenit, et uictoriae palma donatus,
Si refrigerare cupis animam, ad martyres i!
Expecta requiem futurorum transitu mortis.

17, 14 Rom. 1, 24(?); I Cor. 8, 9(?)

9 cur illos *rv*; cur rillios ***C***; currilios (cur illos) ***BA*** persequimus (pseq. ***C***) ***Or***[1]; prosequimur *r*[2] *Oehl.*; sequimur *Ld* (*errore typogr.?*) profectos ***C***; prosectos ***BArv*** **11** uestra ***CLd***; ura ***BA***; uestrum *r Oehl.* luxoriis ***C*** dedit apparet ***C*** **12** facis musicis inter ***C*** (*cf. 16, 22; S. 107 p. 767; Cypr. p. 533, 15 H.* inter martyribus *cod. T; ibid. praefat. p. XLVIII*); facis musicis in te ***BA***; facis musicis; in te *Ld*; fucis inficis, in te *r Oehl.* **13** clamat, ⟨clamat⟩ immo *Ld in praefat. Hanssen* **14** ura ***C*** inquit in ipsa (*sc. lege*) *scripsi*; inquit, in ipsa *rv* deperdit *scripsi*; depdunt ***Orv***; *fortasse* licentiae uestrae . deperdunt; *cf. I 26, 3* **15** quale ***C*** te Christus *rv*; re (ſe?) xp̄m ***C***; re Christum (te christus) ***B***; te Christus (re Christum) ***A*** (*cf. 7, 10*) **16** hylaris ***C*** saculo ***B***; seculo ***C*** **17** labora, suda, cum *rv*; laboras ludacū ***C***; laboras luda (suda) cum ***BA*** **18** uictorie palpa ***C*** donats (= *us*) ***C***; donatur ***BArv***; *uulgo post* donatur *punctum ponebatur* **19** animã ***C*** (*S. p. 767 sq.*); *om.* ***BArv*** ad martyres i *Ld* (*de clausula* ⏓ ⏑ ⏓ ⏑ *cf. I 8, 3*); ad martyres ibis *Hanssen*; ad martyris i ***C***; ad martyrisi ***BA***; admartyriza *r Oehl.*; Refrigerare (*omisso* Si) cupis, admartyrizare *Pitra Spicil. I p. 543* **20** Expectare quiem ***C*** futurorum transitu ***C*** Σ^1 E^2 *Ld*; futurorum (am in) transitu ***BA***; futuram in transitu *r Oehl.*

XVIII.

MATRONIS ECCLESIAE DEI VIVI.

Matrona uis esse Christiana ut saeculi discens:
Auro te circumdas aut serica ueste, pudica,
Terrorem legis ex auribus uento remittis,
Res uanas adfectas cuncta de Zabuli pompa,
Ornas et ad speclum cincinnos fronte reflexos,
Nec non et inducis malis medicamina falsa,
In oculis puris stibium peruerso decore,
Seu crines tingis, ut sint toto tempore nigri.

Est Deus inspector, penetrat qui singula corda.
Ceterum pudicis ista necessaria non sunt.
Casto ac pudico sensu pertundite pectus;
Lex Dei testatur tales abscedere lege.
Ex corde qui credit femina marito probata

18, 9 Hierem. 17, 10; Psal. 7, 10; Act. 1, 24

XVIII (XVII *C*), **1** Matrona *A* (*non notauit Ld*) *Schurzfl. suppl. Pitra Spicil. I p. 543*; Matronis *C*[1]; Matronas *Brv* esse Christiana] ẽẽxpiana *C* seculi *O* discens *scripsi* (= *discipula*; *cf. I 37, 6*); dĩ ces *C*; ꝺꝰ ccs *B*; D'9ces *A*; domnas *r Oehl. Pitra l. c.*; domna *Schurzfl.*; duces *Ld*; diues *Hanssen* **2** circundas *A* au' *C*[1] sirica *O, quae forma fortasse recipienda fuit*; *cf. Georg. HW*[7] *s. uoce* Ser **3** aurφbus *C*[1] **4** *hunc uersum sic, ut editur, And. habuit* (*b. Gbl. 16 p. 341; 345*) põpa *C* **5** Ornas (*Dauies*) et ad speclum cincinnos *scripsi* (*S. p. 768*; *de forma* speclum *cf. Schuch. Vokal. II p. 404*); Ornans & ad spelũncinnos *C*; Ornaris (ornaris ꝑ *B*) ad speculum hıcıuuos (cincinnos) *BA*; Ornaris ad speculum cincinnos *rv*; Ornaris et ad spelũ (speclum *emend. Gilb. Gaulmin*) cincinnos *And.* (*b. Gbl. 16 p. 341*); *idem cod. uersum 6. exhibebat ut editur* **6** Nec ñ et *C*; *cf. 19, 13*; *24, 14*; *Kuehner § 149 not. 7* **7** stibium *rv*; stiuium *C*; stiuium (stibium) *BA* **8** temꝑ *C*; *cf. I 26, 4*; *II 2, 5* **9** corda *B*; corde *A* **10** ñ *C* **11** Casto ac pudico *Hanssen*; Casto atque pudico *rv*; Claros atq pudicos *C*; claros (castos *B*; castos (claros) *A*) atque pudicos *BA* perfundite *Guil. Hartel* **12** lege *Oehl. Ld*; legis *C, quod mutatum est in* leges; leges *BAr* **13** qui] *malim* quae femina (faemina *B*; foemina *A*) marito probata *Or*[1] *Ld*; feminae marito probatae *r*[2] *Oehl.*

Sufficiat esse non cultibus sed bona mente.
Induite uestes quas oportet, frigus ut ostent
Aut nimium solis, tantum ut pudico proberis;
Et in plebe Dei facultatis dona demonstres.

Dat tibi momentum ⟨Tabitha⟩ clarissima quondam
Exanimata iace⟨ns⟩ precibus uiduarum erecta.
In dando promeruit, non comtibus, inde leuari.

Vos matronae bonae uanitatis fugite decorem:
In⟨cestas in⟩ feminas congruit cultura lupana.
Vincite malignum, pudicae feminae Christi,
In dando diuitias uestras ostendite totas.

18, **18** Act. 9, 36 sqq.

15 Induite *C And.* (*qui totum uersum eodem modo quo C exhibebat; cf. b. Gbl. 16 p. 348 sq.; de numerorum inconstantia cf. 32, 13; 35, 10; I 24, 4 sqq.*); induite[induere] *BA*; Induere *rv* oportet frigus ut ostent (obstent *Ld*) *O And. Ld* (= *arceant, defendant cf. Hor. serm. I 3, 14; Schuch. Vokal. II p. 131*); oportet frigus ut possent *Ld in praefat.*; optat frigus et aestus *r Oehl* **16** pudico ꝑberis *C* (*sc. marito; cf. u. 13*); pudico[es] proberis *B*; pudico[n] praeberis *A* **17** demonstres *Ld* (*cf. I 32, 7; 34, 15*); demonstris *CB*; demonstras *A*; demonstra *r Oehl.*
18 Dat *C*; Das *BA r v* momentum *scripsi* (= *incitamentum; cf. Liu. XXI 4, 2* ut pater in se minimum m o m e n t u m ad fauorem conciliandum esset); mom^e^riũ *Crv*; moinerium *BA* Tabitha *scripsi* (*cf. Cypr. de opere et eleem. c. 6, quem locum hic secutum esse Commodianum apparet*); *om. Orv* clarissima quondam *rv*; clarissimo quodam *O* **19** Exanimata *Crv*; Examinata *B*(?)*A* iacens *rv*; iace *C*; iace[iacens] *BA* ꝑcibus *C* uiduar̃ *C*; uiduar[rum] *BA* *post* erecta *uulgo non interpungebatur* **20** ꝓmeruit *CB* non comtibus *rv*; ñ cõmitibꝰ *C*; non comitibus[cultibus] *BAΣ* **21** matrone bone *C* 'uanitátis fugíte decórem, *nisi forte scribendum est:* fugité uanitátis decórem' *Hanssen*
22 congruit *rv*; congruet *O* lupana *CA Ld*; lupanu[?] *B*; lupans *Σ*[1]; lupanas *r*; lupanaris *Oehl.*; *post* lupana *interrogationis signum posuit Ld, quod retinuit Hanssen post* feminas *inserto uocabulo* castas; *ego punctum post* lupana *restitui et* In⟨cestas in⟩feminas *scripsi*; *cf. Cypr. p. 195, 25 H.* Ornamentorum ac uestium insignia .. non nisi p r o s t i t u t i s et i n p u d i c i s f e m i n i s c o n g r u u n t **23** femine *C*; faeminae *B*; foeminae *A*

XVIIII.

ITEM IPSIS.

Audi tu uocem, quae uis Christiana manere,
Beatus Paulus qualiter rogare praecepit.
Caeliloquax autem Esaias doctor et auctor
Detestatur enim caritatem mundi sequentes:
Exaltatae, inquit, ceciderunt filiae Sion.
Fas in Deo non est Christianam coli fidelem.
Gentili more quaeris procedere Dei sancta?
Has Dei praecones damnant in lege clamantes
Iniustas esse feminas, quae se taliter ornant.

19, 1 sq. I Tim. 2, 8 sq. **5** Esai. 3, 16 (Cypr. de habitu uirg. 13)

XVIIII (XVIII *C*), **1** Audi tu *scripsi* (*cf. 5, 11* deuita tu; *apocr. Esdr. IV 11, 16; 38* Audi tu, quae; *prius conieceram:* Audi Dei; *cf. S. 107 p. 780*); Audiui *C*; Audisti *Hanssen*; Audi *BArv* uocẽ *primo omissam* C^1 *s. l. scrips.* quae *Arv*; ꝗ *C*; qui *B* uir *C* christi ana *C* mare [ne] C^1 **2** rogare *C* (*S. l. c.*; *locis ibi allegatis addo Leuit. 5, 6* orabitque pro ea sacerdos; *5, 10* rogabitque pro eo sacerdos); rogare [te ornari] *BA*; te ornari *rv* praecepit. *r*; praecepit, *v* **3** Caeliloquax (Cel. *C*) *CLd*; caeliloquax [us] *BA*; Coeliloquus (Cael.) *r Oehl.* autem (*B?*) *A*; aũ *C*; item *rv* *interpunctionem, quae in edd. post* auctor *ponebatur, deleui, cum* enim, *quod sequitur, non causalem, sed affirmatiuam uim habeat*; *cf. 8, 8*; *I 26, 28 sq.*; *C. A. 820* **4** Detestat̃ *C* enim caritate *C* (*cf. Cypr. p. 192, 22 H.* — *1. Ioh. 2, 15* —); enim enim caritate [prauitatem] *BA*; enim prauitatem *rv*; item prauitatem *Hanssen* sequentes *rv*; sequentur *C*; sequentur [es] *BA* **5** Exaltate *CA* inquid *C* ceciderunt *Ld* (*coll. Cypr. p. 197, 5:* exaltatae ceciderunt corruptae turpitudinem foeditatemque meruerunt; *cf. Zeitschr. f. wissensch. Theol. XXII p. 386*); ceciderᷣ *C*; ceciderunt [iacebunt] *BA*; iacebunt *r Oehl.* filie *C* **6** ñ ẽ *C* **7** mori *C*; *sed m. 1.* i *mutauit in* e ꝑcedere *C* Dei *Orv*; *fort.* Domini **9** feminas (faem. *B*; foem. *A*) ꝗ *O* s&aliter *C*; se totaliter *A* (*Ld falso: B*)

Kapillos inficitis, oculos nigrore linitis,
Lunatis comulas gradulatim fronte depinctas,
Malam medicatis quodam superducto rubore,
Nec non et inaures grauissimo pondere pendent,
Obruitis collum margaritis, gemmis et auro,
Palmas Deo dignas praesagio malo ligatis.
Quid memorem uestes aut totam Zabuli pompam?
Respuitis legem, mauultis mundo placere,
Saltatis in domibus, pro psalmis cantatis amores.
Tu licet sis casta, non te purgat sinistra sequendo:
Vos ideo tales Christus cum gentibus aequat.

10 Kapillos *CLd*; Capillos *And.?* (*cf. b. Gbl. 16 p. 342*; *349*) *BA r Oehl.* infigitis *C* nigro relinitis *And.*(?); linigrore linitis *C* (*librarius uetus cum* linigrore *scriberet, ad insequentis uocabuli primas litteras uidetur aberrasse*); lmigro relinitis *B*; lmgro (llxlu) relinitis *A* (*S. p. 727*); fuligine relinitis *r Oehl.*; de nigrore linitis *Ld* (*coll. Cypr. p. 197 sq. H.* oculos circumducto nigrore fucare; *p. 384, 19:* oculi superfuso nigrore) **11** Lunatis *Ld* (*coll. Cypr. p. 196, 23*); Lonatis *C*; zLonatis (*sic!*) *B*; zonatis *A*; Leuatis *r Oehl.*; Lauatis *And.?* (*b. Gbl. 16 p. 342*); Louatis *uel* Lobatis *Pitra Spicil. IV p. 229* gradulatim *scripsi* (*cf. Suet. Ner. 51; Quintil. I 6, 44*; *XII 10, 47*); gratulatim *O And.* (?); granulatim *rv*; *hanc lectionem Rig. tuetur compluribus locis allatis, quibus grani capillorum commemorantur* depinctas *C; de*pictas *BALd*; reflexas *And.*(?); depicta *r Oehl.* **12** Malam *Ld*; Mala *O And.*(?); Malas *r Oehl.* quadam *C* robore *C* **13** Nec ñ *C* **14** collum margaritis *scripsi* (*cf. Cypr. p. 259, 16 H.* auro te licet et margaritis gemmisque condecores); colũnãturalis (monilibus) *C*; colum naturalis *BA*; collum monilibus *rv* (*cf. Cypr. p. 197, 7* auro et margaritis et monilibus) gemmis *Arv*; gemis *C*; geuus *B* **15** praesagio malo *sc. futurorum; cf. Cypr. p. 199, 9* uestes *r Oehl.*; uester *C*; ueste *BA*; uestem *Ld* **16** totam Zabuli pompam *rv*; tota zabuli pompa *O And.* (*b. Gbl. p. 345*) **17** mauultis *scripsi*; ãuultis *C*; cum uultis *BArv* **19** purgat *O* (*Ld falso*: 'purgas *A edd.*'; *subiectum est hoc, sc. quod casta es*; *quamquam in gerundio aliud subiectum, tu, latet*; *nam* sinistra sequendo *idem ualet quod 'ubi tu sinistra sequeris'; de qua re cf. C. A. 178* Quo nulla uenia liberat (*homines flagitiosos*) se dicendo seductos (= *ubi dicunt seductos se esse*); 186 Vt faceret populum ad se transeundo dilectum); purgas *rv* sinista *C* sequendo *rv*; sequenda *O*

Xanta Dei mulier diuitias corde demonstrat.
Ymnificato choro placitoque Christo seruite;
Zelantes fauore Christo offerte odorem.

XX.

IN ECCLESIA OMNI POPVLO DEI.

Iustus ego non sum, fratres, de cloaca leuatus,
Nec me supertollo, sed doleo uestri, qui cerno
Ex tanto populo nullum in agone coronari.
Certe si non ipse pugnat, uel suggerat illis.
Cladem obiurgate, ouantes officite luxu!
Laborat frater aduersante mundo sub armis,
Et fretus opibus nec pugnas nec pugnanti resistis?
Stulte, non intendis unum bellare pro multis?

19, **21** I Petr. 3, 3 sqq. **20**, **1** Psal. 112, 7 (Tertull. Marc. 4, 28 extr.)

21 Xancta dĩ mulier diuitias corde demonstat (*sic!*) *C* (*S. p. 745*); *om. BA r Oehl.*; *neque est in ceteris codd. et edd. uacuum relictum spatium ut 1, 4; 23, 10*; *Ld autem Lucianum Muellerum secutus* (*cf. Jahrb. f. cl. Philol. 97 p. 435*) *lacunam solito modo indicauerat*
22 placitoq̃ *CB*; placito qui *A* seruire *C*; placere *BA*; placete *rv*
23 Zelantes *Crv*; ᶻTelantes *B*; Telantes *A* fauore *BA*; fauorē' *C*; feruore *r Oehl.* odorē *C*; odorem *BArv*; adorem *Luc. Mueller*; *sed cf. Cypr. 291, 29 sq. H.* (*ep. ad Phil. 4, 18*) recipiens ab Epaphrodito ea quae a uobis missa sunt, odores (odorem *Gv*; odore *W*) suauitatis, sacrificium acceptum et placitum Deo (*Genes. 8, 21*) **XX** (XVIIII *C*), **inscr.** eccle sia *C* **1** iustu *B* fr̃s *C* lauatus *A* (*om. Ld*)
2 ur̃i *O* **3** populũ *C* in agone coronari] *cf. Cypr. p. 492, 18 sq.*; *493, 2 sqq. H.* **4** uel] ł *C* **5** obiurgate *O Ld*; obiurgatis *r Oehl.* ouantes *Ar Ld* (= *si uiceritis*; *opponitur hoc uocabulo* cladem); ouanter *CB* (*Ld falso*: ouantes *AB*) Σ^2; o uenter *r Oehl.* officite luxu *scripsi* (= *luxuriae obstate*); efficite luxu *O* (*in A primo* officite *uidetur scriptum fuisse*; *sed* o *in* e *mutatum*) Σ^2; effercite luxu *r Oehl.*; efficite lucta! *Ld* **6** Laborat *rv*; Labora *O* fr̃ *C* **7** fr&us *Cr*[1]; fa&tus *B*; factus *A*; fartus *r*[2]*v* opibus *rv*; opidus *C*; opidus *BA* resistis *O Ld*; te sistis *r Oehl.* **8** Sftulte *C*

In talem pendit ecclesia tota, si uincat.
Abstinere uides fratrem et pugnare cum hoste.

Optas tu in castris pacem, foras ille repugnat.
Misericors esto, ut sis ante omnia saluus.
Nec intuis Dominum praeconio tanto clamantem,
Inimicis etiam qui iubet alimenta praebere?

Prandia ob ea prospice diurna, quae semper
Omnibus omnino diebus cum pauperis sumpsit.
Pascere tu quaeris, stulte, qui te denuo pascat.
† Vis ille mihi paret, qui conponi proponit.
Laute cibatum distenso uentre declamas,

20, 14 Prouerb. 25, 21; Rom. 12, 20

9 pendit *OLd* (*cf. I 35, 9*); pendet *r Oehl.* ecclesiā *CB* **10** Abstinere *OLd*; Abstineri *r Oehl.* frēm *O* oste *C* **11** Optas *r Oehl.*; Obtas *C*; Obstas *BA Ld* pac ē *B*; pac ē *A* (*Ld falso inuertit ordinem*) **12** sis ante omnia saluus *r Oehl.*; sciant ea omnia saluus (saluud *B*; salua *A*; *cf. S. 107 p. 722*) *O*; fiant ea omnia salua *Ld*; *fort.* ut sic tuam animam salues; *cf. Prou. 11, 17* benefacit animae suae uir misericors **13** Nec intuis Dominum *CLd* (*cf. I 31, 1*); haec (nec metuis) intuis dūm *BA*; Nec metuis Dominum *r Oehl.* (*cf. 32, 9*) praeconio *rv* (*cf. 15, 1*); praeconia *O* clamantem *r Oehl.* (*cf. 17, 13; 30, 11; C. A. 352*); clamante *O* **14** iubet *Crv*; lubet *BA* alim̄ta *C* **15** ob ea *scripsi* (*cf. I 1, 9; S. p. 739*); ab ea *Cr*[1]; ab eo *BA* $\Sigma r^2 v$ diurna *Ld* (*cf. Macrob. Sat. 2, 4* cena satis parca et quasi quotidiana); iurna *C*; lurna (lobbe) *BA*; lurna Σ^1; Lurna (Iobba) Σ^2; Iobe r^1; Tobia r^2; Tobo r^3 *in comment. ex supplem. Rig.*; lurco *Oehl.* quae r^1; q *C*; q (quae) *BA* (*om. Ld*); qui Σ^1(?) $r^2 v$ **16** pauperis *OLd*; paupere *r Oehl.*; pauperibus *Hanssen* sumpsit *Brv*; sūsit *C*; sumsit *A* **17** q *C* sumsit (pascat) *A* **18** conponi *C*; componi *BArv*; sibi componi *Hanssen*; praeponit *Oehl. in comment. haec addens*: '*Verba sunt diuitis moniti respondentis: Tu dicis me quaerere pascere solum, qui me denuo pascat; sane, putasne tu me hoc expectare posse de his pauperculis, qui sepulturam omnibus conuiuiis praeponunt?*'; quae copo mihi *Guil. Hartel* **19** Laute *Crv*; laute *B* (l *paene* C *est*); Caute *A* (*om. Ld*) distenso *C*; dissento *B*; dissekto *A*; distento *rv* declamas *O*; declamas. *Ld*; declamat *r Oehl.*

Oppressus inopia ⟨cu⟩m frater s⟨it⟩ iuxta tabescens.
Die Dominica quid? Alius si non ante uocauit,
Ex suo [te] deturba pauperem, quem ad prandium ducas.
In tali spes est uestra de uestro refecto.

XXI.

MARTYRIVM VOLENTI.

Martyrium, fili, quoniam desideras, audi.
Abel qualis erat, esto, aut qualis [Isaac] ipse magister.
Rectamque delegit Stephanus sibi uiam in iter.
Tu quidem quod optas, res est felicibus apta.

20, 22 Esai. 58, 7; Luc. 14, 13 **23** Matth. 25, 35 sqq.

20 Oppressus inopia ⟨cu⟩m frater s⟨it⟩ iuxta tabescens *scripsi* (*cf. 22, 8*; *24, 11*); Oppressus inopiã (inopiam *B A*) fr̃s iusta (iuxta *B A*; *cf. 16, 25; 26, 5*) tabescens *O*; Oppressus inopia frater iuxta tabescens. *r Oehl.*; Oppressus inopiam fratris iuxta tabesces! *Ld* (*idem in lemmate praefationis* 'tabescet!'); Oppressus inopia ⟨du⟩m frater iuxta tabescens. *Hanssen* **21** Die dominica quid? *scripsi* (*cf. 31, 1*); De die dominica quid (qued *C*; quod *BA*) *Orv* (*nulla in fine interpunctione posita*) alius *scripsi*; dicis *O*; dicis? *rv* siñ *C*; si u͡ *BA*; si se non *Oehl.* uocauit *O*; locauit *r Oehl.* **22** Ex suo te deturba *C*; Ex suo^{Excute} se de turba *BA*; Excute de turba Σ^2 *Hanssen* (*cf. C. A. 878*); Excita de turba *r Oehl.* **23** In tali spes est uestra de uestro refecto *scripsi* (*S. p. 781 sq.*); In tabulis spes est uestra (ur̃a *BA*) de ur̃o (*C*; ur̃o^{Christo} *BA*) refecto *O*; In tabulis spes est uestra de Christo refecto *rv* **XXI** (XX *C*), **inscr.** martyrium *C r Oehl.*; marturium *BA Ld*; *cf. u. 1*; *5*; *14*; *15*; *Schuch. Vokal. II, 262 sq.* Ꝺolenti (= *uolenti*) *B*; Dolenti *A*; *cf. S. 107 p. 725* **1** Martyrium *C r Oehl.*; Marturium *BA Ld* qm̃ *C* **2** qualis ipse magister. *scripsi* (*S. p. 783*); qualis Isaac ipse magis͠ (*C*; ma͡gis *B*; magis͡ *A*) *O*; qualis Isaac ipse, aut (Isaac, ipse aut *Oehl.*) *r Oehl.*; aut qualis Isaac ipse. (;) *Ld* **3** Rectãq *C* (*S. p. 784*); rectum qui *BA*; Rectam qui *r Oehl.*; Rectumque *Ld* delegit *Dau. v*; diligit *O* (*in C tamen medium* i *m. 1. mutauit in* e) *r* uiam *Dau. Oehl.* (*cf. Herm. Past. mand. VI 1, 2* rectam uiam ingredere .. uia .. mala . nocibilis illis, qui per eam iter faciunt); uitam *O r Ld* **4** felicibus apta (.) *O r Oehl.* (*cf. C. A. 882*); felicibus; opta (| Vincere) *Ld*

Vince[re] prius malum benefactis recte uiuendo.
Rex illa tuus cum uiderit, esto securus.
Ipsius est tempus et nos in utrumque gerentes;
Vt si bellum adest, in pace martyres ibunt?
Multi quidem errant dicentes: Sanguine nostro
Vincimus Iniquum; quem manentem uincere nolunt.
Obsidiando perit et ideo sentit Iniquus,
Legitimus autem non sentit poenas ad actus;
Eiula † euoque zelando pectus pugnis pertunde.
Nunc si benefactis uinc⟨es⟩, eris martyr in illo;
Tu ergo qui quaeris martyrium tollere uerbo,
In pace te uesti bonis et esto securus.

21, 5 Rom. 12, 21

5 Vince prius Malum *r Oehl.* (*cf. S. p. 784*); Vincere (*Ld falso*: Vince *A edd.*) prius malum (Malum *Ld*) ***O Ld Hanssen*** (priua *A primo scripserat*; *sed eadem manus* s *pro* a *restituit*; *cf. S. p. 722*) benefactis ***C*** **6** illa *scripsi*; illo ***C***; ille ***BArv***; ille te *Hanssen* **7** et nos ***Crv***; †ci noa *B*; per nos *A*; *cf. S. p. 725* **8** adẽ (= *adest*) ***C***; abest ***BArv*** martyrea *A* *post* ibunt *interrogationis signum pro puncto posui* **9** quidam *A* erant *A* nõ ***CB***; nrõ *A* **10** Vincimus ***CLd***; Vincimimus (*sic!*) *B*; Vincimimus *A*; Vicimus *r Oehl.* quem manentem *scripsi* (*prius conieceram* quem manentes *uel* qui manentes; *S. p. 784*); q manente (menente *A*) ***O***; quo manente ***rv***, *quod Oehl. ita explicat*: '*manente hoste non perstant in fide*' **11** perit] *cf. 22, 13 sq.* ideo ***Or***; adeo *v* iniquus r^1 **12** penas ***C***; paenas *B* ad actus *scripsi* (*S. p. 784*); adactus ***O*** (*in B* u *paene* a *est*); ad actas r^1; adactas r^2v **13** Eiula euoque (euoq ***C***; euoq *A*) zelando ***O***; Eiula, tuq. zelando r^1; Eiulatuque zelando (celando *Oehl.*) r^2 *Oehl.*; Eiula euaque zelando *Ld*; Eiula euaque, pectus pugnis pertunde zelando *Hanssen* **14** uinces, eris *scripsi* (*cf. u. 5*); uinceris ***O Ld*** (*Ld falso*: uiceris *A edd.*); uiceris *r Oehl.* **15** Verbo *v* **16** pacete ***C***

XXII.

BELLVM COTTIDIANVM.

Belligerare cupis, stulte, quasi bella quiescunt!
Ex protoplasto die pugnatur in fine nobis.
Libido praecipitat: bellum est, tu pugna cum illo.
Luxuria suadet: abutere, bellum uicisti.
Vino copioso parce, ne per illum aberres;
Maledicti retine[te] linguam, unde Deum adoras;
Conpesce[re] furiam, pacificum redde te cunctis;
Oppressos miseriis deprimere caue minores;
Terrorem adcommoda tantum et noli nocere;
Tramite uos recto ducite sinceri per saeclum;

22, 6 Iac. 3, 9 **7** Rom. 12, 18

XXII (XXI *C*), **inscr**. cottidianum *Crv*; cotidianum *BA* **1** cupis *CAnd*. (*S. 107 p. 784 sq.*); quaeris *Brv*; quaerit *A* quiescunt *BALd*; qescunt *C* (*de* quasi *cum indicat. cf. August. de ciu. Dei uol. I p. 133, 31 sqq.*; *151, 21 sq.*; *II p. 35, 8 sq.*; *109, 10 sqq. D*[2]; *C. I. L. VIII, 2728*); quiescant *r Oehl.* **2** Expertoplausto *C*; *cf. I 35, 1* dic *A* (*S. p. 723*) pugnat̃ *C* in fine *OrLd* (*de clausula* ´ ⏑ ´ ⏑ *cf. I 8, 3*); infinite *Oehl. in textu*; sine fine *idem in comment.*; in fine de *Hanssen* nb̄ *C*; ub̄ *BA*; uobis *rv* **3** tu pugna *scripsi* (*cf. 19, 1*); cũpugna *C*; cum pugna *BA*; pugna *r Oehl.*; compugna *Ld* illo *Or Oehl.* (*quod ferendum uidetur, cum* bellum *interdum idem significet quod exercitus hostilis*; *cf. u. 4*; *10, 1*); illa *Ld* **4** Luxoria *C* **5** Viuo *BA* (*om. Ld*) copioso *rv*; cupioso *C*; cupioso (co *supra*) *BA* illum *BArLd*; illũ *C*; illud *Dau. Oehl.* **6** Maledicto *Hanssen r Oehl.* retine *r Oehl.*; retinete *OLd* (retine te *in lemmate praefationis*) linguam (linguã *C*) unde Domnum (dñm *C*; Dominum *r Oehl.*; dũm *BA*) adoras *Or Oehl.*; lingua; mundo Doum adora *Ld* **7** Compesce *r Oehl. Hanssen*; Conpescere *C*; Compescere *BAΣ*[1] furiam *CΣ*[1]*Ld*; furiam (furorem *supra*) *BA*; furorem *r*; (Compesce) refuriam *E*[2]*Rig. ms.*; nefarium (*sc. te*) *uel* nefariam (*sc. linguam*) *Oehl.* reddete *C* **8** Oppressos *r Oehl.* (*cf. 20, 20*); Oppressus *OLd* dep̃mere *C* **9** Terrorem *C* (*cf. 28, 4*); Tortorem *BALd*; Tutorem *r Oehl.* adcõmoda *C*; adcommoda *B Av*; ad commoda *r*; (Terrorem) admodera *Hanssen* **10** recto *r Oehl.*; rectum *OLd, qui addit*: '(rectum) *tenet locum aduerbii*' sinceri per saeclum *scripsi* (*cf. epist. Iac. 1, 27* immaculatum se custodire ab hoc saeculo; *Phil. 1, 10* ut sitis sinceri et sine offensa); sincero per seclo *OΣ*[2]; sincero prae zelo *rv*

In tuis diuitiis communem te redde pusillis;
De labore tuo dona, nudum uesti: sic uinces.
Insidias nullo facias qui Deo deseruis:
Aspice principium, unde perit inuidus hostis.
Non sum ego doctor, sed lex docet ipsa clamando.
Verba geris tanta uana, qui sub uno momento
Martyrium quaeris otiosus tollere Christo.

XXIII.

DE ZELO CONCVPISCENCIAE.

Dum cupis, inde peris, dum ardes proximi zelo;
Exstinguis te ipsum, quando te incendis abactus.

Zelaris alium, inuide, de malo lucrantem,
Et te parem concupis fieri pecuniae tantae.
Lex sic non aspicit⟨ur⟩; dum illum incumbere quaeris,
Omnia suspensus uiuis in ardore lucrorum;

Cumque reus tibi sis ipsum te iudice damnans,
Oculorum acies nunquam satiatur auara.
Nunc ergo sic redeas et cogites: uana cupido est

11 cõmunem *C And.* (*cf. I 30, 15*); coe͡ *B A*; comem *rv* puſillis *C* **12** laboretuo *C* ueste *A* uincis *C*; 'pro sic uincet *uix audeo proponere* si uincas' *Hanssen* **13** nullo *O Ld*; nulli *r Oehl.* fatias *C* **14** perit *O Ld*; periit *r Oehl.*; pereat *Oehl. comment.* **16** uana *O Ld*; uane *r Oehl.* qui *rv*; ꝗ *C*; quae *BA* **XXIII** (XXII *C*), **inscr.** CONCVPISCENTIĘ *C*; concupiscentiae *BA*; *cf. u. 18* **1** ardis *C* proximi *rv*; proxime *O* **2** Extinguis *O* abactus *O Ld*; abintus *r*; ab intus *Oehl.* **3** lucrantem *scripsi* (*cf. 6*; *13*; *I 28, 5*); latrantem *O Ld* (*idem temptat in praefat.*: latrando); laborantem *r Oehl.* **4** tæ .. pecunie tante *C* concupis *Hanssen* **5** aspicitur: dum *Hanssen* (*cf. I 38, 4*); aspicit dum *O*; aspicit: dum *rv* incũbere queris *C* **6** Omã *C*; omnia *BA r Oehl.* (*cf. Woelfflin. Arch. f. lat. Lex. u. Gramm. II p. 95 sqq.*); Omnino *Ld* **7** damnans (,) *O Ld*; damnas, *r*; damnas. *Oehl.* **8** Oculotum aties nũquã satiat̑ *C* **9** sic redeas *C* (*S. p. 745 sq.*); si redeas *BArv*; *fortasse* sic credas

Congere⟨re⟩ nimium sub fragili uita moranti.
Vnde Deus clamat: Stulte, hac nocte uocaris!
Postea mora ruit: cuius erint ista talenta?
In suprema ardes iniusta lucra conando,
Suggeret cum Dominus unicuique uicta diurna.
Congestet alius: tu bono uiuere quaere,
Et Dei † cor censens agis super omnia uictor;
Neque enim dico uel intimo neci te mittas,
Cum pro die tuo uigilas sine fraude uiuendo.

23, 11 Luc. 12, 20

10 Congerere nimium sub fragili uita moranti *scripsi*; Congere nimiũ suffragili uita moranti ***C***; ***BA*** *totum uersum omittunt*; *edd. ut 16, 11 nihil nisi initialem litteram* C *exhibent* **11** hanc ***C*** **12** Postea mora ruit *scripsi* (mora = *temporis interuallum?*); Postea roma ruit ***C***; P. noma (mors uenit) ruit *BA*; P. noma ruit Σ^1; Post te mors ruit ***r***; Postquam hora ruit *Oehl.*; Postea momar ruit *Ld* (*'i. e. stultus, cf.* momerium *II 18, 18'*); Postrema hora ruit *Hanssen* erint ***C*** (*cf. I 27, 18*); erunt *BArv* **13** ardes *scripsi* (*cf. u. 1*; *2*; *6*); acdis ***O***; aedis *rv* conando ***C*** (*cf. C. A. 603*); conanda *BA Ld*; condenda r^1; condendo r^2 *Oehl.* (*Ld falso*: condenda *edd.*) **14** cum Dominus ***C****Dauies* (*coniecturâ*) *v*; eum Dño *BA*; cum Domino *r* uicta (uıcla *A*) diurna ***O*** (*cf. 34, 2*); uita diurna *r*; uitam diurnam *Dau. Oehl.*; uictum diurnum *Ld* **15** bono ***C***; bene *BArv* quere ***C*** **16** cor *r Oehl.*; cur ***O*** *Ld*; *idem post* uictor *interrogationis signum posuit* censens ***C***; confcus *BA* (*S. p. 727*); conscius *rv* agı[f] C^1; agis BAr^1Ld; ages r^2 *Oehl.* **17** Neque enim dico uel intimo neci te mittas *scripsi* (*cf. Verg. Aen. 2, 85* Demisere neci; *de uerbo* intimandi *cf. C. A. 519*); Nec enim dico ut te intimo n&imittas ***C***; Nec enim dico ut te intimo t iuitas *B A*; Nec enim dico ut te in triuio tinnites *r Oehl. Dau.* (*nisi quod hic* te *om.*); Neque enim dico aut te intimo uictum *Ld* **18** die (tuo) uigilas (uigilias (as) *B*) *BA*; pro die tuo = *pro die postremo? — Ne de pronuntiatione litterarum* t *et* c *ante* i *cum uocali coniuncto quidquam concludatur, praesertim cum codd. in inscriptione* concupiscentiae *praebeant, Hanssen scribendum esse putat*: Tu pro die tuo uigila sine fraude uiuendo; *ego uero tam antiquum sibilationis indicium caute notandum potius quam per uim auferendum censeo*; *cf. Schuch. Vokal. I p. 152 sq.*; *154*; *162*; *164*; *Philol. Anzeiger 1885 p. 510*

In esca perit auis aut inhaeret inprouida uisco.
Arbitrare tibi simpliciter ualde cauendum.
Excedant alii, finem tu prospice semper.

XXIIII.

QVI DE MALO DONANT.

Quid te bonum fingis alieno uulnere, nequus?
Vnde tu largiris, alter cottidie plorat.
Ista tu discredis Dominum uidere de caelis?

Dona iniquorum non probat Altissimus, inquit.
Erumpis miseris, dum fueris locum adeptus.

Munera dat alter, ut alterum reddat inanem,
Aut si fenerasti duplicem centesima nummum,
Largiri uis inde, ut te quasi malum depurges:
Omnipotens tales operas omnino recusat.

Donas tu de lacrimis candidatus; ille nigratus
Oppressus usuris deplorat factus egenus.

24, 4 Sirac. 34, 23

19 aues *C* inhaeret *scripsi* (*b. Gbl. 17 p. 450*); ineret *C*; meret *BA*; haeret *r Oehl.*; maeret *Ld* inprouida *C*; *ibid. inter uersus* **19** *et* **20** *recentior manus in margine scripsit* R̄ **XXIIII** (XXIII *C*), **inscr.** de male (de malè *A*) *BA* **1** uulnera *O* nequus *scripsi* (*cf. Ducange s. u.*; *J. N. Ott in Jahrb. f. cl. Phil. 109 p. 791*); nequor *O*; uecors *r Oehl.*; nequam *Ld* **2** Vnd&u *C* cottidie *Ld* (*cf. acrost. 22 inscr. et uers. 9 sq.*); cotidie *Or Oehl.* **3** descredis *r*[1] dūm *BA* (*om. Ld*) uidere de coelis (cael.)? *r Oehl.* (*cf. 39, 2* uidente cuncta de caelo); uidere doceris *O*; uidere? Doceris *Ld* **4** ñ *C* **5** Erumpis (Erūpis *C*) *O Ld*; Erumpes *r Oehl.* fueris *B*; fueris *A* locum *rv*; ocus *O* **6** ut alteř *C* **7** fenerasti *Crv*; faenerasti *B Ld*; foenerasti *A* centisima *C* nūmū *C* **8** Largiri uis inde, ut te quasi malum depurges *C* (*cf. u. 2*; *S. 107 p. 768*); Largiri uis, ut te quasi malum malum (malo *r Oehl*) depurges *BAr Ld*; Largiri uis, ut de quasi malum inde depurges *Hanssen* **10** Donas (Dona *C*) tu *O Ld*; Donasti *r Oehl.* lacrymis *A* nigratꝰ (= *tus*) *C*; ingratus *BA*; ingratis *rv*; *interpunctionem uulgatam* lacrimis: candidatus ille *mutaui*; *cf. Gbl. 18 p. 300*

Nanctus praeterea tempus captatoribus hostis
Ad praesens populas pretio tu sanctos iniquus,
Nec non et de lucro mercis su⟨m⟩is te piare;
Te ipsum inlidis, non alium * *, inique.

XXV.

DE PACE SVBDOLA.

Dispositum tempus uehit nostris pacem in orbe
Et ruinam simul blandiente saeculo primis.

Praecipitis populo, quem ⟨ipsi⟩ in schisma misistis:
Aut facite legem ciuitatis aut exite de illa.
Conspicitis stipulam cohaerentem in oculis nostris,
Et uestris in oculis non uultis cernere trabem.

Subdola pax uobis uenit, persecutio flagrat.
Vulnera non parent, et sic sine caede ruistis,

25, **5** sq. Matth. 7, 3; Luc. 6, 41

12 Nanctus *Cr¹r²Ld*; narctus *BA*; Nactus *r³Oehl.* p̃ter ea *C* captatoribus] *malim* captatorius = *captator* **13** populas pretio tu sanctos *scripsi* (= *nimium frumenti pretium exigens tamquam hostis homines probos exspolias*); populus (populus: *v*) pretio (p̃cio *C*; precio *BA*) tu sanctus *Orv* **14** Necñ *C* mercis sumis *scripsi*; mercis suis *C*; mercis (merces mercis *B*) uis *BArv*; mercis eius uis *Hanssen* **15** inlidis *OLd*; inludis *r Oehl.* non alium inique *Or Oehl.*; non alienum *Ld* **XXV** (XXIIII *C*), **1** Depositum *A* uehit nostris pacem *scripsi* (*S. 107 p. 769*); uenit nr̃is (*CB*; nr̃a *A*; *cf. S. p. 722*) pacem *O*; uenit nostris: pacem *Ld*; uenit nostris. (:) pax est *r Oehl.* **2** ruinam *scripsi*; ruina *Orv* seculo *Cr* primis *C*; praemis *BA*; premit *rv*; *post* premit *Ld primus interpunctionem posuit* **3** Pre cipitis *C* populo *OLd*; populi *r Oehl.*; '*forte* praecipitem populum' *Pitra Spicil. I praefat. p. XXI* ipsi *interposuit Hanssen* schisma *rv*; cisma *C*; scisma *BA* *post* misistis *Ld duplex punctum pro simplici posuit* **4** *de pronuntiatione* ciuitatis *cf. Hanssenii dissert. p. 15* **5** cohaerentem *rv*; coerentem *CB*; coercentem *A* nr̃is *C* in oculo nostro *Hanssen* **6** ur̃is *CB*; uria *A*; *cf. u. 1* **7** Subdolo *C* uobis *O* (*in B* u *paene* n *est*; *cf. u. 12*) *r*; nobis *v* (*Ld falso:* nobis *B edd.*) **8** cede *C* ruistis (;) *OLd*; ruitis. (;) *r Oehl.*

Bellum in absconsum geritur sub pace quod ipsud.
De ⟨omnibus⟩ uobis uix unus caute se gessit.
O malo nutriri in occisione praedicti!
Laudatis pacem subdolam et uobis iniquam.
Alterius facti milites, non Christi, peristis.

XXVI.

LECTORIBVS.

Lectores moneo quosdam cognoscere tantum,
Et dare materiam ceteris exemplo uiuendi,
Certamen fugire lites totidemque uitare,
Tumorem premere, nec unquam esse superbos.
Obsequia iusta maiorum cuique deferte;
Reddite uos Christo similes, filioli, magistro;
Inter agrestiua benefactis lilia sitis.
Beati facti estis, cum fe⟨ce⟩ritis edicta.

25, 11 Hierem. 12, 3; II Petr. 2, 9; 12 **26, 5** I Petr. 5, 5; Herm. Past. mand. VIII 10 **7**; **9** III (I) Reg. 7, 49; Sirac. 39, 19; 50, 8

9 in absconsum (absconsũ *C*) *OLd*; in absconso *r Oehl.* geritur (gerit̃ *C*) sub pace qđ ipsud *OLd*; geritur, sub pace quod ipsa *r Oehl.*, *quae lectio nescio an retinenda fuerit*; *de* quod *coniunctione postposita cf. I 41, 16* **10** omnibus *inseruit Hanssen* uƀ *C* se *Or Oehl.*; sese *Ld* **11** malo nutriri *scripsi* (*S. p. 785*); malo nutriui *C*; malo nutrivi et *BA*; male muniti et *r Oehl.*; malo nutriti et *Ld* **12** uƀ *C*
XXVI (XXV *C*), **1** cognuscere *C* tantum] tandem *Oehl. comment.* **3** Certam̃ *C* fugire *C* (*cf. 18, 21*); fugere *BArv* **4** Tumorem premere *scripsi* (*cf. Cypr. p. 412, 2 H.* tumoris uiolentiam conprimit; *p. 240, 23* praepositos superbo tumore contemnere); Terrorem premere (p̃mere *C*) *Orv* umquã *C* **5** iusta (*cf. 16, 25*; *20, 20*) maiorum (= πρεσβυτέρων; *cf. acrost. 29*) cuique *scripsi*; iuxta (iusta *r Oehl.*) malorum quoque *Orv* (*etiam in titulo acrost. II, 29 p. 57 C praebet* Maloribus *pro* Maioribus); iusta malis quoque *Dauies*; *dubitabam an* quoque (= *cuique*) *retinerem uel* quoique *scriberem*; *cf. C. I. L. I 206, 27*; *76*
6 similes *Cr Oehl.*; humiles *BA Ld* *de pronuntiatione* filióli *egit Hanssen p. 25* **7** agrestiua *C*; agrestina *BArv*; agrestia *Oehl. comment.* benefactis *rv*; benefacitis *C*; benefactus *BA* (*in B* u *haud accurate scriptum*) ≡ſıtıſ (*primo* ıſtıſ) C^1 **8** fe⟨ce⟩ritis *scripsi* (*S. p. 770*); fe ritis *C*; feritis BAr^2v; feretis r^1 *et lemma adnotationis in* r^2 (*Ld falso*: 'in adnot. *Rig.* feretur')

Vos flores in plebe, uos estis Christi lucernae,
Seruate quod estis et memorare potestis.

XXVII.

MINISTRIS.

Mysterium Christi, Zacones, exercite caste,
Idcirco ministri facite praecepta magistri.
Nolite fugere personam iudicis aequi,
Integrate locum uestrum per omnia docti.
Susum intendentes, semper Deo summo deuoti
Tota Deo reddite inlaesa mysteria sacra.
Rebus in diuersis exemplum date parati;
Inclinate caput uestrum pastoribus ipsi:
Sic fiet, ut Christi populo sitis probati.

26, **9** Psal. 131, 17

9 flore *O* es[i]tes C^1 lucernae *Arv*; lucernas *C* (*cf. S. p. 755*); lucer[nas] *B* (*Ld falso:* lucernas *AB*) **10** momorare *A* potestatis *Ld errore typogr.* **XXVII** (XXVI *C*), **1** Mysterium *O Sirmond rv*; Ministerium *And.*(?); *cf. S. 107 p. 734 sq.* exercite *Orv*; exercete *And.*(?) **3** fugere *And.*(?); lugere *C*; luge[dere]re *BA*; ludere *rv* equi *C* **4** Itegrate *C* oĩa *O* **5** Susum (Susũ *C*) *C And. rv*; sursum B^2 (= *Rig.*) *s. l.*; et usum B^1; [Sursum] Et usum *A* **6** Tota Deo reddite inlaesa mysteria sacra *scripsi* (*cf. u. 1*; *I Tim. 3, 9* (*ministri*) habentes mysterium — *uar. lect.* ministerium — fidei in conscientia pura; *Isidor. offic. 2, 10* de quibus (*subdiaconibus*) placuit pastoribus, ut, quia sacra mysteria contrectant casti et continentes ab uxoribus sint); Tota deo reddite inlaesa (inlesa *C*) ministeria arae (are *C*) *C And.* (arae *interpolatione huc uidetur inrepsisse*); Tota Deo reddite illaesa (illωsa *B*) sacra ministeria arae *BA*; Tota Deo reddite illae sacra ministeria arae *Ld*; Tota inlaesa Deo reddite ministeria sacra *Hanssen* **7** Rebus in diuersis *O And. r*; Rebus in aduersis *Dau. Oehl.*; Rebus inde uersis *Ld* date *O And. Ld*; dare *r Oehl.* **9** Sic fiet, ut Christi populo sitis probati *And.*(?); *de clausula* ´ ⏓ ´ ⏓ *cf. I 8, 3*; Sic fiet ut χρ̃ι possitis probati *C*; Sic fiet ut Christi (Christo *rv*; *Ld falso*: 'Christo *A edd.*') possitis esse probati (parati *Oehl.*) *BArv*; *fort.* Christi populo possitis probari; *cf. Philol. Anzeiger 1885 p. 509*

XXVIII.

PASTORIBVS DEI.

Pastor si confessus fuerit, geminauit agonem.
Apostolus autem tales iubet esse magistros:
Sit patiens rector, sciat, ubi frena remittat;
Terreat in primis, et postea melle perungat,
Obseruetque prius, ut faciat ipse qui dicit;
Redditur in culpa pastor saecularia seruans,
In faciem cuius sis ausus dicere quicquam.
Bullit in inferno rumoribus ipsa gehenna:
Vae miserae plebi, dubia quae forte uacillat!
Si talis aderit pastor, paene perdita nutat;

Deuotus autem ⟨eam⟩ continet recte gubernans;
Exhilaratur enim ex anima regibus aptis.
In talibus spes est et uiuit ecclesia tota.

28, 3 Tit. 1, 7 sqq.; I Tim. 3, 2 sqq.

XXVIII (XXVII *C*), **1** geminaũ *C* agone *C* **2** aũ *C* **3** fręna *BA* **4** postea *rv*; pea *O* **5** priua *A*; *cf. S. 107 p. 722* faciat *r Oehl.*; fatiant *C*; faciant *BALd* qui *O*; quae *rv* diõ *C* **6** reddit̂ *C* secularia *O* **7** fatiem *C* **8** gehænna *C* **9** Vae miserae *rv*; Vemisseri *C*; ue miseri *B*; Vae miseri *A* q *O* forte *OLd*; fronte *rOehl.* uacillat *rv*; becillat *C* (*cf. Georg. HW*[7] *s. u.* uacillo); uecillat *BA* (*cf. Schuch. Vokal. I p. 194*) **10** pene *O* perdita nutat *scripsi* (*cf. Cypr. p. 741, 12 H.* lubrica fides nutat aut Dei timor inreligiosus uacillat; *p. 808, 13* si in aliquo nutauerit et uacillauerit ueritas); pditã stat *C*; perdita stat *BAr*[2]*v*; perdita* stat *r*[1]; perdita totast *Hanssen sagaciter* **11** aũ *C* eam continet *scripsi*; se continet *Roensch*; continebit *Hanssen*; continet *Orv* **12** Exhilaratur (*sc. ea plebs*) enim ex anima *scripsi*; Exalaratur H (= enim; *cf. Wattenb. Palaeogr.*[3] *p. 62*) exanima *C*; Exalaratur examina *BA*; Exhilarantur examina *rv* **13** spes est et *Cr Oehl.*; spes et est et *BALd*

XXVIIII.

MAIORIBVS NATIS DICO.

Me solum exposcit tempus uobis dicere uerum.
Ab uno semper mouetur, quod multi detractant.
In me solo uolo odia conuertere uestra,
Omnium ut pausent praecordia tanto tumore.
Respicite dictum, quod ueritas odia tollat.
Iam praedixi quidem de pace subdola quanta!
Blandiendo uobis subrepsit Euae seductor.
Vos quia nescitis, laqueo in isto ruistis,
Sorbitis omnino auram dum saeculi ipsam.

Non gratis aget, pro quo interceditis, ullus;
Ab igne qui refugit, agit in uoragine uestra.

29, 7 II Cor. 11, 3 **8** I Tim. 3, 7; 6, 9

XXVIIII (XXVIII *C*), **inscr.** dico *om. C* **1** Mae *C* temp̄s *C*ˡ (i *in ras.*) uƀ *O* **2** semper *O Ld*; saepe *r Oehl.* mouetur *scripsi*; mouitur *C*; monitur *BA*; monetur *r Oehl.*; monitum *Ld* qđ *C* detractant *O Ld* (*coll. I 28, 11*; *31, 2*); detrectant *rv* **3** solo *O Ld*; solum *r Oehl.* ur̄a *O* **4** pausent *O Ld*; paueant *r Oehl.* praecordia *rv*; ꝑcordias *O* (*Ld falso*: praecordias *AB*) tanto tumore *scripsi* (*cf. 26, 4*); tantor lorē *C*; tantor (tantor *A*) torem *BA*; tentatorem *r Oehl.*; tanta oratorum *Ld*; tanta rhetorum *Huemer Hanssen* **5** quid *C* ueritas *B*; ueritus *A* **6** praedixi quidem *rv*; p̄dix̄ qđ ē *C*; praedîx q̄dem *BA* **7** Blandiendo *Ld*; Blandiendū *C*; Blandiendum *BA*; Blandiens dum *r Oehl.* uoƀ *C* Euae seductor *scripsi* (*S. 107 p. 770*); eue seductor *C*; euehe ductor *BA*; eheu, seductor *r Oehl.*; aeui seductor *Ld* **8** nescitis *O* (*B quoque, quod fugiebat Ld*); nescistis *rv* laqueo in isto *scripsi* (*cf. I Tim. 6, 9* incidunt in temptationem et laqueum diaboli); laq̄o inste *C*; laqueo iustae *B*; langueo iustę *A*; laqueos instare *r Oehl. Hanssen*; *'forte*: nescistis laqueum stare (= *esse*), r.' *Ld in praefat.* **9** auram dum saeculi ipsam *scripsi* (*cf. Cypr. p. 419, 11 sq. H.* dum (*aduersarius*) remissis et incautis leniore aura .. blanditur); auarand sēcl sēclı ipsū *C*; auarand Sed (sed *A*) seculi ipsum *AB*; amara, sed est seculi (saec.) ipsum *r Oehl.*; auarum animum saeculi ipsum *Ld*; amarum saeculi ipsum *Hanssen* Non] numquam *Hanssen* **10** aget *C*; agit *BA rv* **11** uoragine uestra *scripsi*; uoragine uestro *O*; uoragine, uestro *rv*

Tunc [re]petit suppetium miser denudatus a uobis:
Ipsi iam horrescunt iudices peculantia uestra.
S . . . .

De breuiori titulo † nam in uobis inararem.
Inspicitis dicentes, quibus uos ostenditis ultro;
Cum ipsis et epulas capitis et pascitis ipsos.
Ob ea iam terrae paene fundamenta paratis.

XXX.

INFIRMVM SIC VISITA.

Infirmus si fuerit frater — de paupere dico —,
Nolite uacui talem uisitare iacentem.
Fac sub Deo bonum, obsequia redde per imum,
Inde si ualescit, uel si considerat, ille.
Refoueatur homo pauper, qui non habet unde

30 Sirac. 7, 39 **30, 5** Luc. 14, 13 sq.

12 petit suppetium *r Oehl. Hanssen*; repetit suppetium (suppetitium *BA*) *OLd* uo^{bis} *B* **13** orrescunt *C*; horescunt *A* peculantia *O*Σ^2 *rv*; petulantia? ur̃a *O* **14** *totus uersus deest in O praeter primam litteram* S; *BA in margine praebent*: des. (= *desunt*) **15** na˜ *C*; non *BArv* in uobis *Ld*; in ub̄ *C*; mub̄ *B*; mut *A*; tot *r Oehl.* enarrarem *Oehl. comment.* **16** dicentes (= *ius dicentes?*) *O Ld*; docentes *r Oehl.*; dites *Hanssen*; *fort.* nocentes; *cf. Cypr. p. 665, 8 H.* n o c e n t e s et persecutores nostros; *743, 16* n o c e n t i u m contactibus polluuntur ostenditis *OLd*; tenditis *r Oehl.* **18** terre pene fundam̄ta *C*; fund. terrae = *gehennam*; *cf. 36, 8*; *alludit hic Commodianus ad Esai. 14, 19, ubi Hieronymus in comment. Symmachum secutus interpretatur*: descenderunt ad f u n d a m e n t a l a c i (terrae *Sabatier*) paratis *OLd*; intratis *r Oehl.* **XXX** (XXVIIII *C*), **1** fr̃ *C* **2** Noli////te *C* (*initio* Noluite) **3** redde per imum *scripsi* (*cf. 36, 7*; *eu. Matth. 25, 40*); redde primum (primũ *C*) *O* (*Ld falso*: per primum *A*); redde per nummum (numum r^1) *rv*; reddito primum *Hanssen* **4** si ualescit *C*; reualescit *BArv* uel] ł *C* considerat *CB* (= *consederat, collapsus erat*); con siderat *A*; conciderit *r Oehl.*; conciderat *Ld*

Mercedem ⟨det⟩ [tibi], pro illo sed conditor orbis et auctor.
Vel si piget ire ad pauperem semper abosum,
Mitte numos ei, unde se resumere possit.

Similiterque soror si paupera lecto decumbet,
Incipiant uestrae matronae uictualia ferre.
Clamat ipse Deus: frange tuum panem egeno!

Verbis opus non est uisitare sed benefactis.
Iniquum est, frater ⟨si⟩ inopia uictus aegrotat.
Satagit non uerbis, sed esum potumque [ille] requirit:
Inspicite tales, sed certe debilitatos,
Transigere sese qui non possunt; date subinde!
A Domino uobis spondeo ⟨ego⟩ dari quadruplum.

30, **7** Prouerb. 14, 20 **12** Esai. 58, 7 **11** sqq. I Ioh. 3, 18; Iac. 2, 15 sq. **17** Matth. 6, 4

6 Mercedem det, pro illo sed conditor orbis et auctor *Hanssen*, *nisi quod post* illo, *non post* det *interpungit*; Mercedem tibi pro illo sed conditor orbis (orƀ *C*) et auctor (autor *BA*) *O r Oehl.*; Mercem (= *mercedem*) det tibi pro illo, sed conditor o. e. a. *Ld* **7** piget *Hanssen* (*Ld allegat Siracid. 7, 39*: non te pigeat uisitare infirmum); pergeret *O*; pigeret *rv* abosum *rv*; abusum *O* **8** numos *O r*[1] nummos *r*[2]*v* ei *O Ld*; et *r Oehl.* resume *A* **9** Similit͡q *C* soror *C r Oehl.* (*S. 107 p. 786*); foret *BA*; foret, *Ld* lc͡to (= *lecto*) *B*; laeto *A* decumbet *CB*; decumbet: *Ld*; decumbat *A*; decumbit, *r Oehl.* **10** ur͂e matrone *C* uitualia *BA* **11** frang&uum *C* **12** op̄ ñ ẽ *C* **13** frater ⟨si⟩ *scripsi*; frater *BA r v*; fr͂ *C* egrotat *C* **14** Satagit non (ñ *C*) uerbis (= *non satagit circa uerba; nihil moratur uerba*) *O* (*Ld falso*: uerbus *A*); Satagite non uerbis *r Oehl.*; Satagit non uerbus *Ld* sed esum *O Ld*; esum *r Oehl.* potumque requirit *r Oehl. Hanssen*; potũq rǝqri& ille *C*; potumque requirit (ille *supra*) *BA*; potumque ille requirit *Ld* **15** sed] et *Ld in praefatione satis commode* **16** poss͡s *C* **17** uƀ *C* spondeo ⟨ego⟩ *scripsi*; ⟨ego⟩ spondeo *Hanssen*; ego *om.* *O r v* quadrublũ *C*

XXXI.

PAVPERIBVS SANIS.

Pauperies sana quid? Nisi diuitiae adsunt,
Ars certe si fuerit, iam et tu communi⟨c⟩a fratri.
Vnum praesta tibi, ne superbus esse dicaris;
Polliceor, quoniam securior diuiti uiuis.
Excipe doctrinam magis Salomonis in aures.
Responsorem in alto non dedit Deus pauperem esse:
Idcirco te subde et honorem redde potenti.
Blandus enim sermo .. prouerbium nosti ut inquit;
Vincitur officio etsi fuerit ira uetusta.
Si lingua taceat, nihil melius inuenisse.

Sane si non fuerit ars, unde uita regatur,
Aut operam praebe aut cursum iussu potentis;
Non pudeat neque pigeat procurre⟨re⟩ sanum.
In gazo praeterea de labore mittere debes,
Sicut singularis illa, quam protulit Vnctus.

31, 6 sq. Sirac. 4, 32 **8** sq. Prouerb. 15, 1; 25, 15? **14** sq. Marc. 12, 41 sqq.; Luc. 21, 1 sqq.

XXXI (XXX *C*), **1** diuitias *O*; *cf. S. 107 p. 755* adsunt *O Ld*; adsint *r Oehl.* quid? Nisi .. adsunt, *scripsi* (*cf. b. Gbl. 17 p. 451*); quid, nisi .. adsunt (adsint)? *v* Pauperies sana quid nisi diuitias adfert? *Hanssen* **2** aꝛs *B*; ais *A* communica *r Oehl.*; cõmunia *C*; communia *BALd* **3** presta *C* **4** qm̃ *C* diuiti *OLd*; diuite *r Oehl.* **5** magis *OLd*; magni *r Oehl.* Salomonis *BAr¹v* (*cf. I 31, 1; 7; C. A. 271; 481; 497; 502; 510*); Solomonis *Cr²* (*cf. 32, 4*) **6** non dedit *OLd*; odit *r Oehl.* **7** redde tibi potenti *C¹* **8** prouerbium nosti, ut inquit *Hartel Hanssen* (*'poeta prouerbium tantum incohasse uidetur'*); ꝑuerbium nostudĩquit *C*; nostu điguit *BA*; nosti, deriget *rv* (*'h. e. rigorem lenit' Oehl.*) **9** Vincit̃ *C* offitio *C* et si *r* **10** nihil melius inuenisse *O* (*= nihil est quod melius inuenias? de clausula* ⏗ ⏑ ⏗ ⏑ *cf. I 8, 3*); nil melius inuenisti *r Oehl.*; nihil melius inuenissem *Ld*; nihil melius inuenis isto *Hanssen*; *fortasse* nihil meliust inuenisse **11** n̄ *C* degatur *Oehl. comment.* **12** prebe *C* **13** procurrere *rv*; ꝑcure *C¹* (r superscr.); procurre *BA* saNum *C* **14** gaza *A* **15** ꝑtulit *C*; protulit *BA*; praetulit *rv*

XXXII.

FILIOS NON LVGENDOS.

Filiorum casus licet et dolum cordis relinquat,
In nigris exire tamen nec plangere fas est.
Lex prudenter ait animo, non pompa dolere,
In Salomoniaco libro, septimana finita.
Oblita Domini de resurrectione promissa?
Si martyres feceris, filios sic uoce deflebis.

Non pudet infrenem gentiliter plangere natos?
Os laceras, tundis pectus, uestimenta diducis,
Nec metuis Dominum, cuius optas regnum uidere.

Lugere [quod fas est] nolite, tamen orate pro illis!
Vos ideo tales, quod minus quam gentes eritis?

32, 3 Sirac. 22, 11; 38, 16 sqq.? **4** Sirac. 22, 13

XXXII (XXXI *C*), **1** dolum (dolũ *C*) *O* (*cf. S. 107 p. 786 sq.*); dolium *rv* relinquunt *A* **2** tam̃ *C* **3** non pompa r^1 *Ld*; ñ põpa *C*; ũ pompa *BA*; nec pompa r^2 *Oehl.* dolere *Ld*; dolore *C*; doloṙe *B* (*Ld falso*: dolore); dolores *A*; dolete *r Oehl.* **4** Salomoniaco *BA* r^1 *v*; Solomoniaco *C* r^2 (*cf. 31, 5*) **5** Domini *scripsi* (*cf. Cypr. p. 310, 18 H.* si in Christo credimus, fidem ... promissis eius habeamus); deum *O Ld*; Dominum *r Oehl. Hanssen* resurectione *C* promissa, r^2 *v*; promissa. r^1 **6** mar tyres *C* feceris, filios *scripsi* (*i. e. si martyres defles, filios quoque deflebis*; *cf. Georg. HW*^{7} *s. u.* facio *caput 14*); feceris filios *O*; feceris filios, *r Oehl.*; feceris, *Ld* (*omisso* filios, *quod ne BA quidem habere falso putauit*); filios feceris, *Hanssen* deflebis? *rv*; deflebas *O* **7** infrenẽ *C*; infraenẽ *B And.?* (*b. Gbl. 16 p. 343*); infrene *A* gentilit̂ *C* **8** laceṙa *C*^{1} uestim̃ta *C* diducis *O* r^1 *Ld*; deducis *And.*(?) r^2 *Oehl.* **9** dominum *C And. r v* (*cf. 20, 13*); dñm *BA* (*om. Ld*) **10** Lugere *O Ld*; Luge *r Oehl.* quod fas est *seclusi*; *explicatio enim uidetur ad* orate *uerbum pertinens, quae in margine primo adscripta postea in textum migrauit*; *cf. I 6, 18* nolite *O Ld*; noli *r Oehl.* tam̃ *C* orate *C*; errare *BA r v*; Lugere quod fas est nolitis? orate pro illis *Hanssen* **11** quod *r v*; qđ *O*; quid *Dauies* quâ gentes *BA* eritis *O* (*i. e. num uos propterea mortem adeo horretis, quod post eam deteriore condicione utemini quam gentes?*); eritis (*sine interpunct.*) *Ld*; estis: *r*; estis? *Oehl.*

Germine zabolico facitis ut turbae pronatae,
Extinctos clamatis: qua gratia, false, petisti?
Nec dolore duxit pater filium mactandum ad aram,
Dolore nec uates filium luxit defunctum;
Omnipotentis enim nec flens deducebat alumnum,
Sed Deo deuotus festinanter funus agebat.

XXXIII.

DE POMPA FVNERIS.

De funeris pompa sollicitus esse qui quaeris,
Erras Dei seruus, adhuc et in morte placere,

Pro! exanim⟨at⟩um corpus ornari funestum.
O uanitas uera, cupere defunctis honorem!
Mens mundo detenta nec in morte Christo deuota,

32, 14 Gen. 22, 1 sqq. **15** II Reg. (Sam.) 12, 19 sqq.

12 Germine zabolico facitis ut turbae pronatae *r Oehl.* (*cf. 16, 7 sq.* Altissimi prolis cum filiis Zabuli mixta *etc.*); Germine zabolico ut faciatis turbe pronate *And.* (*b. Gbl. 16 p. 345*; *S. p. 740*); Germine zabolico qua gratie (*C*; gratiu *B*; gratis *A*) false petisti *O*; Germine zabolico: qua gratia false petistis? *Ld* **13** Extinctos clamatis: qua gratia, false, petisti? *scripsi* (*de* qua gratia *cf. Woelfflin. Arch. I p. 173*; *sententia haec uidetur esse*: *qua alia de causa liberos optasti, improbe, nisi ut te duce ad uitam caelestem peruenirent*; *quo cum iam peruenerint, quid tu clamas? — De numerorum inconstantia cf. II 18, 15*; *ceterum de totius loci et compositione et explicatione uix quidquam certi dici potest*); Extinctos clamatis. qua gratia? false, peristi? *r*; Extinctos clamatis, qua gratia, false, peristi. *Dau. Oehl.*; Extinctos clamatis ut faciatis (fatiatis *C*) turbae pronatae (t̃be p̱nate *C*) *O*; Extinctos clamatis, ut faciatis turbam pronatam *Ld*; Quam gratiam false petisti. Extinctos clamatis, ut faciunt turbae (*gentilium*) pro natis *Pitra Spicil. IV p. 230* **14** Nec dolore duxit *And.* ? (*b. Gbl. 16 p. 343*) *rv*; Nec dolorē dux̃ *C*; Nec dolorem duxit *BA* pat̃ *C* filium *fortasse delendum, cum ex insequenti uersu cogitatione suppleri possit* **15** defunctum filium luxit *Hanssen*; *cf. 31, 10* **16** alūnū *C* **17** deuotus *rv*; deuotos *O* festinant̃ *C* **XXXIII** (XXXII *C*), **1** solicitus *CA* **2** Error *Oehl. comment.* et *O*r^1 *Ld*; *om.* r^2 *Oehl.* **3** exanim⟨at⟩um *Hanssen* (*cf. 18, 19*; *C. A. 646*); exanimum (exanimū *C*) *Orv* corp̄ C^1; corp^{us} C^2 **5** deuota! *Ld*; deuota. *r Oehl.*

Prouerbium nosti, quae per forum efferri uolebat!
Addo illi similes effera⟨ta⟩ mente uiuentes.

Faustum felicem[que] diem in exitu uultis habere,
Vt coeat populus, laudem cum luctu uidere.
Non prouides, quonam merearis ire defunctus?
Ecce prosequuntur illi, tu iam forte cremaris
Redactus in poenam: quid proderit pompa defuncto?
Incusatus eris qui ob ista collegia quaeris.
Sub nigrore cupis uiuere: te decipis ipsum.

XXXIIII.

CLERICIS.

Congruit in Pascha, die felicissimo nostro,
Laetentur et illi, qui postulant sumpta diurna:

6 Prouerbium nosti *scripsi* (*cf. 31, 8*); prouerbia nosti(:) ***O*** (*Ld falso*: prouerbio nosti *AB*) *rOehl.*; prouerbio nosti, *Ld*; *idem in praefat. addit*: '*forte e scriptura* Prouerbia *nomen feminae cuiusdam eruendum est*' quae *Ld*; q̧ ***O***; *om. r Oehl.* exferri ***C***; *id. cod. I 7, 3* exfugit **7** Addo ***O*** *Ld*; Adeo *r Oehl.* efferata *Hanssen*; efferat ***C***; effera *BALd*; et fera *r Oehl.* *post* uiuentes *r comma posuit, Oehl. omnino non interpunxit* **8** Faustum felicem *Hanssen*; Faustum felicemque (faelicemque *B*) ***Orv*** **10** Non prouides *r Oehl.*; Non Iņpuidis ***C***; Non improuidis *BA*; Num prouides *Ld* quonam *rv*; qm̃ ***C***; quoniam *BA* merearis ire ***C****rv*; merearis ne *B*; mercaris ne *A* defunctus *rv*; defunctos ***O*** **11** Ecc̃ ***C***; Ecc *B*; Eee *A* forte *rv*; forte ***O*** (*de BA nihil notauit Ld*) **12** paenam *B* qđ ***C****B* pompa *rv*; põpa ***C***; paena *B*; poena *A* **14** nigrore *Guil. Hartel*; uegore ***C***; uigore *BA*Σ^2 *Ld*; nitore *Oehl.*; Veioue *r* uiuerete ***C*** **XXXIIII** (XXXIII ***C***), **1** congruit r^2 *Oehl.*; congruet ***O***r^1; Congruent r^3 *in lemmate adnotationis, Schurzfl.*; *cf. S. 96 p. 464 sq.* diẽ *A* faelicissimo *B* **2** Letentur ***C*** et ***O****r Oehl.* (*de coniunctiuo, omisso* ut, *cf. I 15, 7*; *27, 11*); ut *Ld* q̧ ***C*** sumpta ***C***r^1 *Ld* (= *sumptus*; *de quo metaplasmi genere cf. u. 5*; *23, 14*; *39, 20*; *I 12, 5*; *J. N. Ott in Jahrb. f. cl. Phil. 109 p. 790 extr.*); $\overset{\text{sabata}}{\text{sumpta}}$ *B*Σ (?); $\overset{\text{sabbata}}{\text{sumpta}}$ *A*; sub acta E^3*r Oehl.*; *idem in comment. addit*: '*sub ea tempora, quibus diuina Christi acta anniuersarie celebrantur*' diurna *scripsi* (*cf. 23, 14* uicta diurna; *35, 4* pro delicto diurno; *ibi quoque mss. habent* diuino); diuina ***O***Σ*rv*

Erogetur eis quod sufficit, uinum et esca.
Respicite, [forte] quoniam memorentur ista pro uobis!
In modico sumpto deficitis Christo donare.
Cum ipsi non facitis, quo modo suadere potestis
Iustitiam legis talibus, uel semel in anno?
Sic merito surgunt blasphemia saepe de uobis.

XXXV.

DE FABVLOSIS ET SILENTIO.

Dum leue uidetur cuicumque neque uitatur,
Et quasi facile reris dum ab utero illud,

Fabulae subueniunt, quo uenisti fundere preces
Aut pulsare domum stomachi pro delicto diurno.
Bucina praeconum clamat lectore legente,
Vt pateant aures, et tu magis obstruis illas;
Luxaris labia, quibus ingemiscere debes.

3 qđ *C* **4** Respicite quoniam memorentur ista pro uobis r^1 (*cf. I 17, 10* Respicite quoniam non illos numina cogunt; *etiam illo loco B*: Respuite quo *praebet*; forte *aduerbium fieri potuit ut ab interpolatore aliquo adderetur ad coniunctiuum potentialem* memorentur *illustrandum*); Respues de forte quõ memorenteista (quo memorentur ista *Σ*) pro uobis (ꝑ uƀ *O*) *OΣ*; Respicite fonte quo memorentur i. p. u. $E^2 r^2$; Respuis? ne forte qua memorentur i. p. u. *v*; Respuis? ne forte quis memoret i. p. u. *Hanssen*; *malim*: Respicite, forte quoniam orent ista pro uobis; ista *sc. benefacta*; *cf. 38, 3*; *5* benefactis ores, adores; *32, 10* orate pro illis; *35, 17* Exorat .. pro plebe deuota **5** In modico sumpto *O Ld*; Immodico sumpto r^1; In modico sumptu $E^3 r^2$ *Oehl.* christo *O r Ld*; Deo Σ^1 *Oehl.* **7** talibus? uel semel in anno. *rv*; *uerba* uel .. anno *coniungenda cum illo* ipsi non facitis **8** meritosurgunt *C*, *quae recte distinxit Hanssen p. 42*; e multos urgum *B*; e multos urgum *A* (*S. 107 p. 723*); multos urget *r Oehl.*; esse multos urgunt *Ld* blasfemia *C*; *cf. I 31, 7* sepe *C* uƀ *O*
XXXV (XXXIIII *C*), **inscr.** fabulis *BA* **1** cuicumque *rv*; cũcũq *C*; cumcumque *BA* **2** reris *scripsi* (*S. 107 p. 771*); ruis *O* (*B quoque, quod om. Ld*); ruit *rv* abutero *C*; abutere *BA* (*Ld non accurate* 'abutere *A*'); abuteris *rv* **3** Fabule *C*; fabula (= *fabulae*) *B* (*sed lineola a litterae addita uix comparet*); fabula *A* p̃ces *C* **4** diurno *rv*; diuino *OΣ* **5** Bucina *C*; Buccina *BArv* p̃conum *C* **6** illas *rv*; illos *O*

Obde malis pectus uel ⟨illa⟩ in pectore solue.
Sed quia diuitiae faciunt aut pecuniae frontem,
Inde perit omnis, quando sibi maxime fidunt.
Sic feminae quoque coeunt, quasi initent balneo.

Et de domo Dei ceu nundinae facitis astent.
Terruit hinc Dominus: Domus orationis adesto!

Sacerdos Domini cum „Susum corda“ praecepit,
In prece fienda ut fiant silentia uestra,
Limpide respondis nec tempora quoque promittis.

35, 12 sq. Matth. 21, 13; Marc. 11, 17; Luc. 19, 46

8 Obde *Hanssen*; Obse ***C***; ob se ***BA***; Obsera *rv* malis] male^{is} ***C***^{1} uel illa *scripsi*; uel mala *Hanssen*; ł ***C***; uel ***BArv*** pectoctore ***A*** **9** diuitiae faciunt aut pecuniae frontem *scripsi* (*S. p. 755*; aut = *et*; *cf. I 19, 2*; *C. A. 520*); diuitias fatiunt (ſatiunt ***BA***) aut pecunias frontē (frontem ***BA***) ***O***; diuitibus faciunt pecuniae frontem *r Oehl. Hanssen*; diuitias faciunt aut pecunias fronte ***Ld*** (‘*faciunt* fronte *h. e. ostentant*’) **10** qua^{n}do ***C***^{1} **11** femine ***C*** initent balneo *Oehl.*; initent balneum *r*^{2} *comment.*; inicient balneo (balno ***C***) ***O***; initient balneo *r* ***Ld***; balneum intrent *Hanssen* **12** ceu (*cf. Verg. Aen. 2, 438*) nundinae (*cf. u. 9*) facitis astent *scripsi* (*duae uidentur sententiarum constructiones confusae*); seu nundinas facitis astent (***C***; artem ***B***; artem ***A***) ***O***; facitis ceu (*r*^{2}; seu *r*^{1}) nundinas artent ***E***^{2}*r*; (Et, de domo Dei) faciant ceu nundinas, artant *Dauies*; facitis ceu nundinas, ardent *Oehl.* (*in comment.* feruent); ceu nundinas facitis artas ***Ld*** **13** Terruit hinc Dominus: Domus orationis adesto! *scripsi* (*i. e. de hac re — hinc — terribili uoce dixit Dominus etc.*; *cf. eu. Luc. 19, 46* Et erit domus mea domus orationis *Colbert.*; adesse = *esse*; *cf. 37, 7*; *I 29, 12 etc.*); Terruit hi^{n}c (***C***^{1}) dn̄s dom₊ orationis adesto ***C***; Terruit siue dn̄s (***B***; Dominus ***A***) domum orationis adesto ***BA***; Terruit sane Dominus domum orationis, (.) *r Oehl.* (*om.* adesto); Terruit ibi Deus domum orationis. Adesto, ***Ld*** (*idem in lemmate praefationis* sibi *pro* ibi *recipit*; *praeterea* sic *proponit*; Térruit hínc Dominús domúm oratjónis. Adésto! *Hanssen* **14** susum ***CB*** *And.* ? (*b. Gbl. 16 p. 349*) *r* ***Ld***; sursum ***A****r*^{3} *Oehl.* praecepit *rv*; praecipit *And.*(?); p̆cedit ***O***; *de confusis litteris* d *et* p *cf. I 24, 2* **15** fienda ***O****r*^{2}*v*; facienda *r*^{1} **16** Lympide ***O*** respondis ***OLd*** (*cf. Neue*^{2} *II p. 427*); respondes *r Oehl.* tempora (= *caput*; *de qua notione uide lexica*; *cf. I 18, 5*) quoque promittis *scripsi*; nec temperas quoq ꝑmittit ***C***; nec temperas quoq promittat ***BA***; nec temperas quoque promissis *r Oehl.*; nec temperas quae promittas ***Ld***; nec te temperat quodque (= *quodcumque*) promittit *Hanssen*

Exorat ille Altum pro plebe deuota,
Ne pereat aliquis; at tu te in fabulis uertis,
Tu subrides ibi aut detrahis proximi fama;
Indisciplinata loqueris, quasi sit Deus absens,
Omnia qui fecit, nec ⟨audiat⟩ neque ⟨te⟩ cernat.

XXXVI.

EBRIOSIS.

Ebrioso modum non pono: sed belua maior
Bibendo superius inferior a mente recedis.
Regentis imperium tenens apud, stulte, Cyclopas

17 Exorat ille Altum (*cf. 37, 6; 39, 15 etc.*; Altissimum ***Orv***) pro plebe deuota, *scripsi*; Exorat ille Altissimum, plebis deuotae (| Ne pereat aliquis) *Hanssen* **18** at *Ld*; ut ***O***; et *r Oehl.* tu te in fabulis uertis *Ld*; tute (tu te *A*) in fabulis uerbis ***O***; tu te (tute r^1) in fabulas uertis ***r*** *Oehl.*; *fortasse*: tute (*cf. I 23, 11*) in fabulis feruis **19** subridis ***CB*** detrahis *rv*; detrahes ***O*** proximi fama *scripsi* (*cf. Cic. epist. III 8, 5* Ego si .. de tua fama detrahere .. cogitassem; *Tertull. ad nat. I 18 med.* detrahere laude parentum); ꝓxime forma ***C*** (*cf. 23, 1*); proxime (*om. Ld*) formo *BA*; proximi famae *rv* **20** Indisciplinata ***O*** *Ld*; Indisciplinate *rOehl.* nec audiat *rv*; audiat *om.* ***O***; nec te audiat *Hanssen* neque te cernat *Hanssen*; neque cernat ***CB*** (cænat) *rv*; neque ornat *A* **XXXVI** (XXXV ***C***), **1** pono ***r*** *Oehl.* (*cf. quae Forbiger adnotauit in Verg. Aen. 7, 129*; *Tertull. Marc. I 29 med.*); ꝓno ***C***; ꝓuo *BA*Σ^2; probo *Ld* sed] est *Ld in praefat.* belua maior *Ld* (*cf. C. A. 34*; *de sententia cf. quod infra ex Cicerone attulimus exemplum*); bellua maior ***C***r^2 *comment.*; belluã maior, *Oehl.*; bellua malor *BA*Σ^2; belluam malo. *r* **2** superius ***C***; supernis *BA*; supernis *uel* superius Σ^2; superbis *rv* inferior *Pitra Spicil. I 543*, *Ld* (ior *per synizesin legendum*; *cf. Hanssen §. 32, 4*); interior ***O***r^2 *Oehl.*; interim r^1 (*satis commode*; *sed comparatiuos* superius *et* inferior *contrarie inter se referri apparet*) a mente *BA r Oehl.* (*cf. interpret. uet. Irenaei contr. haeret. 1, 13 (8)*: sensum non habent et a mente excesserunt); am̃te ***C***; amente *Ld*; mente *Pitra Spicil. l. c.* **3** Regentis ***O*** *r Oehl.* (= *regis conuiuii uel mensae*); Regentes *Ld* (*'sc. ebriosi'*) tenens *r Oehl.*; tenent ***O*** (*in A* parum *accurate scriptum*) *Ld* aput ***C*** Cyclopas ***C*** *rv* (*homines ebriosos* Cyclopas *uocat poeta ad Polyphemi crapulam alludens*); helopas *BA*; *Ld in praefat.* *'olim malui* apud stultiloquaces'

Inde in his toruis: Dum mortuus, non bibo, dicis;
Optima mihi ⟨sunt⟩ bibere et corda sopire.
Subministra magis, quod amplius quaeris abuti,
Infimo pauperclo, et eritis ambo refecti:
Si facias ista, exstinguis tibi gehennam.

XXXVII.

PASTORI.

Pascere qui quaeris et quod potuisti parasti
Adsiduo ⟨pari⟩ pascendo, recte fecisti:
Sed tamen inmisce pauperem, qui non te repascat,
Tunc erit mensa tua per unum Deum probata.
Omnipotens tales uel maxime pasci praecepit.

37, **2** sq. Luc. 14, 13 sq.

4 historuis *CB* (*de torua Cyclopum facie cf. Verg. Aen. 3, 636; 677*); his torruis *A*; historiis. *r Oehl.*; his scoriis *Pitra Spicil. l. c.*; histronicis. *Ld*   Dum .. non *Or*^{2}*v*; Sum .. ni *r*^{1}; *cf. C. A. 757; similis sententia in sepulcro Sardanapali scripta fuisse ferebatur*: Haec habeo, quae edi quaeque exsaturata libido | Hausit. *Cicero* (*Tusc. V 35, 101*) *addit:* Quid aliud in bouis (*cf. u. 1* belua maior), non in regis sepulcro inscriberes? *cf. C. I. L. IX 2114* Dum uixi, uixi quomodo condecet ingenuom. quod comedi et ebibi, tantum meu(m) est
5 Obtimamihi *C*; Optimum mihi *Oehl. comment.*   sunt *scripsi; om. Orv*   corda sopire *scripsi* (*cf. C. A. 16; de numero plurali cf. Verg. Aen. 6, 49; 80*); corda sapere *Or*^{2} *Oehl.*; corde sapere *r*^{1}; corda sapire *Ld*; Optimum nunc bibere et ⟨mortuo⟩ corda sapire (*uel* sapere corda) *Hanssen*   **6** qđ *CA*; quid *B*   pauperclo *Cr Oehl.* (*cf. S. 107 p. 772*); paupdo *BA*; paupero *Ld*   fatias *C*   extinguis *O*   **XXXVII** (XXXVI *C*), **1** qui] q *A*   qđ *C*; q͡d *BA*   **2** Adsiduo (= *locupleti*; *opp.* proletarius; *cf. Gell. 16, 10*) pari *scripsi* (*de sententia cf. 20, 17*); Adsidue *Orv;* Adsidue ⟨pastor⟩ *Ld in praefat.*; Adsidue ⟨socios⟩ *Hanssen*; *uulgo post* parasti, *non post* pascendo *interpungebatur*   **3** tam̃ *C*; tn. *A*   inmisce *CB*; immisce *A Ld*; inuise *r Oehl.*   qui non te repescat *Hanssen*; qui te non repescant *C*$^{1?}$; qui (q *A*) te non repascant *BA*; qui te non repascat *rv*   **5** Omps̃ *C*   uel] ł *C*   max̃e *A* p̃ce pit *C*

Respice, cum pascis, infirmos, et feneras Alto.
In illos uos Dominus uoluit probatos adesse.

XXXVIII.

ORANTI.

Orantem si cupias te exaudiri de caelo,
Rumpe de latibuli nequitia uincula tota,
Aut si benefactis ores miseratus egenis,
Ne dubites: quicquid petieris, datur oranti.
Tu sane si nudus benefactis Deum adores,
In totum ne facias sic orationem, inepte.

XXXVIIII.

NOMEN GASEI.

Incolae caelorum futuri cum Deo Christo
Tenente principium, uidente cuncta de caelo,
Simplicitas, bonitas habitet in corpore uestro;
Irasci nolite sine causa fratri deuoto;

37, 6 Prouerb. 19, 17 **38, 4** Ioh. 16, 23

6 et *om. A* illos *O Ld* (*Ld falso*: illo *A edd.*); illo *r Oehl.* feneras *Cr Oehl.*; faeneras *BALd* **7** uelint uoluit *B* **XXXVIII** (XXXVII *C*), **1** te exaudiri *Hanssen*; & exaudire *O* (*de BA nihil notat Ld*); exaudiri *rv* **2** Rũpe *C* latibuli nequitia *O*; latibulis nequitiae *rv* uincula tota *C*; uincula *BA*; uincla *rv* **3** bene factis *r*[1] **4** Ne dubites: quidquid petieris, datur oranti *Hanssen*; Ne dubites qui (q *A*) quid petieris datur (dat̃ *C*) oranti *O* (*Ld falso*: detur *A edd.*); Ne dubites quin quod petieris detur oranti *rv* **5** bel benefactis *B* **6** fatias *C* orationem *Ld*; oratione *O* (*Ld falso*: orationem *B A*); orationes *r Oehl.* **XXXVIIII** (XXXVIII *C*), **inscr.** gasei *O* (*quia et hoc loco et in capitulationis titulo XXXVIIII p. 57 omnes mss.* Gasei, *non* Gazaei *praebent, cum in iisdem alias littera* z, *ubicumque apud Commodianum inuenitur, ut in* zelus, zabulus, zabolicus, zacones, gazum, *solitam formam habeat — nisi quod II 14, 12 in solo B* gaſophylacio *scriptum est —, de antiquitus tradita huius ambigui uocabuli forma mutare quidquam dubitaui*); Gazaei *rv* **1** incole *C* **2** Tenente principium *rv* (‘*Vel* principium *pro* dominatione *noue posuit Commodianus, uel legendum* principatum’ *Dauies*); Temente principum *C*; te mente principium *BA* cun^c^ta *C*[1] **4** caã *A*

Recipietis enim quicquid feceritis ab illo.
Hoc placuit Christo resurgere mortuos imo
Cum suis corporibus, et quod ignis ussit in aeuo,

Sex milibus annis conpletis mundo finito.
Vertitur interea caelum tenore mutato;
Conburuntur enim impii tunc igne diuino,
Ira Dei summi ardet creatura gemendo.
Dignitosi tamen et gener⟨e n⟩ati praeclaro
Nobilesque uiri sub Antichristo deuicto
Ex praecepto Dei rursum uiuentes in aeuo,
Mille quidem annis ut seruiant sanctis et Alto

Sub iugo seruili, ut portent uictualia collo,
Vt iterum autem iudicentur regno finito.
Nullificantes Deum conpleto millesimo anno
Ab igne peribunt cum montibus ipsi liquendo.
In bustis et tumulis omnis caro redditur acto:
Demergunt inferno, tradunt⟨ur⟩ poenae in aeuo.

5 quicquid *Cr Oehl.*; quiͦdquid *B*; quidquid *ALd* 6 cħo *O* 7 quod *BA*; qđ *C*; quos *rv* ussit *rv*; iussit *C*; iussit *BA* 8 millibus *B* conpletis *C*; completis *rv*; completo *BA* 9 Vertit̃ intẽa *C* 10 Comburuntur enim *rv*; Conburrunt enĩ *C*; Conbu^{r}runt enim *B*; Comburunt n. *A* 12 gener⟨e n⟩ati *Hanssen*; generati *O rv* preclaro *C* 13 anticristo *C* 14 rursum uiuentes in aeuo *rv*; in aeuo (euo *C*) rursum (rursũ *C*) uiuentes *O* 17 iudicent̃ *C* 18 Nullificantes *Crv*; Nulli freantes *BA* (*non erat cur Ld de codicis B scriptura dubitaret*) dõ *C*; Deo *BA*; '*fortasse*: Nullificante Deo *uel* Nulli parcente Deo' *Hanssen* conpleto *C* milesimo *C* 19 cum montibus ipsi liquendo *scripsi* (*cf.* 2, 12; 4, 7); loquerc̃ *C*; loque/ẽ *BA*; loquendo *rv*; *Oehl. add.* '*Euang. Luc.* 23, 30; *Oseas* 10, 8' 20 in bustis et tumulis *rv*; Imbustis et tumulus *O* oms̃ *C*; oĩs *BA* reddit̃ *C* 21 Demergunt inferno *Hanssen*; Demergunt in inferno *OLd* (*idem falso*: Demergunt inferno *BA*); Demerguntur inferno *r Oehl.* traduntur poenae *scripsi* (*cf.* 2, 18; *C. A.* 887 *sq.*); trahunt poene *C*; trahunt poena (paena *B*) *BA*; trahunt poenas *r Oehl.*; trahunt poenam *Ld*; trahuntque poenam *Hanssen*

Ostenduntur illis et legunt⟨ur⟩ gesta de caelo:
Memoria prisca debito et merita digno,
Merces in perpetuo secundum facta tyranno.
Omnia non possum conprehendere paruo libello.
Curiositas docti inueniet nomen in isto.

39, 22 Apoc. 20, 12

22 Ostendunt̃ *C* leguntur *scripsi* (*cf. August. de ciu. Dei XX, 14 sq. uol. II p. 440, 8 sqq.; 442, 27 sqq.* D^{2}); legunt *Orv* **24** merces *rv*; mercis *O* **25** possunt *A* conp̄hendere *C*

COMMODIANI

CARMEN APOLOGETICVM.

Index siglorum.

M = cod. Mediomontanus, nunc Cheltenhamensis, membran., n. 12261 (saec. VIII).

P^1 = Pitra in textu carminis, quem in Spicilegii Solesmensis uol. I p. 21—49 anno 1852 publicauit.

P^2 = Pitra in notis huic textui imo margine additis, quibus etiam uariae lectiones codicis exscribuntur.

P^3 = Pitrae excursus in Commodianum (uol. I p. 537—543).

P^4 = carminis apologetici caput ultimum ex iterata collatione Thomae Phillipps nouis curis a Pitra restitutum (Spicil. Solesm. uol. IV p. 222—224).

P^5 = notae huic textui imo margine subiunctae.

Lb = Leimbach in programmate paschali Schmalcaldensi anno 1871 edito.

R = Hermannus Roensch in editione sua (Zeitschr. f. d. histor. Theologie, Jahrg. 1872 p. 163—302).

Ld = Ernestus Ludwig in ed. Teubneriana anni 1877.

v = *R* et *Ld*.

Wilh. Meyer, Abh. = commentatio Guilelmi Meyer, quae inscribitur: 'Anfang und Ursprung der lat. u. griech. rythmischen Dichtung' (Abhandl. der k. bayer. Akademie d. W., I. Cl., XVII, 1885). Eiusdem uiri doctissimi ubicumque nomen tantum lectionibus adiunxi, ea affero, quae per litteras mecum liberaliter communicauit.

s. u. l. = sine uaria lectione.

COMMODIANI
CARMEN APOLOGETICVM.

Quis poterit unum proprie Deum nosse caelorum,
Nisi quem is tulerit * * ab errore nefando?
Errabam ignarus spatians, spe captus inani,
Dum furor aetatis primae me portabat in auras.
Plus eram quam palea levior; quasi centum inessent
In umeris capita, sic praeceps quocumque ferebar.
Non satis; his rebus criminosus denique Marsus

5 Psal. 1, 4?

COMMODIANVS | EPISCOPVS AFRICANVS. | CARMEN APOLOGETICVM ADVERSVS IVDAEOS ET GENTES. *Pitra;* Commodiani Carmen apologeticum | aduersus Iudaeos et Paganos. *Roensch*; COMMODIANI EPISCOPI AFRICANI | CARMEN APOLOGETICVM | ADVERSVS IVDAEOS ET GENTES. *Ludwig*; *in cod. Mediomontano nulla inuenitur inscriptio* 1 propriȩ *M* celorum *M* 2 Nisi *M*P^1*R*; ⟨Quis⟩ nisi *Ld* is tulerit P^1; *add.* longe *uel* procul P^3; his tulerit *M*; is ⟨abs⟩tulerit *Hilgenfeld* (*Zeitschr. f. wissensch. Theol. XX p. 565*); is ⟨ipse abs⟩tulerit *R* (*coll. Instr. I 1, 6*); is ⟨ipse⟩ tulerit *Hanssen*; is tulerit ⟨prius⟩ *uel* ⟨primo⟩ *Lb*; ⟨sus⟩tulerit *Ld*; ⟨qu⟩is ⟨ex⟩tulerit *Huemer* (*Zeitschr. f. d. oesterr. Gymn. 1878 p. 31*) 3 *sqq.* inani. | Dum .. auras, | Plus *v; ego ex lege Meyeriana de paribus uersuum iungendis* (*Abh. p. 304 sqq.*) *Pitrae uerborum distinctionem reuocaui* 4 portat *Mart. Hertz* (*indic. lect. Vratisl. anni 1880 p. 7*) 5 lebior *M* inessent *scripsi*; adessent P^1*v*; idessent *M* 6 in umeris *scripsi*; in numeris *M*; in humeris P^1*v* preceps *M* quocumque P^1*v*; quecumque *M* 7 criminoſs (= *sus*) *M*; criminose P^1 (*sine uaria lectione*) *v* marsus *M* (*cf. Porph. in Horat. epod. 5, 75:* Marsi autem periti incantationum sunt; *August. enarr. in psalm. LVII 5:* Aspis cum coeperit pati incantatorem suum Marsum .. audite quid faciat; *S. 107 p. 796*); mersus P^1 (*s. u. l.*) *v*

Paene fui factus herbas incantando malignas.
Sed gratias Domino — nec sufficit uox mea tantum
Reddere — qui misero uacillanti tandem adluxit!
Adgressusque fui tradito in codice legis,
Quid ibi rescirem; statim mihi lampada fulsit.
Tunc uero agnoui Deum ⟨unum⟩ summum in altis,
Et ideo tales hortor ab errore recedant.
Quis melior medicus nisi passus uulneris aestus?
Multi quidem bruti et ignoti, corde sopiti,
Nil sibi proponunt cognoscere; more ferino
Quaerunt, quod rapiant aut quorum sanguine uiuant.
Dummodo laetentur saginati uiuere porci,

13 Esai. 57, 15 (LXX)

8 pęne fui | Factus erbas ***M*** **7** *sq.* mersus, | Paene .. malignus *R* **9** domino ***M***; Deo P^1*; idem* (P^3) *conicit* Domino, *quod in ipso codice reperire potuit* suffic̃ ***M*** **10** reddere | Qui ***M*** uaccillanti ***M*** **11** tradito .. legis *scripsi* (*locum obiecti ex uerbo* adgressus fui *pendentis tenet enuntiatum interrogatiuum* quid ibi rescirem; *cf. u. 89*); traditor .. legis ***M*** P^1 P^3; traditorum .. legis *Duebner*; traditorem .. legis *Lb*; traditores .. legis *R*; tradito .. leges *Hilgenfeld* (*Zeitschr. f. w. Th. XV p. 604*); tradita .. legis (*uel* traditas .. leges) *Ld*; traditos .. legis *Huemer; fort.* traditûs (= *traditiones*) .. legis; *cf. u. 15* **13** uero agnoui deum ***M*** (*cf. u. 636*)*;* uero Dominum agnoui *Wilh. Meyer*; uere cognoui P^1 (*s. u. l.*) *Ld*; uere Dominum cognoui *R*; P^3 *perplexe indicat nescio quem* (*Duebnerum ?*) *legere* agnoui, *quod est in codice; idem ibi* caelis *ante* Deum *inserendum censet*; unum, *quod recepimus add. Ld* **15** melior ***M***^{2} P^1*v*; melius ***M***^{1} uulneris aestus *scripsi* (*cf. Sil. Ital. 6, 98* uulneris aestus | Expertis medicare modis; *b. Gbl. 17 p. 451*; *in cod.* ***M*** *syllabas* or *et* us *haud raro confundi Pitra* (P^3) *in uersum 164* (*163*) *recte adnotauit*)*;* uulneris auctor ***M*** P^1; uulneris ictus *Duebner, Pitra in praefat. p. XVIII, R*; uulnera uictor *Ld* **17** Nil sibi proponunt P^1 (*s. u. l.*) *v;* Nihil sibi p̃ponunt ***M*** **18** Querunt ***M*** sanguine uiuant P^1 (*coniecturâ*) *Wilh. Meyer, Abh. p. 291* (*cf. u. 176* Viuere rapinis in gaudio sanguine fuso); sanguine bibant ***M***; sanguinem bibant P^1*v* (*cf. Cic. Philipp. XI 5, 10* cuius sanguinem non bibere censetis? *Saluian. gubern. 7, 39 p. 164, 22 Paul.*) **19** letentur ***M***; tur *m. 2. in ras.* (*?*) saginati uiuere P^1*v* (*cf. Propert. IV 1, 23* Parua saginati lustrabant compita porci); sanguinati bibere (*sic!*) ***M***

Ingerunt ut tumulum ferculum, dum diuitiis plaudent.
† Mutabuntur paupera ueste fastidiis.
Sufficeret illis utique, quod promptius edunt.
Si pinguis est opibus, sibi sit; si Caesari dignus,
Quid sua praeponit fragilis nec respicit ullum?
Communicet immo talis bonitatem in omnes,
Cui Summus diuitias, honores addidit altos.
Nec enim uitupero diuitias datas a Summo,
Sed culpandus erit, qui superextollitur illis.
Suadeo nunc ergo altos sic et humiles omnes,
Vt legant assidue uel ista uel cetera legis.

20 Ingerunt ut tumulum ferculum, dum diuitiis plaudent *scripsi* (plaudent = *gloriantur? cf. u. 480*; *de rebus cf. Plaut. Menaechm. 101 sqq.*; *Petron. 35 sq.*; *ceterum totus locus desperatissimus est*); Ingerunt ut tumulum sepulchrum dũ plaudent diuitiɼ ***M*** (P^2 *falso*: dum plaudens diuiti); Ingerunt ut tumulum se pulchros: dum diuiti plaudent, P^1; Inferuntur tumulo sepulchri, dum gaudent diuitiis: *R*; Ingerunt ad tumulum sepulchri, tum diuiti plaudent *Ld* **21** Mutabunt̃ paupera ueste fastidiis ***M*** (P^2 *falso*: paupere ueste et fastidiis); Mutabuntur fastidiis et paupere ueste P^1; Mutabuntur et fastidiis et paupere ueste *R*; Mutabuntque pauperes uestes et fastidientur *Ld haec addens: 'Commodianus inuehitur in parasitos, qui exsequias funeris alicuius prosecuti post ad uestitum suum redeunt'* **23** Si pinguis est opibus, sibi sit (= *sibi habeat diuitias*); si Caesari dignus ***M*** (*post* opibus *et* sit *ego interpunxi*; *de adiectiuo* dignus *cum datiuo coniuncto cf. Georg. HW*[7] *p. 2019 s. u.* dignus *II, γ*; *Woelfflin. in Rhein. Mus. XXXVII p. 115; quamquam locutio* Caesare dignus *inuenitur in anthol. Lat. 780, 29 R.*); Si pinguis est opibus, cibus sit si Caesari dignus. P^1; *idem tamen postea* (P^3) *ueram codicis lectionem* Caesari *'typorum sphalma'(!) et* Caesare *scribendum esse putat;* Si pinguis est opibus, siue sit is Caesare dignus, *Lb*; Si pinguis est opibus, cibus si Caesare dignus, *R*; Siquis est opibus sibi uisus Caesare dignus *Ld; idem in Instructionum editionis praefatione p. IX Huemerum secutus haec proponit*: Si pinguis opibus sibi sit, si Caesare dignus **24** praeponit P^1v; preponunt ***M*** fragili (= *inopi*) P^3 *Lb* nec *in* ***M*** *primo omiss. m. 1. s. l. scripsit* ullum ***M***P^1 *Ld*; illum *Lb* (*idem sic quoque legi posse arbitrabatur*: praeponunt, fragilis nec respicit ullum); urnam *R* **26** Summus P^1v; summa ***M***; summam *Lb* diuitias ***M***P^1v; dedit iam *Lb* Altus *Lb* **29** ergo altos sic ***M***; ego altos sic P^1 (*s. u. l.*) *v*; ego sic altos *Lb*

Aspic⟨it⟩e, quoniam breuis est nobis credita uita;
Discite, quapropter moriamur nati, prudentes!
Quid hebetes morimur, quid profuit lucem uidisse?
Si nihil inquiras, hoc est beluarum adesse.
Certe Deus summus hominem praeposuit aruis,
Non feram nec pecudem. Cur nos similemus ad illas?
Omnipotens uoluit hominem sibi praebere laudes;
Idcirco futura docuit nos ipse diuinos.
Quae ut crederemus, non tantum uerbo sonauit,
Sed et demonstrauit fortia Pharaone decepto.
Non solum hoc fecit: et Noe sub tempora quoque
Ostendit, quae poterat, quoniam Deum nemo quaerebat.
Mitior exinde paulatim coepit adesse
Diluuio facto, quo posset terra repleri.
Iam paene medietas annorum sex milibus ibat,
Et nemo scibat Dominum, passimque uiuentes.
Sed Deus, ut uidit hominum nimis [ut] pectora clausa,

33 Iob. 3, 16 **40** Exod. 9, 16; Rom. 9, 17 **42** Gen. 6, 12 sqq.; Psal. 13, 2; 52, 3 **43** Gen. 8, 21 sq. **44** Gen. 9, 1

31 Aspicite $P^1 v$; Aspice *M* qm (*sic!*) *M* **32** sq. *uulgatam uerborum distinctionem* moriamur. Nati prudentes, Qui *mutaui; cf. Ienaer Literaturzeit. 1877 p. 797* **33** Quid hebetes *scripsi*; Qui debetes *M*; Qui hebetes P^1 (*s. u. l.*) *v* **34** beluarum (belluarum $P^1 v$) adesse *M* $P^1 v$; belluarum instar adesse P^2 **35** preposuit *M* aruis *scripsi* (*S. 107 p. 797*); arbis *M*; orbi P^1 (*s. u. l.*) *v* **36** nos *M; om.* P^1 (*s. u. l.*); *add. coniecturâ* P^8 illas *Lb v*; illos *M* P^1 **37** prebere *M* **38** diuinos *M v*; diuinus P^1 **39** Quae *scripsi*; Quem *M* $P^1 v$ uerbo sonauit *scripsi* (*cf. u. 449* personans ait); uerbo sanauit *M* P^1; uerba sonauit *R*; uerba tonauit *Ld* (*coll. u. 598* tonant ore) **40** monstrauit P^8 faraone *M*; Pharaoni *R* **41** fecit et noe *in cod. primo omissum altera manus add.* et] sed P^8 **42** que *M* qm̃ *M* buerebat *M* **43** cepit *M* **44** replere *M* **45** poene *M*; bene *Lb* annûm P^8 *Lb* **46** scibat *M* (*cf. Wilh. Meyer, Abh. p. 292*); sciebat P^1 (*s. u. l.*) *v* uiuentes *M* P^1 (*cf. u. 676*); uiuebant *Lb v* **47** ut uidit hominum nimis ut pectora *M* (*non:* Vt pectora uidit hominum, *quod* P^1 *adnotat*); ut uidit hominum nimis pectora P^1 *R*; ut pectora uidit hominum nimis *Ld*

Adloquitur Abraham, quem Moyses enuntiat ipsum.
Ipse dedit legem populo Pharaone necato,
Et quis esset, Dominus ipse se praedixit ab illo.
Nec una contentus prophetica uoce se promit,
Sed multos adhibuit testes, qui de illo clamant.
Hunc ergo, cum legitis multorum praeconia ⟨uatum⟩,
Inuenietis eum carnem inuenisse pro nobis.
Vnde nunc erratur, ordinasse talia Summum,
Et quasi subsannant, nec sciunt, quod ab ipso ridentur!
Interdum subicio, qualiter praelegi prophetas,
Et rudes edoceo, ubi sit spes uitae ponenda.
Quid Deus in primis uel qualiter singula fecit,
Iam Moyses edocuit; nos autem de Christo docemus.
Non sum ego uates nec doctor iussus ut essem,
Sed pando praedicta uatum oberrantibus austris.
Ergo mei similes, quos raptim aura deportat,

48 Exod. 3, 14 **56** Psal. 2, 4

48 sq. Abraham. Quem . . ipsum, Ipse *v* Moses *P^3Lb* **49** faraone *M* necato *P^3v;* negato *MP^1Lb*(?) **50** se *om. R* predixit *M* **51** se promit *P^1R*; se promittit *M*; promittit *L* **52** de illo clamant *MP^1 cf. u. 66*; de illo clam⟨ab⟩ant *Hanssen*; de illo ⟨pro⟩clamant *R;* illud declamant *Ld* **53** Hunc ergo cum legitis multorum (multûm *P^3R*) praeconia ⟨uatum⟩ *P^3v*; Hunc ergo cum legitis multorum praeconia *M*; Haec e. quum legeritis praeconia multa *P^1* **54** carnem inuenisse *M$P^1$$P^3$* (inuenire *eodem sensu quo* sibi parare, adipisci *Plauto et Terentio usitatum*; *de annominatione* Inuenietis .. inuenisse *cf. indicis exempla et Hilgenfeldi notam XV p. 604 sq.*)*;* càrnem adsumpsisse *P^2*; carnem induisse *R*; in carnem uenisse *Ld* **55** erratur] probatur *R* **56** Et quasi *M* (*S. 107 p. 797*)*;* Et quare *P^1*; Id quare *R*; Quare *Ld* (*eo deceptus, quod P^1 falso adnotat:* 'Quare subsannant nerunt' *mendosus cod.*) nec sciunt *M^1 corr.*; nesciunt *M^1 ab initio*; meminerint *P^1*; nec erunt *P^2*; norunt *P^3*; norint *R*; merent *Lb*; merunt *Ld* **57** prelegi *M* **60** moyses *MP^1v*; Moses (Mose) *P^3*; Mose *Lb* edocuit *MP^1Lb*; docuit *v* docemur *P^3Lb* **62** pando *P^1R* (*cf. Georg. HW^7 p. 1294*)*;* quando *M*; canto *Ld* predicta *M* oberrantibus nautis *uel* oblatrantibus (obloquentibus, obstrepentibus, obturbantibus) austris *R in comment.* '*Hic deesse nonnulla uidebantur*' *P^3*

Quaerite iam portum, ubi sunt pericula nulla.
Agricola doctus tempestiva longe dinoscit
Et, priusquam ueniant, recolligit se sub antra.
Estote prudentes, quod imminet ante uidete
Et, priusquam ueniant clades, prouidete saluti.
Ignauia pueris opus est, non certe robustis:
Si decet hoc rudibus, non conuenit aeuo maturis.
Quae quidem pars hominum non sit moderata, uetusta
Sic erit ut perna minime salfacta: putrescat.
Nemo petram subicit, nisi solus ignis ad escam:
Saxei sic homines mollescunt sero gehenna.
Clamamus in uacuum surdis referenda procellis
Et lumen offerimus caecis sine causa praebentes.
Stat miles ad missam: unus audit, et excutit alter

73 Matth. 7, 9? **74** Ezech. 11, 19?

64 querite *M* sunt] ſ̃t *M* **65** *ante* doctus *duae litterae* (in?) *erasae* tempestates *R* **66** se MP^1 (*de clausula* –́ ⏑ –́ ⏑ *cf. u.* *52; 193; 423; 567; 890; Instr. I 8, 3*); sese P^3v antra *M*; antro *Wilh. Meyer* (*cf. Instr. I 33, 7*); añtrum P^1 (*s. u. l.*) *v* **68** clades] *post* a *una littera* (n?) *erasa* **69** Ignauia] Ignosci *Lb* pueri .. robusti *R; cf. Ienaer Literaturzeit. 1877 p. 796 extr.* **70** decet *M* (*post* t *rasura unius litterae* — ſ? —) P^1 (*cf. Roensch. It. et Vulg. p. 439 sq.*); licet *v* euo *M* **71** Quae (Quum P^1 *Lb*) quidem pars hominum non sit moderata, uetusta P^1*LbLd*; Quã quidem pars hominum nõn sit moderata uetustas *M*; Quam quidem partem h. n. s. moderata (moderat *R*, *errore typogr.*, *ut uidetur*) uetustas P^3 (*Duebner?*) *R*; Quam quidem partem hominum non si moderat uetustas, *Hilgenfeld* **72** Sic erit ut perna minimę salfacta putrescat *M* (*non* puerascit, *ut* P^1 *falso adnotat*); Sic erit ut perna minime salfacta (sal facta P^1): putrescet (putrescit *Lb*) P^1P^3*LbR*; Sic erit ut perna nimis salfacta; petrascit *Ld* **73** Nemo petram subicit nisi solus ignis ad escam (adescat *Ld*) MP^1*Ld*; N. p. s., nisi solius ignis, ad escam *LbR*; N. pernam s. n. solidus ignis ad escam *Hilgenf.* **74** saxeis *M* gehennę *M* **75** processis *Hilgenf.* **76** prebentes *M* **77** missam *v*; missa MP^1; iussa P^3*Lb* (iussa) unus, audit *Lb*

Nec accipit corde monita, sed perditus errat.
Quis modo delinquit (iudices estote de istis!),
Qui monet aut ille, qui non uult dicto parere?
Spero, reus non est, qui Caesaris dictus obaudit,
Contrarius autem perdit suam uitam superbus.
Interdum quod meum est, qui prius erraui, demonstro
Rectum iter uobis, qui adhuc erratis inanes.
Vos tamen eligite, arbitrio uestro placentes,
Quis uelit uenenum aut suauia pocula uitae!
Bonum et malum est in ista natura creatum,
Vt homo post fata probetur quis Deo dignus.

Adgredere iam nunc, quisquis es, perennia nosse:
Disce, Deus qui sit uel cuius nomine adsit!
Est Deus omnipotens, unus, a semetipso creatus,
Quem infra reperies magnum et humilem ipsum.
Is erat in uerbo positus, sibi solo notatus,

78 accipit ***MR*** (*coniecturâ*); accepit $P^1 P^2$ (*cod.!*) ***Lb Ld*** corde monita *scripsi* (*cf. u. 16* c o r d e sopiti; *Instr. I 19, 15* si c o r d e uiges; *27, 13* si c o r d e retractes; *Ouid. Met. 3, 689* E x c u t e .. c o r d e metum); eosde (*tres priores litteras etiam* cor *legi posse testatur* ***K n ö e l l****; cf. u. 584*) munita ***M***; eosdem monitus ***R***; easdem monitas ***Ld***; eos monitus P^2; eadem monita P^1 *Hanssen*; eadem minus ***Lb*** **79** modum P^1 delinquit ***R***; relinquid ***M***; relinquet P^1 (*s. u. l.*); delinquet ***Lb Ld***; deliquit P^3 **80** monet ***M*** P^1; monetur ***Ld***; paret ***Lb***; mouet ***R*** dictus P^2 ***R*** (*cf. u. 15*); dictos ***M Ld***; dicto subaudit ***Lb***; dictis ob. *Guil. Hartel* **82** contrarius ***M*** P^1 ***R*** (= *contumax*; *cf. u. 721*); contrarios P^3 ***Ld*** suam uitam ***Lb R*** (*cf. u. 784*; *Matth. 10, 39*; *interpr. palat. past. Herm. sim. IX 26, 3* sibi soli uiuentes uitam suam perdunt); sua uita ***M*** P^1 ***Ld*** superbos P^3 ***Ld*** **83** erraui ***M*** (P^2 *falso*: es sciui; *cf. S. 107 p. 798*); et sciui P^1 ***R***; resciui ***Lb Ld*** **86** qui ***R*** **88** post fata *scripsi* (*cf. S. l. c.*); post facta ***M*** (P^2 *falso*: facit); prout facit P^1; post factum P^3 *v* probetur ***M*** (post facta probetur *iam* ***Lb*** *et Huemer suspicati erant*); approbetur P^1 (*s. u. l.*) *v* **89** *post* es *littera* t *erasa* **90** qui ***M*** (*cf. u. 117; 381; Kuehner ausf. Gramm. p. 481 sq.*); quis P^1 *v* nomine ***M*** *v*; nominis P^1 **92** repperies ***M*** **93** his ***M*** solo ***M*** *v*; soli P^1

Qui pater et filius dicitur et spiritus sanctus.
Sed ex quo decreuit mundum conponere signis,
Ignem interposuit metuendum angelis ipsis.
Quos tamen distribuit minoris potentiae factos,
Vt regerent caelos et terram et subdita terrae.
Hunc ergo nec ipsi nuntii dinoscere possunt,
Qualis sit aut quantus, nisi quod praecepta sequuntur.
Est honor absconsus nobis et angelis ipsis,
Quod Dei maiestas, quid sit, sibi conscia sola est.
Relucet inmensa super caelos et sine fine;
Aureum est totum, quod est quasi flammea uirtus.
Illic Dei uas est, tantum sine cognita forma,
Illa sunt secreta solo Deo nota caelorum.
Haec gloria Dei est unica super angelos omnes,
Hoc Deus est lucis aeternae, hoc spiritus aeui.
In primitiua sua qualis sit, a nullo uidetur,

94 ſpĩτ\ *M* **95** conponere *M* **95** sq. componere signis, | Ignem *P*¹; componere, signis | Ignem *RLd*; componere, dignis | Ignem *Hilgenfeld* (*P*²: *'Excidisse uidetur unus uersiculus ex Apostolo, ni fallor, excipiendus, I Timoth. VI, 6:* Qui solus habet immortalitatem et lucem inhabitat inaccessibilem, *ignem nempe interpositum, metuendum angelis ipsis'*) **96** interposuit *P*²*v*; interpositum *MP*¹ **97** minoris potentiae factos *Hanssen*; minori potentię factus *M* (*P*² *falso*: minoris potentiae, *omisso* factus; *itemque P*¹); minoribus ⟨esse⟩ potentes *P*³ (*Duebner?*); minoris potentiae deos *Lb*; minoris potentiae (minores potentias *in commentario*) a se *R*; minoris potentiae ipso *Ld* **98** celos *M* **100** precepta *M* **102** quid] d *primo omissum m. 1. s. l. scripsit* conscia sola (solo *R*) *Duebner v*; sola conscia *MP*¹ **103** inmensa *M* celos *M* **104** Aureũ ē (*P*² *falso:* aureue) totum *M*; Aut aeuo. Totum *P*¹; Aut requie totum *Duebner Lb R*; Aureaque totum *Ld* (*omnes interpunctionem post* fine *omittunt*) quod est quusi *M P*¹ *Ld*; torquet quasi *Duebner Lb R* **105** Illis *Lb* uas *scripsi* (*cf. Sirac. 43, 2* Sol .. uas admirabile opus Excelsi; *50, 7*; *10* quasi sol refulgens .. quasi uas auri solidum); uɒ7 (*sic!*) *M*; uita *P*¹*v*; uia *Lb*; 'uia *forsan in codice caractere euanido' P*² **106** Illa sed *Duebner R* solo *Lb v* (*cf. u. 93*); sola *M*; soli *P*¹ **107** Hec *M* unici? *Wilh. Meyer, Abh. p. 299* **108** Hoc .. hoc *MP*¹; Hinc .. hinc *R*; Hic .. hic *Ld* eterne *M*

Detransfiguratur, sicut uult ostendere sese.
Praebet se uisibilem angelis iuxta formam eorum
Et homini fit homo, ceterum Deus uerbo probatur.
Idcirco nec poterit tanti Dei forma dinosci;
Quidquid est, unum est, inmenso lumine solus;
Vbi facies, oculi aut os aut membra notantur,
Inde pugillo suo concludere circulum orbis.
At tamen cum uoluit sciri de se ipso qui esset,
Numine de tanto fecit se uideri capacem.
Sunt quibus in ignem apparuit uoce locutus;
Sumptus est in carnem, quem regio nulla capebat.
Hic Deus omnipotens, Dominus suae conditionis,
Cum sit inuisibilis, facit se uideri quibusdam.
Qui formatur modo, ⟨modo⟩ se diffundit in auras,
Cuius nec initium nec finem quaerere fas est.
Hic sine initio semper est Deus et sine fine,

116 Esai. 40, 12 **119** Exod. 3, 2 sqq.

110 Detransfiguratur *M* (*P^2 falso:* detransfiguratus); Sed transfiguratur *P^1*; Sed transfiguratus *P^3 R*; Deus transfiguratus *Lb* uultustendere *M* **111** prebet *M* angelis *M Duebner v*; angelus *P^1* **112** probatur *P^1v*; probat *M* **114** unum *MP^1Lb*; unus *v* inmenso lumine solus *MP^1*; in immenso lumine (numine?) solus *P^3*; in immenso lumine solus *R*; in imm. l. potens *Lb*; in immenso lumine; solet (Inde pugillo *etc.*) *Ld* (*ceterae editiones ante* solus *nullam, post* solus *maiorem interpunctionem habent*) **115** Vbi *MP^1R; om. Ld*; *P^3 ab* Vbi, *cuius loco* Cui *substituere conatur, interrogationem orditur* oculi *P^3Lb R* aut oculi *MLd* **117** ad tamen *M* qui *M* (*cf. u. 90*); quid *P^1* (*s. u. l.*) *v* **118** Numine *P^3v*; Nomine *MP^1* *uersus* **115** *sqq.* *Ludwig ita scribit, ut* **115** *post* **118** (*uel* **120**; *cf. praefat. eius p. XV*) *inseratur, quam inuersionem improbat Wilh. Meyer, Abh. p. 305* **120** capjebat *Huemer* **121** Hic *MP^1R* (*cf. u. 289*); Sic *Ld* **122** facit *scripsi*; fecit *Lb v*; faciet *MP^1* **123** formatur *M*; formatus *P^1* (*s. u. l.*) *Lb Ld*; formam induerat *R* modo ⟨modo⟩ *Lb Hanssen*; modo *Mv* se *MP^1R*; sese *P^3Lb Ld* diffundit *M*; diffudit *P^1* (*s. u. l.*) *v* **124** finem quaerere *P^1v*; quirere finem *M* **124** *sq.* est. Hic *P^1*; est, Hic *Lb v*

Qui, prius quam faceret caelum, ferebatur in aeuum;
Quicquid tenet caelum, prospicit ubique de caelo
Et penetrat totum oculis et auribus audit.
Huic ergo placuit carnalem mundi tenorem,
Vt exaltaretur sola sempiterna maiestas.
Nam, quod erat ante, referre nunc ardua res est;
Sit licet descriptum, non sit nobis cura de illis.
Cum haec, quae uidemus, non possumus tangere tota,
Quis poterit scire, quid sit trans Oceani finem?
Et caelum uidemus, sed illic quid intus agatur,
Nullo datur scire, donec fiat exitus aeui.
Sufficiat tantum de futuro nosse promissa;
Ad illa tendamus cupidi, tota mente deuoti.
Sicut auis Phoenix meditatur a morte renasci,
Dat nobis exemplum, post funera surgere posse;
Hoc Deus omnipotens uel maxime credere suadet,
Quod ueniet tempus defunctorum uiuere rursum;
Sit licet nunc puluis, iaceant licet ossa nudata,
Integratur homo, [ut] fuerat qui mortuus, olim,
Et gratia maior tunc erit ⟨quam⟩ istius aeui,

127 Psal. 13, 2; 52, 3 al. **145** I Cor. 15, 43; Phil. 3, 21

126 celum *M* **127** Quicquid P^1; Quitquid *M*; Quique *v* celum *M* **129** mundi tenorē *M* (= *carnalem esse mundi tenorem; de omissa copula esse uide u. 792 et indicem, quem Petschenig editioni Victoris Vit. adiunxit, p. 156; cf. deinde Instr. II 39, 9* tenore mutato; *Verg. Georg. 2, 336 sq.*); mundo teneri P^1*v* **131** Nam *M* P^1*R*; Iam *Ld sine nota* **132** describtum *M* **132** *sq.* de illis. Cum *Ld*; de illis, Cum P^1*R* **133** que *M* **133** *sq.* tota, Quis *Ld*; tota. Quis P^1*R* **134** fine *M* **135** celum *M* **136** nullo *M* (*cf. u. 93; 106; Instr. II 22, 13*); nulli P^1 (*s. u. l.*) *v* *uersus* **138—140** *in M uncialibus litteris scripti* **139** APIS FENIX *M* **142** defunctorum *M* P^1*Ld*; defunctûm *Lb*; defuncto (defunctos) P^3; defuncto *R* **143** Sit licet *MLb* (*coniecturâ*) *R*; Scilicet P^1 (*s. u. l.*); Sint licet *Ld* **143** *sq.* nudata. Integratur *Ld* **144** ut fuerat *M*P^1*R*; ut *del. Ld*; ut erat *Lb* **145** tunc *M*; hinc P^1 (*s. u. l.*) *R*; dehinc P^3; huic *Ld* erit *M*P^1; gratia erit *R*; aderit *Ld* quam *addidi; om. M editt.* ıſɛ)ȝ *M*; *cf. Wattenb. lat. Palaeogr. p. 50 sq.* **145** *sq.* aeui. Non *v*

Non dolor nec lacrimae tunc erunt in corpore nostro,
Non caro recipiet ferrum, non pustula surget.
Hoc Deus instituet, ut sit illi gloria maior.
Hic fecerat primum hominem, ut esset aeternus,
Sed ruit in mortem neglectis ille praeceptis.
Propter quae storias tantas Deus esse parauit,
Vt inuentiones diabuli detergeret omnes.
Rectorem in terra dederat Deus angelum istum:
Qui, dum inuidetur homini, perit ipse priorque.
Interea iustos per ipsos cernit ad actus,
Et facinerosum Cain in gehenna reservat.
In scelere coepit uersari gens omnis humana,
Nec respicientes, quis esset creator eorum.
Quod Deus excelsus indigne pertulit illud,

146 Apoc. 21, 4 **152** Eph. 6, 11; 16; I Ioh. 3, 8 **154** Sap. 2, 24 (Cypr. de zel. et liu. C. 4)

146 nec ***M***; aut P^1 (*s. u. l.*) *v* lacrime ***M*** **147** postula ***M*** **148** instituet ***M Lb Ld***; instituit P^1 ***R*** **150** necglectis ***M*** **151** propter quae storias *scripsi* (*cf. Woelfflin. Arch. III p. 146*); propter questorias ***M***; pr. quaestorias P^1; pr. quae scorias *Duebner* (*coll. Verg. Cir. 249*); propterea scrupeas ***R***; propter quae curas (*postmodo* pr. grassationes) ***Lb*** (*ut Ld adnotat*); pr. quae quaestorias ***Ld*** (*ex recentiore Roenschii coniectura*) esse] sibi (*postea* ipse) ***Lb*** **152** inuentiones diabuli ***M***; inu. diaboli P^1 (*s. u. l.*); adinuentiones zaboli ***R*** detegeret ***R*** om̄s ***M*** **153** Actorem ***R*** **154** inuidetur ***M Ld*** (*idem haec affert exempla:* 'huic inuisae (sunt) Parcae solemnem celebrare diem' *C. Inscr. Rh. Bramb. 1052 et Becker. Inscr. Mogunt. 247*); inuidet ***Lb***; insidiatur ***R***; *sed cf. u. 361* **155** ipsos ***M*** (*P falso*: ipsas; *cernit per ipsos = secernit; cf. Instr. I 26, 33 sqq.; S. 107 p. 757; Alexandre, excurs. ad Sibyll. p. 522 sqq.*); ipsum $P^1 v$ ad actus *scripsi* (= *ad iudicium extremum; cf. Instr. I 27, 1; II 21, 12; S. p. 784*); adactos ***M*** P^1; abactos $P^3 v$ **155** *sq.* abactos. Et ***R*** **156** facinerosum $P^3 v$; facinerosa ***M***; facinora P^1 in *m. 1. s. l. scripsit* **157** cepit ***M*** gens omnis ***Lb*** *v*; omnis gens ***M*** (*signis s. l. additis iustus uerborum ordo restituitur*); omnis gens P^1 (*s. u. l.*) **159** pertulit illud. ***M***; pertulit illud; P^1; pertulit; illam *v*

Delere proposuit uniuersa paene creata.
Dicitur et legitur Noe liberatus ab aqua,
Ceteri diluuio perierunt ira caelesti.
Hinc, sicut initio, paulatim terra repletur.
Cessit prius facinus, sed alter⟨a⟩ clades adhaesit.
Adgressi sunt stulti turrem fabricare sub astris,
Vt quasi per illam possent ascendere caelos.
Quod Deus ut uidit fieri sub una loquella,
Descendit et fecit, loquerentur lingua diuersa.
Quos inde disparsit per insulas terrae semotos,
Vt fierent gentes uario sermone loquentes.
Tunc genus indocile uitam feritatis agebat;
Nemo Deum sciebat, disputabat nemo de uita.
Inrepserat quoniam rudibus temerarius ille
Per latices animae, deprauauit mentes acerbas
Persuasitque dolo coitus infandos amare,
Viuere rapinis in gaudio sanguine fuso.
Hanc gloriam stulti prosequuntur tempore parvo;
Quo nulla uenia liberat, se dicendo seductos.
Si suadet adulter, culpa est tua prosequi talem;
Non ille te damnat, sed tu tua sponte te damnas.

163 Gen. 9, 1 **165** sqq. Gen. 11, 4 sqq.

160 Delere P^1; Dıcere ***M***; Demere *R*; Icere (= *tollere, perdere?*) *Ld*; perdere *Huemer* uniuersa pene creata ***M***P^1; uniuersam paene creatam *v* **163** sič ***M*** **164** prius P^3*v* (*cf. quae adnotauimus in u. 15*); prior ***M***P^1 altera P^1*Ld*; alter ***M*** (P^1 *falso:* aliter); aliter *Lb R* adhaesit P^1*R*; adhesit ***M***; accessit *Ld* **165** turrem ***M***; turrim P^1 (*s. u. l.*) *v* astris P^1*v*; austris ***M*** **166** possent ascendere caelos (coelos) P^1*v*; c. a. p, *Lb*; asc. celos poss. ***M*** **167** loquella ***M*** **169** disparsit ***M***; dispersit P^1 (*s. u. l.*) *v* semotas *R* **171** Tṇc (= Tunc) ***M***; Tum P^1 (*s. u. l.*) *v* agebat ***M***; agebant P^1 (*s. u. l.*) *v* **172** scibat *Hanssen, Wilh. Meyer, Abh. p. 292 coll. u. 46* **173** Inrepserat ***M*** qm̃ ***M*** **174** deprauabit ***M*** **175** dolo coitus *scripsi* (*cf. b. Gbl. 17 p. 451 sqq.*); dolo citius ***M***; dolos citius P^1*R*; dolos illis *Ld* **176** gaudia P^3 **177** p̃sequuntur ***M***^{1}, *quod* (*prima manu?*) *correctum, ut sit* ꝑsequuntur **178** Quo ***M***P^1 (= *itaque?*); Quos P^3*v*; Quod *Lb*

Errabant indocti ueteris fallacia hostis,
Obliti Dominum, opera maligna sequentes.
Quod diu ne fieret grassatio tanta latronis,
Tempore partito miseratus est tandem ablato.
Conplacuit illi conloqui cum uno de multis,
Vt faceret populum ad se transeundo dilectum.
Ex eo coeperunt unum Deum nosse profani
Et fieri populus secundum Dei decreta.
Duos enim populos distinxerat ex se Rebecca:
Hic prior est factus, alter ut succederet illi.
In Aegypto primum Israhel concrevit alumnus;
Inde Deus illos eiecit duce Moyse,
Per quem dedit illis legem in monte Sina,
Vt nostra posteritas Dominum cognosceret unum.
Deinde prophetas ex ipsis dicere iussit,
Quod Deus in hominem depretiatur ab illis.
Induxerat eos Dominus in terra promissa,
Vt ibi sub lege uiuerent, donec ipse ueniret.
Gens ingrata bonis noluit iugum ferre praeceptis,
Sed magis in scelere prisco reuoluta florebat;

181 indocti *M*P^1 (*cf. u. 458*); inducti *v*; ducti P^3 ueteris P^1 (*s. u. l.*) *v*; ueteres *M*, *quod ambigas an retinendum et cum* indocti *sit coniungendum*; *sed cf. u. 207* seductor antiquus; *317* ueteri latroni; *Cypr. ad Donat. 4* uetus .. hostis obrepat; *ad Fortun. c. 2* aduersarius uetus est et hostis antiquus **183** Quod, diu ne *Ld*; *sed cf. Kühner ausf. Gr. p. 872 sq.* **185** conplacuit *M* **187** ceperunt *M* Deum nosse profani P^2 (*coniecturâ*; *cf. u. 13*; *194*; *636*) *R*; Deum esse profani *M* (*non* in Deum e. p., *ut Pitra in adnotatione affirmat*); in Deum esse profani P^1 *Lb Ld*; *nobis in mentem uenit*: (unum) Deum esse profari **188** populus *M Lb* (*coniecturâ*) *Ld*; populum P^1 (*s. u. l.*); in populum *R* **189** distincxerat *M* ex se *v*; esse *M*P^1 (esse) Rebeccae (*uel* in Rebecca) *Lb* **191** egypto *M* primum Israel P^1*v*; primum in ıſħl *M* alumnus *Mv*; alumnis P^1 **192** Moyse *Lb v*; Moysi *M*P^1 **193** Sina *scripsi* (*haec enim uetustior apud Latinos huius nominis forma*; *cf. Cypr. test. II, 25, p. 92, 10 H.*; *Tertull. Marc. V 4 med.*; *de clausula uersus cf. u. 66*); syna *M*; Sinai P^1*v* **196** depretiatur *MLd*; depreciatur P^1; depreciaretur *Lb R* **199** preceptis *M* **200** furebat P^2, *quod postea ipsi* (P^3) *displicuit*

Nec umquam desinuit: hodie quoque talis habetur;
Praetermisso Deo luxurias saeculi mauult.
Quod maxime Dominus cogit euitare dilectos;
Abscisos in totum a saeculo praemonet esse.
Si filios dixit, in illius sancta moremur;
Quid foris egredimur adulteri pompa⟨m⟩ sequentes?
Seductor antiquus per talia decipit omnes:
Inmittit luxurias, per quas perdat filios Alti;
Agonia inmittit, spe⟨cta⟩culis ire cruentis
Aut nimis obscenis, inpudica nosse pudicis.
Si fuerat castus, incestus proficit inde
Et placent adrident, quae tunc mala gaudia temptant.
In istis luxuriis populus primitiuus agebat
Et a lege Dei semper recedebat inormis.
Ad quos emundandos saepe Deus misit alumnos,
Vt illos corrigerent deprauatos denuo Summo.

201 Nec umquam (unquam *v*) ***Mv***; Nunquam P^1 **202** luxurias P^1v; luxuria ***M*** seculi ***M*** **203** dilectos M^2P^1v; delectos M^1 **204** seculo premonet ***M*** **205** Si filios dix̄ ***M*** (*idem Roensch suspicatus erat*) *v*; Si filii, dixit, P^1 (*s. u. l.*) **206** Quidni foras egredimur P^1 *coll. Genes. 4, 8* Egrediamur foras; *sed cf. Instr. I 24, 13* Exis inde foris pompam P^1v; pompa ***M*** *Wilh. Meyer, Abh. p. 293* **208** Immittit *R* (*ingeniose, cum ueram libri ms. lectionem ignoraret*) *Ld*; Inmutit ***M***; Immutat P^1 (*s. u. l.*) quas .. filios P^1v; quos .. filius ***M*** deperdat P^3 **209** Agonia immittit *Ld* (= *certamina? cf. Instr. II 12, 10*); *idem* Agoniam *praefert in adnotatione in Instr. II 12, 10*; Agoniā mit tis ***M***; Agoniam mittit *Hanssen, Wilh. Meyer, Abh. p. 292*; Agoniae immittit P^2; Agonia mittit *R* spectaculis P^1 (*s. u. l.*) *v*; speculis ***M*** cruentes ***M*** **210** mimis *R* inpudica ***M*** **211** incestus ***M*** (P^2 *falso:* incertus) P^1v **212** placent adrident *scripsi* (*cf. I. N. Ott in Jahrb. f. cl. Philol. 109 p. 840 extr.*); placens adridens ***M***; placens arridet P^1 (*s. u. l.*) *v* quae P^1v; quę̃ ***M*** tunc ***M***; hinc P^1 (*s. u. l.*) *v* temptant ***M*** **213** istis MP^2v; his P^1 primitibus ***M*** **214** inormis *scripsi* (= *enormis, erectus*; *cf. u. 221*; *Woelfflin. Arch. III p. 148*); inermis MP^1R; aeterni *Ld* **215** emendandos *R* **216** corrigerent P^1 (*s. u. l.*) *v*; corrigent ***M*** Summo ***M***; Summi P^1v **216** *sq.* deprauatos denuo Summo. Excipere *Wilh. Meyer, Abh. p. 305*; deprauatos. Denuo Summi Excipere P^1v

Excipere numquam uoluerunt dicta diuina,
Sed uoluntate sua saeuierunt semper inepti.
Mactabant iustos redarguentes illos inique,
Dum nollent accipere frenum disciplinae caelestis.
Esaiam serrant, lapidant Hieremiam erecti,
Iohannem decollant, iugulant Zachariam ad aras.
Et uenit et ipse, fuerat qui praedictus ab illis,
Et patitur, quomodo uoluit, sub imagine nostra.
Cuius in exitio omnis prophetia repleta est,
Dixerat hunc Daniel nouissimum esse prophetis.
Is erat, quem propter uates de tuba canebant,
In sua uenturum propria, quem sui negarent.
Inprouidi semper et dura ceruice recalces,
Dum respuunt formam, sacramenta legis amittunt.
Non illos iustitia humilis caro nata refregit,
Nec bonitas tanta aut aegrorum cura de uerbo.
O pia religio, o tam ueneranda maiestas,

219 sqq. Matth. 23, 34 sq.; Luc. 11, 49 sqq.; Matth. 14, 10; Marc. 6, 27 (cf. Tertull. Scorp. 8) **226** Dan. 9, 24? cf. 242 **228** Ioh. 1, 11 **229** cf. Instr. I 38, 1 **230** Phil. 2, 7? **231** Phil. 2, 8; Matth. 11, 29; Ioh. I, 14

217 numquam uoluerunt *M* P^3; nunquam noluerunt P^1 (*s. u. l.*) *v* **218** uoluntate sua *M* P^1 *Ld*; uoluntati suae *R* saeuierunt *scripsi* (*cf. u. 838*); seruierr̃ *M*; seruierunt P^1 *v* inepti *M* P^1 *R*; ineptis *Ld* **219** iniquę *M* **220** discipline *M* coelestis disciplinae accipere frenum P^1, *quod tamen idem in excursu retractat* **221** Hieremiam P^1; hieremiã *M*; Jeremiam *v* **223** Et uenit et P^1; Et uenit P^3; & ueniet et *M*; Aduenit en *R*; Atque uenit *Ld* **224** quomodo] quoniam *Hanssen* **226** prophetes *Lb* **227** Es *M* canebat M^1; n *eadem manus s. l. add.* **228** quęm *M* **229** Improuidi P^3 (*cf. Instr. II 16, 24*); Inprouidis *M*; Improbi P^1 (*coll. Instr. I 38, 1*) **230** formam P^3 *v*; forma *M* P^1; formas *Lb* **231** iustitia, humilis caro nata *R* (*cf. u. 367* humilis in carne; *interpunctionem ante* humilis *sustuli, quia* iustitia *ablatiuus mihi uidetur*); iustitia humiles non caro nata *M*; iustitia humiles, non caro nota P^1 (*idem in excursu* caro nata *praefert*); iustitia humiles, caro nata *Lb Ld* **233** relligio P^1 *R* o tam] o *primo omissum m. 1. s. l. add.*

Cuius medicina taliter in terra profecit!
Non ullum de ferro secuit, non enplastro curauit,
Sed sine tormento statim suo dicto sanauit.
Talia uidentes turbabantur mente Iudaei,
Qui magis inuidia ducti sunt in zelo liuoris,
Non respicientes prophetarum dicta sepulti,
Quod ueniret homo talis, qui dispergeret illos.
Quousque ueniret Dominus, prophetae canebant:
Ex eo, quo uenit, tacuit prophetia Iudaeis.
Post quem in exilium deuenerunt corde durato
Nec modo dinoscunt, quapropter sint talia passi.
Praedictum fuerat illis ab Esaia propheta
Et ⟨a⟩ Danihelo similiter perdere terram;
Quae non ante tamen, nisi dux ciuitatis in ipsa
Penderet in ligno, fieret deserta deinde.
Desubito qualis obfulsit gloria genti,
Vt fieret populus, populus qui non erat ante!

240 sqq. Hierem. 15, 7? Matth. 3, 11 sq.; Luc. 3, 16 sq. (Iustin. Tryph. p. 268, C; 272, B) **245** Esai. 1, 7 sq. (Matth. 23, 38); Dan. 9, 26 **250** Hos. 2, 24

234 profecit P^1v; proficit *M* **235** Non ullum *scripsi* (*cf. Instr. I 32, 6*); Non illũ *M* (P^1 *falso*: Non illius); Non ille P^1v enplastro *M* **236** sanaũ *M* **237** turbabantur P^1v; turbabuntur *M* **238** magis inuidia *Lb R*; magis inuidiae MP^1; malis inuidiae *Ld* ducti sunt MP^1 *Ld*; sunt ducti *Lb R* liboris *M* **238** *sq.* ducti sunt (sunt ducti), in zelo liuoris Non *Lb v* **239** sepulti MP^1 (= *sopiti*; *cf. Verg. Aen. 6, 424* custode sepulto); sepulta *Lb R*; seducti *Ld* (*cf. Instr. I 11, 5*) **240** disperderet *R in commentario coll. Instr. I 2, 4* **241** canebat *M* **242** iudeis *M* **245** Predictum *M* ab Esaia propheta P^1; ab Esaiam (esaiã *M*) prophetam *M Lb Ld*; *sed uide quod sequitur*, Danielo **246** a *scripsi*; *om.* MP^1v Danihelo *M* (*cf. Cypr. uit. c. 11 p. CII, 12 H.*: ut Heliae uel ut Danielo; *Pseudocypr. de pascha comput. p. 262, 1 H.*; *Lucif. Calar. 164, 24 H.*; *Sulp. Seuer. p. 58, 2*; *63, 10*; *21 Halm.*; *Prudent. Cathem. 4, 70* Danielus); Daniele P^1; Danieli *R*; Danielem *Ld* similiter, perdere P^1 (*cf. u. 393*); similiter pendere *M*; similiter, illos perdere *R*; simul iter, quo perderent *Ld* **247** quae *v*; quam MP^1 ligno; fieret P^1 **249** gł̄a *M*

Non fuit adtonitus Esau, dilectus a patre,
Iunior quod frater primitiua tolleret ille?
Sic nec synagoga potuit cognoscere tempus,
Quando et quo duce caderet de suo priuato;
Sicut erat scriptum, quod auis sua tempora norunt,
Nam populus iste non me intellexit adesse.
Ventum est, ut ipse dominator caeli ueniret:
Secundum scripturas non est conputatus ab ipsis.
Praescius hoc fuerat Dominus, quasi cuncta qui nouit;
Idcirco per ora prophetarum ista praedixit.
Gens ceruicosa nimis semperque rebellans
Dum sibi primatum uindicaret, causa resecta est.
In quorum stadia gentiles esse praefecit;
Dixerat hoc ante: Gentes sperabunt in ipsum.
Nam lapis inmissus ipse est in fundamina Sion,

251 Gen. 27, 34 **255** sq. Hierem. 8, 7 **258** Esai. 53, 3 **261** cf. 229 **264** Esai. 11, 10 (Cypr. p. 56, 6 H.) **265** Esai. 28, 16

251 adtonitus *M* **252** fr̄ *M* tollet *M* ille? *scripsi*; ille. P^1*Ld*; illi. *R* **253** sinagoga *M* **254** priuato *M*; primatu P^1*R*; priuata *Ld* (*coll. Instr. I 5, 2* patrem de regno priuauit) **255** Sicute-////ra////t (*ante* t *erasum* n) *M* scribtum *M* auis *M*; aues P^1*v* **256** me non *R* **257** Ventum *M*P^1*R* (*Instr. I 18, 6*); Inuentum *Ld* (*idem tamen in Instr. praefat. p. IX* uentum est *praefert*) **257** *sq.* ueniret, Secundum scripturas; non P^1 **258** Secund̄ *M* scribturas *M* conputatus *M* **259** quasi *M*P^1*R*; quippe *Ld* (*'cum codicis lectio .. Dei summam potentiam impugnet'; sed cf. Petschenigi et Mommsenii indices editionibus Victoris Vitensis et Iordanis subiunctos s. u.* quasi; *Tertull. adu. Hermog. c. 19* utimur uocabulo principii quasi originis, non quasi ordinis nomine; *Ennod. p. 39, 18 H.* Abraham .. filium morti quasi pius pater .. laetus exhibuit; *Lucif. Calar. 76, 23 H.* quasi quis, inquam, tibi usurpasti hanc auctoritatem?); ipse *Huemer* **260** hora .. predixit *M* **260** *sq.* praedixit: Gens .. rebellans; Dum P^1; praedixit. Gens .. rebellans, Dum *R*; praedixit. Gens .. rebellans! Dum *Ld* **262** e casa reiecta est *R* **263** stadio P^1; *sed cf. Instr. I 27, 19* prefecit *M* **264** ante: Gentes P^1*v*; anlegentes *M* sperabunt gentes *Hanssen* **265** inmissus *M* fundamina P^3*v*; fundamenta *M*P^1 (*Cypr. p. 82, 6 H.*: inmitto in fundamenta Sion) Sionis P^1

Crederet in quo qui, is haberet uitam aeternam.
Hunc sanctum sanctorum Daniel perungui designat
Et exterminari post illum chrisma regale.
Dauid illum dixit clauis configi silentem:
Effoderunt, inquit, manus meas et pedes ipsi.
Salomon quoque tam aperte de illo prophetat,
Occidamus iustum! dicturos esse Iudaeos.
Hieremias totidem crucem figurate demonstrat:
Venite, mittamus lignum in pane! dicentes.
Dux autem ipsorum Moyses praeconiat illis:
Ante tuos oculos pendebit uita necata.

Hic pater in filio uenit, Deus unus ubique:
Nec pater est dictus, nisi factus filius esset.
Nec enim relinquit caelum, ut in terra pareret,
Sed, sicut disposuit, uisa est in terra maiestas;

266 Ioh. 3, 15 **267** Dan. 9, 24 **269** Psal. 118, 120 (Cypr. p. 88, 7) **270** Psal. 21, 17 **271** sq. Sap. 2, 12; 20 **273** sq. Hierem. 11, 19 **275** sq. Deuter. 28, 66 (Cypr. p. 87, 19 H.)

266 Crederet in quo qui, is *Ld* (*Cypr. p. 88, 18 H.*: et qui crediderit in eum); Crederet in quo quis ***M****P*[1]; In quo quisquis crederet ***R*** **267** sanctorum *P*[1]*v*; sanctorꝝ ***M****; del. P*[3]; sanctûm *Lb* pungui ***M***; perungui *v*; perungi *P*[1] **269** illum *Wilh. Meyer*; illud ***M****P*[1]*v* **270** inquid ***M*** **271** te *Ld* (*errore typogr.*) iudeos ***M*** **273** Hieremias *P*[1]; hyeremias ***M***; Ieremias *v* demonstrat ***M***; demonstrans *P*[1] (*s. u. l.*) *v* *post uersum* **273** *in medio uerborum contextu positum est signum* ħδ; *eadem manu sub signo* ħp *imo margine scriptus inuenitur uersus* **274** (Venite *etc.*) **275** Dux autē ipsorꝝ moyses preconiat illis· ***M***, *quae inde ab editione principe omittebantur; cf. S. 107 p. 794* **276** necata *P*[3]*v*; negata ***M****P*[1] **278** est dictus ***M****P*[1] (*cf. Wilh. Meyer, Abh. p. 292*); esset dictus *v*; d. e. *Lb* **279** relinquit] n *initio omissum in* ***M*** *m. 1. add.* **280** *post* maiestas ***M*** *haec habet, quorum* Pitra *nullam fecit mentionem:* De uirtute sua carnasse licet facere fimbriam unam. *Inter nouissimam horum uerborum partem et locum quendam commentarii euangelici, qui Theophili nomine circumfertur* (*Theod. Zahn, Forschungen zur Gesch. d. neutest. Kanons, 1883, tom. II p. 51, 5 sqq.*) *necessitudinem quandam intercedere alio*

De uirtute sua carna⟨liter na⟩sci ⟨se fecit⟩
* * * * * *
* * licet facere fimbriam unam.
Iam caro Deus erat, in qua Dei uirtus agebat.
Quid, quod prophetae canunt, inuisibilem esse uidendum,
Vt claritas tanta fieret homo quoque pro nobis.

285 Esai. 25, 9; 40, 9; 52, 10; 53, 1 sqq. (?) **286** Esai. 40, 5 (Cypr. p. 69, 4 H.); cf. Ioh. 1, 14

loco iam monui (*S. 107 p. 794*); *ad prioris autem partis caliginem aliqua ex parte illustrandam haud inutilis mihi uidetur locus Tertullianeus* (*de praescr. haeret. c. 13*): postremo delatum (*uerbum = filium Dei*) ex spiritu patris Dei et uirtute in uirginem Mariam (*Euang. Luc. 1, 35*), carnem factum in utero eius et ex ea natum exisse Iesum Christum. *Primo igitur, nisi fallor, Commodianus de Christo ex uirtute Dei nato uel potius, ut erat ille Monarchianus, de Deo sua ipsius uirtute in Christo nasci se faciente egit, deinde ex miraculis a Christo editis unum attulit* (*Matth. 14, 36*), *ut, quantum in illo ualuisset uirtus diuina, exemplo comprobaretur. Prioris sententiae nouissima, posterioris prima pars cum periisse uideatur, maioris lacunae interposui signa. Ceterum primum uersum utcumque poteram composui*; *reliquis manum admouere non ausus sum.* — De *locutione* carnaliter nasci *cf. u. 403* Praedictus est Deus carnaliter nasci; *de* facere se *cum infinitiuo cf. u. 122.* — *Roensch* (*Berliner Wochenschrift V* (*1885*) *p. 401*) *ita locum scribendum censet:* De uirtute curasse sua legis fimbriam unam, *eamque opinionem litteris ad me datis ita rationibus firmat*: '*In diese wenigen Worte ist, wie ich glaube, die ganze Erzählung Luc. 8, 43–48 kurz zusammengedrängt, vgl. namentlich daselbst V. 44*: tetigit fimbriam, *46:* noui uirtutem de me exiisse, *47:* quemadmodum confestim sanata sit.' *Quae argumentatio uiri doctissimi quamquam haud mediocriter me mouet, dubitaui tamen quae proposuit recipere, praesertim cum uersus:* De uirtute curasse sua legis fimbriam unam *legitima apud Commodianum caesura semiquinaria careat*; *cf. Hanssen, de arte metrica Commod. § 2 p. 7; Wilh. Meyer, Abh. p. 289* **284** Deus erat P^1 (*cf. u. 342*); deserat ***M***; deseratur ('nunmehr wird das Fleisch erschlossen .., d. h. der Leib der Maria überschattet ..') *uel* sed erat *Lb*; uerbus erat (in quo) *uel* desierat (*idem* P^3) *uel* desuerat (= *desueuerat*) *R*; descenderat *Ld* age bat (*sic!*) ***M*** **284** *sqq.* agebat, (Quid .. uidendum?) Vt *v* **286** claritas tanta *R*; charitas (caritas *Ld*) tanta P^2 P^3 *Ld*; alacritas tanto ***M*** P^1

Nec populus noster prosilisset in noua lege,
Si non Omnipotens ordinasset ante de nobis.
Hic erat Omnipotens, cuius ⟨in⟩ nomine gentes
Crederent omnino, quod propheta dixit Esaias:
Exurget in Israel homo de radice Iesse,
In illum sperabunt gentes, cuius signo tuentur.
Et alter dixit testem illum esse per orbem,
Manifestari eum principem nationibus ipsum.
In psalmis canitur: Dominus regnauit a ligno;
Exultet terra, iocundentur insulae multae.
Sic et patriarchae Iacob benedictio uera
Paruit in gentes: Hic erit spes gentium, inquit.
Sub caelo non aliud nomen est nisi Christi praelatum,
In cuius nomine crediderunt gentes ubique.

291 sq. Esai. 11, 10 **293** Esai. 55, 4 (Cypr. p. 56, 2 H.) **295** sqq. Psal. 96, 1; 95, 10 sq. (cf. Cypr. p. 98, 7 H.; Tertull. Marc. 3 c. 21; Iustin. Tryph. c. 73; Roensch. comment. ad hunc locum) **297** sq. Gen. 49, 10 **299** sq. Act. 4, 12

287 noster] nr̃ *M* ꝑsilis////set (*erasae litterae* es) *M* nouam legem P^3 **289** in P^1v (*cf. u. 300*); *om. M* gentes *initio omissum in M m. 1. add.* **290** Crederent P^2 *in nota ad u. 295 (300) pertinente;* Credere *M* (P^2 *falso*: credidere); Credidere *v*; Crediderunt P^1 omnino MP^1R; omnes *Ld* Credidere; omnino *R*; credidere omnes. *Ld* quod *MLbR*; Quid *Ld; om.* P^1 Esaias? *Ld* **291** Exurget *M*; Exsurget P^1v ısł *M* **292** signo *M* (*cf. Cypr. test. II 22 inscript.:* Quod in hoc signo crucis salus sit omnibus, qui in frontibus notentur. *De passiuo* tuentur *cf. Georg. HW*[7] *s. u.* tueo); signa P^1 (*s. u. l.*) *v* **293** alter ꝯ (= *dixit*) *M* (alter *retinui, quamquam Roensch in commentario p. 244 recte monuit insequentem quoque locum eiusdem Esaiae prophetae esse*; *Commodianus ipse uidetur errasse*); alter ⟨cecinit⟩ P^1; aliter (*uel* alibi) cecinit *R*; ait terrarum *Ld* **296** Exultet terra *M*; Exultent terrae P^1 (*s. u. l.*) *v*; *cf. S. 107 p. 799* **297** et patriarchae *v*; et patriarcha *M*; patriarcha P^1 **297** *sq.* Iacob: «Benedictio uera .. gentes, hic .. gentium», inquit P^1 inquid *M* **299** celo *M* praelatum *Hilgenfeld Ld*; prelator *M*; praelator P^3 (‘*quasi* praeferatur *aut* proferatur’) *Lb* (*omisso* est); praestatum *R* **300** crederent P^2

Non ita suademur credere pro tempore clauso,
Sed propter futurum tempus, in aeterno uiuentes.
Haec speranda nobis spes est, sempiterno frunisci,
Non ista, quae fragilis cito mutat gaudia nostra.
Sint licet diuitiae prae oculis laute fruendae,
Excluderis illis substituta morte caduca;
Aut si perseuera[ue]ris, horrescis ipse uiuendo,
Aut si ualetudo fuerit mala, quo tibi uita?
Tormentum est totum, quo⟨d⟩ uiuimus isto sub aeuo;
Hinc adeo nobis est spes in futuro quaerenda:
Hoc Deus hortatur, hoc lex, hoc passio Christi,
Vt resurrecturos nos credamus in nouo saeclo.
Sic Dei lex clamat: fieret cum humilis Altus,
Cederet infernus, ut Adam leuaretur a morte,
Descendit in tumulum Dominus suae plasmae misertus
Et sic per occulta inaniuit fortia mortis.
Obrepsit Dominus ueteri latroni celatus
Et pati se uoluit, quo magis prosterneret ipsum.

316 Hebr. 2, 14

301 clauso *scripsi* (*cf. u. 411* historia clausa; *Horat. carm. II 4, 24* claudere lustrum); quasso *MP*^{1}; casso *v; fortasse scribendum* passo, *ut u. 62* pando *cum P*^{1}*R posuimus pro* quando; *cf. Lucret. 6, 359* tempora se ueris .. pandunt; *adde quod Diez, Etymol. Woerterb.*^{4} *p. 238,* passare *a* pandere *originem ducere putat* **303** Hec *M* speranda *MP*^{1}*Ld*; quaerenda *LbR* sempiterno frunisci *M* (*P*^{2} *falso*: franisci) *Ld*; sempiterna frunisci *R*; (sempiterno) fruenda *P*^{2}; *idem tamen in excursu* (*P*^{3}) frunisci *ueram lectionem esse putat* **304** fragilis *P*^{1}*v*; fragili *M* nostra *P*^{3}; nã *M*; uita *P*^{1} **305** laute *M*; lautae *Ld, nescio an recte* **306** caduca *M* (*cf. Horat. carm. II 13, 11*; *III 4, 44*); caduco *R*; caducus *Ld* **307** *N*τ si (= *Aut si*) *MR*; Vt si *P*^{1}; Si *Ld* perseueraueris *M*; perseueraris *R Hanssen*; persenueris *Wilh. Meyer, Abh. p. 292* torpescis *R* **308** quo *MPLd*; quid *R* **308** *sq.* uita | Tormentum *P*^{1} **309** quod *v*; quo *M*; qua *P*^{1} **310** nobist *Hanssen* querenda *M* **312** resur recturos *M* hoc *M*^{1}; nou *M*^{2} scło *M* **314** Cęderet *M* **315** Descendit *P*^{1}*v*; Discendit *M* plasme *M* misertus *P*^{1}*v*; miserius *M* **317** celatos *M*

Ille quidem audax et semper saeuus ut hostis,
Dum sperat in hominem saeuire, uictus a Summo est.
Per quod prius hominem prostrauerat morti malignus,
Ex ipso deuictus; unde nobis uita prouenit.
Adam degustato pomo mori iussus obi⟨u⟩it;
Cuius de peccato morimur sic et omnis itemque.
Sed iterum dixit Dominus: De ligno uitali
Si sumpserit ille, in aeternum uiuat honestus.
Mors in ligno fuit et ligno uita latebat,
Quo Deus pependit Dominus, uitae nostrae repertor.
Hoc lignum uitae Dominus praedixerat esse,
Vt, qui credit ei, sic sit quasi sumat abinde.

323 sq. Rom. 5, 12 **325** sq. Gen. 3, 22 **330** Ioh. 3, 15

319 seuus *M* **320** seuire *M* **320** *sq.* est. Per quod P^1; est, Per quod *v* **321** morti *M* (*cf. Verg. Aen. 12, 464* sternere morti); morte P^1 (*s. u. l.*) **323** pomo P^1v; homo *M* obi⟨u⟩it P^3R; obiit P^1; abiit *M*; abiuit *Ld* (*coll. u. 1055* in umbra mortis abibunt) *extremo huius uersus uocabulo in M additum est signum* hd, *quo pertinet imo margine* :hp:, *sub quo signo uersum 324 initio omissum m. 1. (?) add.* **324** morimur sic et omnis itemque *scripsi* (*cf. Instr. I 35, 4; de* item *et* idem *inter se confusis cf. u. 583*; *de aduerbio cum adiectiuo particula copulatiua coniuncto cf. Verg. Aen. 11, 673* praecipites pariterque ruunt; *de* et .. que *compositis cf. u. 623*; *ceterum ambigo, an* et = *auch*, que = *und zwar sit*; *cf. u. 154* perit ipse priorque); morimur sic & omnis Idemque *M*; morimur; sic uiuus et omnis. | Idem P^1; 'Sic eius(!) omnis *ib.*' (= *in cod.*) P^2; moritur filius eius omnis. | Idem *R*; morimur: sic est iussus omnis; | Idem *Lb*; morimur stirpis eius omnes. | Idem *Ld*; morimur similiter omnes *Hanssen* **325** Sed iterum ꝺ (= *dixit*) dñs *M*; (Idem) sed iterum Dominus P^1; (Idem) sed iterum Domini *v*; (Idem) sed iterum donum *Lb; idem in adnotatione haec temptat*: sic est iussus omnis (*sc. mori*); sed idem iterum, si sumpserit ille donum (*cf. Rom. 5, 15*) de ligno uitali, (*iussus est, ut*) in aeternum uiuat honestus (*i. e. iustificatus*; *cf. Rom. 5, 21*) *ante* de ligno *interpunctio uulgo omittitur* **326** ille *MLd*; illum P^1; inde *R* (*uulgo ante* ille *uel* inde *interpungitur*) uiuat MP^1; uiuet P^3v **327** et ligno MP^1; et in ligno *v* **328** uite .. reppertor *M* **329** predixerat *M* esse *M* (*cf. u. 335*; P^2 *falso*: iste); ipse P^1v **330** credet ei *Wilh. Meyer* (*cf. u. 669*); credet ⟨ipsi⟩ *Hanssen*; cred& et *M*; credit et P^1 (*s. u. l.*) *Ld*; creditet *Ebert* (*Abh. d. k. saechs. Gesellsch. d. Wissensch. phil.-hist. Cl. V p. 391*); crediderit P^3R (*cf. u. 664*) sic sit MP^3R *Hanssen Ebert*; sitit P^1; scit, is *Ld*

Et sumit et gustat suauiter Dei summi praecepta
Et discedit, quoniam potior resurgit, a morte.
Qui credit in Christo, de ligno uitae degustat,
Quo fuit suspensus Dominus, ⟨a⟩ Moyse praedicto.
Hunc ipsum Esaias humilem denuntiat esse
Et nimis deiectum, fuerit quasi serui figura:
Et uidimus illum, nec erat praeclarae figurae,
In plaga depositus homo, sciens omnia ferre.
Hic dolet pro nobis et peccata nostra reportat,
Et pro facinore nostro Deus tradidit illum.
Qui, cum uexaretur, tacuit sicut agnus ad aras.
Hic homo iam non erat, sed erat Deus caro pro nobis;
Quo palam apparet hoc [erat] Dei nomen oriri,
Quod modo praeclarum nomen apud gentes habetur.
Hoc Malachiel canit propheta, qui et angelus ipse,
Cum et Iudaeorum reprobet sacrificia dicens:

331 Hebr. 6, 5 **334** Deuter. 28, 66; cf. u. 518 sq. **335** sqq. Esai. 53, 2 sqq. **344** sqq. Mal. 1, 10 sq.

331 suauiter *M* P^1; suauia *v* **332** resurgit, a morte *v*; resurgit a morte P^1 **334** suspensus] '*fortasse* appensus' *R Ld* (*praefat.*) ⟨a⟩ Moyse (Mose *Lb*) praedicto *Lb Ld Hanssen*; Moyse predicto ***M***; a Moyse praedictus *R*; Moyse praedictus P^1 **337** illum *M*; eum P^1 (*s. u. l.*) *v* praeclarae figurae P^1 *v*; praeclare fulgurae *M* **338** In plaga P^1 *v*; impleta *M* depositus *M* P^3 *Ld*; positus P^1; sed positus *R* **339** nobis *M R* (*coniecturâ*); nostris P^1 (*s u. l.*) *Ld* **340** propter facinora nostra *R*, *quod Ld recte auersatur coll. Cypr. test. II, 13 p. 78, 1 H.:* Et Deus tradidit illum pro peccatis nostris **341** aras *M*; aram P^1 (*s. u. l.*) *v* **342** non *del. R* sed Deus erat *R* caro P^1 *R Hanssen Wilh. Meyer, Abh. p. 293* (*cf. u. 284*); cura *M*; curans *Ld* **343** Quo *M Ld* (*coniecturâ*); Quod P^1 (*s. u. l.*); Quae *R* apparet hoc erat Dei nomen *M* (erat *ex antecedente uersu perperam huc irrepsisse recte monuit Ld*); apparet, hoc erat, Dei nomen P^1; (nobis, | Quae palam) apparebat, factus. Dei numen *R* **344** preclarum *M* **344** *sq.* habetur. | Hoc *Ld*; habetur, | Hoc P^1 *R* **345** Malachía *Hanssen p. 62* et *del.* P^3 angelos *M* **346** iudeorum *M*

Non erit acceptum mihi sacrificium uestrum,
Sed in omni loco offerunt meo nomini gentes,
Apud quos eximium nomen meum magnificatur,
Qui sine cruore offerunt meo nomini munde.
Nam fuit is ipse humilis, latens nomine magno,
Qui de semet ipso per ora prophetica clamat:
Contumax non sum, ait, neque contradico nocenti,
Dorsum quoque meum posui ad flagella caedendum
Maxillasque meas palmis feriendas iniquis
Praebui nec faciem auerti sputis eorum.
Stultitia subiit multis, Deum talia passum,
Vt enuntietur crucifixus conditor orbis.
Sic illi conplacuit consilium neminis uso —
Nec alius poterat — taliter uenire pro nobis.
Mortem adinuenit, cum esset inuidus, hostis,
Quam ebibit Dominus passus, ex inferno resurgens.
Idcirco nec uoluit se manifestare, quid esset,
Sed filium dixit se missum fuisse a patre.
Sic ipse tradiderat semet ipsum dici prophetis,
Vt Deus in terris Altissimi filius esset.

353 sqq. Esai. 50, 5 sq. (Cypr. p. 78, 3 H.) **359** Rom. 11, 34 **361** Sap. 2, 24 **362** I Cor. 15, 54; Hos. 13, 14; Esai. 25, 8 **366** Luc. I, 32

348 *et* **350** nomini P^1v (*idem Cypr. test. I 16 p. 50, 11 H.*; *Tertull. adu. Iud. 5; Marc. 3, 22*); nomine ***M***, *sed priore loco altera manus* e *in* i *mutauit* **349** quas *R*, *quod refutat Ld coll. u. 686 al.* **350** Quae *R* mundę ***M*** **351** his ***M*** **352** ꝑ hora ꝓphetica ***M*** **356** prebui ***M***; *deinde una littera erasa* sputamentis *R* **359** *sqq.* conplacuit (***M***) consilium .. uso | — Nec .. poterat — taliter uenire pro nobis. | Mortem *Wilh. Meyer* (*qui* alius *genetiuum esse existimat*; pro nobis *cum* uenire *esse coniungendum apparet, si comparaueris u. 286*); complacuit: Consilium .. usus (***M***), | — Nec .. uenire — pro nobis | Mortem *v*; Sic .. complacuit, consilium .. usus, | Nec .. poterat taliter uenire pro nobis. | Mortem P^1 **361** esset] *postremas duas litteras in* ***M*** *m. 1. in rasura scripsit post* inuidus *comma posui*; *cf. u. 152; 154* **364** patrę ***M*** **366** *post* altissimi *littera* ſ *in* ***M*** *erasa*

Hoc et ipse fremit, humilis in carne cum esset,
Testaturque patrem, ut ora prophetica firmet.
Ex Israel legimus hominem resurgere talem;
Et homo est, inquit, et quis eum nouit in ipsis?
Hieremias ait. Hic Deus est noster aequalis,
Post haec et in terris uisus est conuersatus humanis.
Esaias autem: Tu es Deus, et nesciebamus:
Et Deus in te est, et praeter te non alter habetur.
Et quis in occasum prophetarum lege ueniret?
Cantate Domino, nomen est Deus illi, qui uenit!
Et psalmus de ipso quartus quadragesimus inquit:
Exaltabor ego in gentibus nomine magno.
Et alibi legimus: Hodie te genui, fili;
Pete, et dabo tibi, et habebis gentes heredes.
Certe iam apparet, qui sit Deus et quis in ipso,
Et cuius in nomine crederemus gentes ubique:
Dictum est Christo meo, teneo cuius dexteram, illud:
Exaudiant gentes, et imperet gentibus ipse.
Quid plurimis opus est, cum res tam aperte probatur,

369 cf. 291; Numer. 24, 17 **370** Hierem. 17, 9 (Cypr. p. 74, 17 H.) **371** sq. Bar. 3, 36; 38 **373** Esai. 45, 14 sq. **375** sq. Psal. 67, 5 **377** sq. Psal. 45, 11 **379** sq. Psal. 2, 7 sq. **383** sq. Esai. 45, 1 **384** Psal. 21, 29

367 fremit *MP¹R* (*in textu*); premit *R* (*in comment.*) *Ld* **368** profetica *M* **369** ıſt *M* **371** Hyeremias *M* **374** preter *M* **375** quis *MP¹Ld*; qui *R* occansum *M* (*cf. Schuch. Vokal. I p. 112*) legi *M* ueniret? *Ld*; ueniret: *P¹*; ueniret, *R*, *ut* qui (*u. 375*) *ad* Domino (*u. 376*) *pertineat; idem in commentario profitetur magis sibi placere* uehiret *secundum Graecum* τῷ ἐπιβεβηκότι; *sed cf. u. 241* **376** ille *M* **377** quartus quadragesimus *Mv*, *qui numerus quamquam discrepat a uulgari psalmorum diuisione, nihil tamen mutandum; cf. quae disserui in Zeitschrift f. wissenschaftl. Theol. XXII p. 380 sqq.* inquid *M* **378** Exaltabar *M* gentibƨ *M* **379** hoď *M* **381** apparet *M* qui sit *M* (*cf. u. 90*); quis sit *P¹* (*s. u. l.*) *v* **382** ubiquę *M* **384** imperet *P¹v*; imperent *M* **385** plurimis *MP¹R*; pluribus *Ld*; *cf. Ienaer Literaturzeit. ann. 1877 p. 797; Wölfflin., lat. u. rom. Comparat. p. 59 sq.; p. 70; ceterum Ld ipse genuinam lectionem restituit in praefat. Instr. p. VIII*

Cum is, qui taxatur, populus iam in illo laetatur?
Illi autem miseri, qui fabulas uanas adornant
Et magum infamant, canentibus rostra clusissent.
Quales eos dicam? antequam dispersi fuissent,
Quos nec exulatus fregit nec seruitus ipsa.
Si magus adfuerat, cur ergo prophetae canebant
Venturum e caelo, ut esset spes gentium ipse?
Si false de ipsis pronuntiant perdere terram,
Quod prouenit de eis, sic erint et falsa de illo.
Sed quia sunt semper spreti, quod cruenti fuerunt,
Contra suum Dominum rebellant dicere magum.
Nec uolunt audire, quae dixerunt uates in illos,
Quod non intellegerent in totum fine sub ipsa.
Ipse Deus illos descripsit: Pectore clauso
Nec uideant oculis nec intellegant corde durato;
Incrassauit enim cor populi huius iniqui,

392 Gen. 49, 10 **393** cf. 245 sq. **399** sqq. Esai. 6, 9 sq.

386 his ***M*** letatur ***M***[2]; probatur ***M***[1] **388** magum *P*[1]*v*; magnum ***M*** **389** dispersi] *postremae duae litterae in* ***M***[1] *sic scriptae* ꝺ, *quod altera manus correxit ut sit* ſı *post* fuissent *inuenitur in cod. signum* ƀꝺ, *cui respondet imo margine* ƀꝑ, *quo signo praemisso altera manu u. 390. subiungitur* **390** nec exsulatus *P*[3]*v*; nec exolatas ***M*** (*P*[1] *falso*: exolatos); nec exsulatos *P*[1] fregit nec seruitus ipsa *Wilh. Meyer;* fregit In senectas ipsas ***M*** (*P*[1] *falso*: ipsos); fregit nec ipsa senectus *Ld*; fregit, ense (ensis *R*) necat ipsos *P*[1]*R*; fregit, sed incitat ipsos *P*[3] **391** adfuerant ***M***[1]; n *del.* ***M***[2] prophete ***M*** canebant? *P*[1]*v* *post* canebant ***M*** *haec praebet a Pitra omissa:* Venturꝫ ecelo ut esset ſpes gentium ipsę; *cf. u. 744; S. 107 p. 795* **394** erint et falsa *scripsi* (*cf. Instr. II 3, 4; 23, 12; I 27, 18*); erit et falsa ***M***; erunt et falsa *P*[1] *Wilh. Meyer, Abh. p. 293*; erit et falsum *v* **395** semp spreti ***M***; spreti semper *P*[1] (*s. u. l.*) *v* **396** dicere magum *P*[1]*R*; dicere magnum ***M*** (*P*[1]*:* 'Magnus *in cod.*'); magum dicentes *Ld*; *P*[3]: '*Aliis placuit retinere* magnum *i. e.*: *Hi prae sua in Deum proteruia illi magni nomen detrectant*' **398** in ***M*** *m. 1. s. l.* ipso *P*[1] **399** describsit ***M*** descripsit: Pectore clauso *scripsi*; descripsit, pectore clauso *P*[1]; descripsit pectore clauso (cluso *R*), *v* **400** Nec ***M***; Ne *P*[1] (*s. u. l.*) *v*

Vt nihil agnoscant, donec meo uerbo sanescant.
Praedictus est Deus carnaliter nasci pro nobis,
Vt fieret illis merito cruciatio maior:
Ecce dabit Deus ipse uobis signum ab alto:
Concipiet uirgo et pariet terra caelestem;
Emmanuel autem uocetur, iusserat illos;
Quod lingua Latina 'Deus nobiscum' euoluit.
Audite, quod ipse nutriretur melle, butyro,
Et Samariam caperet, uerbum priusquam loqueretur.
Sed haec est historia clausa, de qua docti reuoluunt,
Vt paruulus lactans sine pugna praedas iniret;
Passio cuius praedicta est taliter ante,
Vt Deus passibilis fieret profuso cruore.
Esaias ait: Tamquam ouis ductus ad aram,
Nec uoce clamauit, patienter omnia gessit.

405 sqq. Esai. 7, 14 sq. **408** Matth. 1, 23 **410** Esai. 8, 4 **415** sq. Esai. 53, 7

402 meo uerbo sanescant $P^2 v$; mea uerba senescant ***M*** P^1; P^3 *dicit noluisse se coniecturam suam in textum recipere, quod ironice Commodianus dicere potuerit: 'Nae, tantum audient, quum Dei deficientibus annis ipsius uerba senio tabuerint'* **403** predictus ***M*** Dominus *Hanssen Wilh. Meyer, Abh. p. 290* **404** cruciatio (r *supra*) ***M***; r *m. 2. addidit* **405** Dominus *Hanssen* **406** celestem ***M*** **407** illis *R* **409** buturo ***M*** **410** Et (*om. R*) Samariam caperet, uerbum P^1 (*s. u. l.*) *v* (*ad quam lectionem probandam R affert Esai. 8*, 4 διότι πρὶν ἢ γνῶναι τὸ παιδίον καλεῖν πατέρα ἢ μητέρα, λήψεται . . τὰ σκῦλα Σαμαρείας); Et uerbum Samaria caperet et ***M*** (*apparet igitur, quae codicis lectio uidebatur, eam ingeniosam Pitrae esse coniecturam*) priusquã ***M*** (P^2 *falso*: priusque) **410** loqeretur ***M*** **411** hec ***M*** hystoria ***M*** clusa *R* qa ***M*** **412** predas ***M*** iniret P^1 *R Wilh. Meyer, Abh. p. 293*; inτre ***M*** (*extremo margine scriptum, ut una littera potuerit glutinatoris opera intercidere*); teneret *Ld* (*quia 'dictio* praedas inire *latina est nulla neque cum uerbis Graecis* (*Ies. 8, 4*) *conuenit*'); haberet *Hanssen* **413** predicta ***M*** **416** *post* gessit $P^1 v$ *exhibent*: Tu Deus et Dominus uere meus! contra quem ille, *quae uerba in* ***M*** *non hoc loco, sed post uersum 567 inueniuntur; cf. S. 107 p. 793 sq.*

Suffigitur clauis, quod Dauid praedixerat olim;
Quem et potauerunt secundum scripturas acetum.
Et in uestimentis meis, dixit, sortem[que] miserunt,
Quod factum, et legimus in illo omnia gesta.
Fuerunt et tenebrae factae tribus horis a sexta
Festinauitque dies inducere sidera noctis.
Praedictum hoc fuerat fieri per prophetam Amos,
Vt tegeret subito sese per sollemnia sancta.
O mala progenies, * * subdola fronte!
Generaui suboles, dixit Deus, qui me negarent.

417 Psal. 118, 120 (Cypr. p. 88, 7 H.) **418** Psal. 68, 22 **419** Psal. 21, 19 **421** Matth. 27, 45 **423** sq. Amos 8, 9 **425** Esai. 1, 4 **426** Esai. 1, 2

417 predixerat **418** scribturas ***M*** acetum ***M**P^1 v ut psalm. cod. Sangerman. (Sabat. II p. 137) et cod. Fuld. deperd. in libro Tertull. adu. Iud. c. 13*; aceto *Lb* **419** Et ***M**(?) R (coniecturâ) Ld*; Vt P^1 (*s. u. l.*) sortem *Lbv*; sortemque ***M**P^1 Wilh. Meyer, Abh. p. 293* ('que *steht bei Commodian öfter, wo es kaum zu erklären ist'*) **420** *sq.* factum, et legimus in .. gesta. | Fuerunt *scripsi*; factum et legimus in .. gesta fuerunt. | P^1; factum et legimus. In .. gesta fuerunt. | *R*; factum et legimus. In .. gesta | Fuerunt *Ld* **421** fuert̃ ***M*** tenebrae factae tribus horis a sexta *Hanssen Wilh. Meyer, Abh. p. 293*; tenebre facte tribꝰ horis a^{d} sextam ***M*** (d *m. 1. s. l. scripsit*); tenebrae factae ad sextam (in P^3) tribus horis P^1; t. f. tr. ⟨sunt⟩ h. ad sextam *Lb*; t. f. tr. in h. a sextam *R*; t. f. tr. h. ad sextam *Ld* **422** inducere ***M***; obducere P^1 (*s. u. l.*) *v* **423** Amos ***M**P^1 (cf. u. 66; 193)*; Amosum P^3v *post* Amos *in **M** additur* ₰, *quod est signum uersus exeuntis* **422** *sqq.* noctis. | Praedictum .. Amos, | Vt *scripsi*; noctis. | Praedictum .. Amos | Vt P^1; noctis, | — Praedictum .. Amosum — | Vt *v* **424** Vt tegeret subito sese (*sc.* dies) *Ld*; Vt legeret subitos esse ***M***; Vt legeret sublatos esse P^1; Vt lugeret subito terra *Lb*; *idem suspicatur hic uersum excidisse et locum sic esse scribendum*: 'Vt lugeret subito terra per ⟨solem occasum, | Mutaretque Deus in luctum⟩ solemnia sancta'; ut lugeretur sublato die *R coll. Cypr. test. II, 23 p. 91, 3 sqq. H.:* occidet sol meridie et obtenebrabitur dies lucis; et conuertam dies festos uestros in luctum sollemnia ***M*** **425** O mala progenies subdola fronte ***M***; O mala progenies, ⟨inquit,⟩ o subdola fronte! P^1; O mala progenies, ⟨audi,⟩ o subdola fronte! *R*; O m. progenies! O s. fronte | (Generaui) *Ld*; O m. pr., ⟨ingrata,⟩ s. fronte! *Hanssen*; *fort. addendum:* ceruicosa; *cf. 261* **426** suboles ***M***; soboles P^1 (*s. u. l.*) *v*

Et dixit: Audite uocem tubae. — Nolumus, aiunt.
Hoc dicit Ezechiel: Audient ergo gentes a longe.
Vno uolo titulo tangere librum Deuteronomium:
In caput eritis, gentes; nam increduli retro.
Si respuunt certe omnia supra dicta rebelles,
S⟨c⟩ite quid opponunt, cúm res tam aperte dicatur?
Videte iam ergo, dubii qui nunc usque natatis,
Quod gentes in Domini fuerint scriptura priores.
Nunc ergo fas est credere, quem libri designant,
Non idolis uanis, qui frustra pro uita coluntur,
Nec istis adiungi uoluptuosis et sine freno,
Qui magis luxurias diligunt quam Summi praecepta.
Non est culpa satis una, qui credere nolunt,

427 Hierem. 6, 17 sqq. **429** sq. Deuter. 28, 44

427 dix̄ *M* **428** Ezechiel] *quamquam locus citatus apud Hieremiam inuenitur, nihil tamen mutandum est, cum Cyprianus eodem modo errauerit; de qua re cf. Roensch. comment. et Zeitschr. f. wissensch. Theol. XXII p. 378* **429** Hoc uolo P^3 titulo P^1v; titulũ *M* deutheronomiũ *M*; Deuteronomii P^1 (*s. u. l.*) *Ld*; Deuteronomî *R*; Deuteronomum (?) *Wilh. Meyer, Abh. p. 299; 305* **430** In caput eritis, gentes; nam increduli retro. *Wilh. Meyer*; In (Id *Lb*) caput: Eritis gentes; nam increduli retro (Respiciunt,) | P^1*Lb*; In caput eritis, gentes, nam increduli retro | (Respiciunt.) *v*; *R in comment. totum locum illustrauit coll. Cypr. test. I, 21 p. 55, 10 H.:* Eritis gentes in caput, incredulus autem populus in caudam **431** Si respuunt *M* (P^1 *falso:* Sic respiciunt); Respiciunt, P^1; Respiciunt. *v* certe] contra P^3*Lb*; *malim* corde; *cf. Instr. I 27, 13* si corde retractes reuelles *M*; rebelles, *Wilh. Meyer, Abh. p. 305*; rebelles. P^1v **432** Scite quid P^1v; Scite, quid *Wilh. Meyer*; Site quid *M* (P^1 *falso*: quia) dicatur. P^1; dicatur? *v* **433** natatis *M* (*cf. quae Heindorf adnotat in Horat. serm. II 7, 7*); nutatis P^1v **434** Domini *v*; dño *M*; Domino P^1 scribtura *M* **435** Nunc ergo fas est *M*P^1 (*cf. u. 439*); N. e. f. est ei *R*; N. e. f. ei *Ld* (*idem in praefat. Instr. p. VIII praefert* est); Huic ergo fas est *Wilh. Meyer* **436** qui *M*P^1 (*cf. u. 348 sqq.* gentes, Apud quos .. Qui; *467 sqq.* ipsa maiestas .. profitetur, ipse quis esset); quae *v* **438** precepta *M* **439** satis una qui *MP* (*cf. u. 435*); satis una quia *R*; satis ⟨iis⟩ una qui *Ld*; *eidem postea* (*praefat. Instr. p. VIII*) *magis placebat codicis lectio*

Sed magis infamant: In puteum misimus illum.
Quapropter et Dominus indignatus iurigat illos:
Propter uos nomen meum blasphematur in gentibus, inquit.
Si missus in puteum, sed resurgere quare clamatur?
Ab inferis, Domine, animam meam inposuisti:
Ego dormiui, ait, et somnum cepi securus;
Auxilio Domini surrexi, nihil mali passus.
Et iterum dicit: In infernum non derelinques
Nec dabis sanctum tuum interitum quoque uidere.
Hic personans ait: Fili prophetae, ascendo,
Vt Dominum dicam passum per miseriam summum.
Et [in] libro psalmorum de Domini morte clamatur,

442 Esai. 52, 5 **443** Psal. 40, 9 **444** Psal. 29, 4 **445** sq. Psal. 3, 6 **447** sq. Psal. 15, 10

441 iurigat *Schmitz* (*Beitr. z. lat. Spr. p. 167 sq.*), *ad cuius sententiam accedunt Ld* (*praef. Instr. p. IX*) *et R* (*Berl. philol. Wochenschr. ann. 1885 p. 400*); iurgiat MP^1v **442** in *initio omissum in M m. 1. s. l. scripsit*; *om.* P^1 (*s. u. l.*); *add. R coll. Ies. 52, 5* βλασφημεῖται ἐν τοῖς ἔθνεσι inquid *M* **443** Si missus in puteum *scripsi*; Si missum (Simissum *M*) in puteum MP^1; Sic missum in puteum P^2 *LbR*; Dimissum in puteum *Ld* sed resurgere *scripsi* (*de litteris* u *et* d *commutatis cf. u. 492, ubi* M^1 uiuentes, M^2 uidentes *habet*); seuresurgere *M*; se resurgere P^1 (*s. u. l.*); posse surgere *Lb*; non resurgere *R*; uere surgere *Ld* **444** Ab inferis *M* (*cf. Psal. 29, 3*; *Cypr. test. II, 24 p. 91, 15 H.* Domine, eduxisti a b i n f e r i s animam meam); Inferis P^1 (*s. u. l*) *v* inposuisti *M* (= ἀνήγαγες!) **446** Auxiliũ *M* nihil *M*; nil P^1 (*s. u. l.*) *v* **447** dic̃ *M* **448** uideri *M* **449** personatus *Hanssen* propheti *M* ascendo, *scripsi*; ascendo: P^1; ascendo. *v*; ascende *R cunctanter proponit in comment. alleg. Psal. 3, 8 (7)*; *Apoc. 4, 1* **450** Dominum] *in M litteras* mi *primo omissas m. 1. s. l. scripsit* dicam *Mv*; dicat P^1 per miseriam *scripsi*; ꝑ (*P^2 falso*: pro) miseria *M*; pro miseris P^1v; pro miseria *Hanssen* Summum. P^1; Summum, *v* **451** Et libro *Hanssen Wilh. Meyer, Abh. p. 292* psalmũm *LbR* de Domini morte P^3v; Domini de morte P^1; de dño morte *M* **451** *sqq.* clamatur, | Non .. referre. | Aut *scripsi*; clamatur; | Non .. referre: | Aut P^1; clamatur. | Non .. referre, | Aut *v*

Non ut illi putant Dauid de ipso referre.
Aut si putant illud, congruunt uniuersa, quae dixit?
Non est flagellatus Dauid nec cruce leuatus.
Quid? Vaticinantur Iudaei more Saturni?
In fabulas coeunt, cum iam declinetur in illos?
Non quasi maleficum alapantur cruce leuatum.
Insciis, indoctis, ignorantibus talia fingunt.
Quis Deus est ille, quem nos cruce fiximus? aiunt
Nolentes respicere scripturas, corde caecati.
Ecce canit alius repetens iterumque propheta,
Cuius uoce tamen titulatur talis edictus:
Nunc exurgam, ait Dominus, nunc clarificabor,
Nunc exaltabor, humilem quem ante uidistis;
Nunc intellegitis, nunc erit confusio uestra:
Vana cogitatis, ideo uos ignis habebit.

454 Psal. 34, 15; 72, 14; 21, 17; 118, 120 (Cypr. p. 88, 7 H.) **456** Psal. 20, 12? 40, 7 sq.? **463** sqq. Esai. 33, 10 sq. (Cypr. p. 92, 23 H.)

452 ut MP^1 (ut putant *cum infinitiuo anacoluthum est Graecis usitatum*; *ex Ciceronis rep. I 37, 58 exemplum affert Kuehner, ausf. Gr. § 243, 3 a*); id *Lb v* ipso MP^1; se ipso $P^3 v$ **453** congruunt uniuersa *Ld*; cum graui uniuersa MP^1; cum qua ui uniuersa P^2; migrant (= *neglegunt, subuertunt*) uniuersa P^3 (*Duebner*?); tum praue conuersant *Lb*; tum grauant uniuersa *R* *post* dixit *Ld primus interrogationis signum posuit* **455** iudei *M* **456** illos MP^1; illo (*i. e. Dauid*) *Ld*; illum $P^3 Lb R$ **455** *sqq.* Quid uaticinantur Iudaei, more Saturni? | In fabulas coeunt, cum iam declinetur in illos, | Non P^1; Quid .. Iudaei? More Saturni | In .. coeunt, cum .. illum. *Lb*; Quod uaticinatur (Iudaei more Saturni | In fabulas coeunt) quum iam declinetur in illum, | Non *R*; *nos Ludwigi interpunctionem retinuimus*; *ceterum quae sit hoc loco poetae sententia fatemur nos ignorare* **457** maleficum $P^1 v$; maleficium *M* cruci *M* (*cf. 454*) *post* leuatum *R primus interrogationis signum posuit* **459** cruce MP^1 (*cf. u. 1048*); cruci *v* (*cf. u. 358*) **460** scribturas *M* cecati *M* **461** repe tens *M* **462** talis edictus *M*(?) $P^3 v$; tali se dictus P^1 **463** exurgam *M* **465** intellegitis *M* (*ut Cypr. test. II, 26 p. 93, 1 H., codd. optimi AL*); intellegetis *Ld*; intelligetis $P^1 R$ confusio *v* (*Cypr. ibid.*: confundemini); confessio MP^1; *cf. Instr. II 8, 4*

Haec Esaias ait. Tunc sic et ipsa maiestas,
Cum esset in carne, profitetur ipse quis esset:
Nemo meam animam poterit auferre conatus,
Sed ego sponte a me pono eam meo decreto.
Ipse potestatem habeo de illa ponendi
Et sumendi iterum habeo potestatem in illam.
Apertius autem de iusti morte clamatur,
Vt pareat magis induratos esse Iudaeos:
Ecce perit iustus, nec quidem intellegit ullus;
Sed erit in pacem huius sepultura dilecti.
Quid illi infamant in puteum esse demissum,
Cum legimus illum sepulturae traditum esse?
Ignominiosi, crudeles, caeci, superbi,
Qui magis de facto deberent lugere, plaudent!
Inspiratus enim Salomon de ipso prophetat
Et magis insequitur plenius ostendere iustum:

469 sqq. Ioh. 10, 18 **475** sq. Esai. 57, 1 sq. **481** sqq. Sap. 2, 12 sqq.

467 Hec *M* Esaias *Mv*; Isaïas P^1 (*s. u. l.*) **469** poterit *R* (*coll. Cypr. test. II, 24 p. 92, 1, ubi codd. WMB*: auferet, *ceteri* aufert *exhibent*; *eodem euangelii loco cod. Rehdig.*: tollet) *Ld*; potuit *M* P^1 **470** a me pono eam *Cypr. l. c. p. 92, 2*; eam pono eã *M*; eam pono, eam P^1; eam pono ex P^3v; mea pono eam *Wilh. Meyer* **471** illam deponendi *R* **474** pareat *M* (*cf. u. 279; 298 et indic. uerborum*); pateat P^1 (*s. u. l.*) *v* magis P^1v; maius *M* (*cf. u. 527*); clarius *Hanssen* iudeos *M* **475** qidem intelleḡ ull *M* pacē *Mv*; pace P^1 **477** demissum P^3; dimissum MP^1v **479** superui *M* **480** lugere *M* (*de paenultima correpta cf. u. 949*; *Instr. II 32, 10*); gemere P^1 (*s. u. l.*) *v* plaudent *M* (*cf. u. 20; Lucif. Calar. 42, 14; 49, 6 H.*); Plaudunt P^1 (*s. u. l.*) *v* **482** insequiᵗ̃ *M* ostendere iustum: *R* (= *ut plenius quam antecedentibus locis — uelut u. 475 — ostendatur, iustum esse, qui periturus sit**); *similiter Cyprianus test. II, 14 hos aliosque quos collegit locos ita inscripsit*: Quod ipse sit iustus, quem Iudaei occisuri essent); ostendere iustum. P^1; ostendere: Iustum *Ld*

*) *Hoc ipsum autem ostendi nequiret, nisi in eo quoque qui sequitur loco* (Circumueniamus *etc.*) *illud* iustum *retineretur.*

Circumueniamus iustum, si qui [nobis] grauis esse uidetur,
Qui nostris operibus contrarius ualde resistit;
Exprobrat in totum nihil nostra lege teneri,
Adhuc et adfirmat filium Altissimi esse.
Omnimodo reprobat et nugaces aestimat esse,
Abstinet et sese a nobis et in altera uadit;
Nos inmundos ait et innouat altera iusta,
Et sibi laetatur Dominum patrem esse caelorum.
'Ergo, si sermones illius sunt ueri, probemus;
Temptemus hunc Deum uidentes, quid fit in illum;
Interrogemus eum omni cum tormento quietum,
Condemnemus eum turpissima morte' dicentes,

491 sqq. Sap. 2, 17 sqq.

483 Circumueniamus iustum P^3 *R*; Circumueniamus iusto *M* P^1; (Iustum |) Circumueniamus *Ld Wilh. Meyer, Abh. p. 293* si qui (si qua P^3) nobis grauis esse uidetur *M* P^1; si quidem nobis grauis uidetur *R*; si quî nobis grauis (*in praefat. p. XXV* esse *addidit*) uidetur *Ld*; nobis (*omisso* si qui) grauis esse uidetur *Wilh. Meyer*; *ego* nobis *uncis seclusi*; *Leimbach coll. Sap. 2, 12* (*Cypr. test. II, 14 p. 79, 11 sqq. H.*) *totum locum sic scripsit*: Circumueniamus iusto si qui inutilis nobis, | Dissimilis et iam nobis grauis est ad uidendum **485** nostrae legis *Lb* teneri P^1 (*s. u. l.*) *v* (*cf. Verg. Aen. 2, 160* teneor patriae nec legibus ullis; *12, 819* nulla . . lege tenetur); tenere *M* **486** et] se *R*; *sed cf. u. 618* esse] sese *Hanssen* **487** nugaces aestimat *Lb* (*coll. Sap. 2, 16*); nutacesaęstimat *M*; muta caesa aest. P^1; muta, caeca aest. P^2; ruta caesa aest. *Duebner*; nugaces nos aest. *v* essę *M* **489** inmundos *M* innouat altera iusta *M* P^1 (*praegnanter dictum pro* altera inducendo iusta res innouat; *cf. Cypr. p. 79, 18* praefert nouissima iustorum); inouat ultima iusti *R* (*satis ingeniose, cum Graeca uerba sint*: μακαρίζει ἔσχατα δικαίων; *sed constat hac in parte carminis Cypriani potissimum uestigia poetam premere*); nouissima altari iusti *Ld* **490** laetatur (letatur *M*) dominum *M* P^1 *Ld*; gloriatur Deum *R* **492** Temptemus *M* hunc deum *M* P^1 *Ld*; hunc Dominum *Lb Hanssen Wilh. Meyer, Abh. p. 290*; hinc Dominum *R* uidentes M^2 P^1 *v*; uiuentes M^1 quid fit in illum *scripsi* (*cf. Cypr. p. 79, 20* temptemus quae euentura sunt illi); quid (quis *R*) sit in illum *M* P^1 *Lb R Ld*; quid sit in illo P^3 **494** Condempnemus *M* morte dicentes *M*; morte, dicentes. P^1; morte dicentem P^3; morte. — Dicebant, *R*; morte. Mouebant, *Lb Ld*; *sed cf. Wilh. Meyer, Abh. p. 305*

Haec cum fecissent, capita suspensa mouebant:
Saluum illum faciat pater, aut descendat abinde!
Vt eos caecos Salomon ostendat aperte,
Sic, quasi nunc referat, et fecisse talia culpat:
Dum ista cogitant, ducti sunt in errore nefando;
Excaecauit illos malitia sua saeuire.
Ecce quia caeci ipsi sunt et alteros aiunt,
Dixit illis Salomon: Nescierunt Dei secreta.
Quaecumque dixerunt testes uniuersi priores,
In Christo fuerunt facta. Aut in altero dicant?
Quod ipsum si cupiunt facere frustrantes in ore,
Ipsi se subsannent, uideant cum ⟨im⟩pletum in illo.
Quis fuit is iustus, de quo prophetae canebant,
Cum nemo sit iustus in terris, nisi [e] caelo uenisset?
Dauid enim princeps peccauit amando puellam,
Peccauit et Salomon; et tamen paenituit illos.

495 sq. Matth. 27, 39 sq.; Psal. 21, 8 sq.; 108, 25 **499** sq. Sap. 2, 21 **502** Sap. 2, 22 **509** II Reg. (Sam.) 11; III Reg. 11

495 Hec *M* mouebant MP^1; mouentes *R*; dicentes *Lb Ld* **496** illum faciat pater *M*(*?*) *Lb* (*coniecturâ*) *Ld*; f. i. p. P^1; p. f. i. *R* descendat P^1v; discendat *M* **498** referat P^1v; repperat *M* et *del. R* feciss etalia *M* **499** cogitant ista *Hanssen* cogitant, ducti sunt in errore MP^1Ld (in *om.* P^3); cogitant, sunt ducti errore *Lb*; recogitant, sunt inducti errore *R* **500** excecauit *M* saeuire P^1P^3R (*de infinit. cf. u. 396*); seuirę *M*; seu irae *uel* seu ira P^2; seu irae *Ld*; *idem in praefat. Instr. p. VIII praefert* saeuire **501** ceci *M* **502** aiunt] agunt *malit R* **503** Quecumque *M* **504** facta. Aut in altero (*esse facta*) dicant? *scripsi*; facta, aut in altero dicant! P^1; facta? aut in altero? Dicant. *v* **505** cupiant P^3 frustrantem *R* **506** subsannent, uideant cum (qui *Lb*) impletum in illo P^3LbR (*cf. Tertull. adu. Iud. 7* retro omnes prophetae de eo praedicauerunt ... quod ipsum adimpletum uidemus); subsannent(,) uideant cum plebem in illo MP^1; subsannent: uideant completum in illo *Ld* (*cf. u. 532*) **508** caelo *Hanssen*; ę celo *M*; e caelo P^1v **510** Peccauit et *M*; Peccauit P^1 (*s. u. l.*) *v* et tamen MP^1 (= *ceterum*; *cf. quae in editione mea Minucii Felicis, append. p. 127, adnotaui*); et tandem *v* penituit *M*

Cum isti tam clari et insigni reges eorum
Non fuerunt iusti, sed ipsi de iusto canebant,
Nec quidem Esaias uates de se talia dixit,
Qui fuit ab rege Manasse de serra secatus.
Alter lapidatus, alter est mactatus ad aras,
Alterum Herodes iussit decollari reclusum.
Omnes isti uates alia sunt morte perempti,
Quod Dominus ligno pependit, uoce Moysi:
'Non quasi homo Deus suspenditur', intimat ante;
'Aut non ceu filius hominis minas patitur', inquit.
Sic Dominus ipse cum uenisset, ista secutus:
Oportet me, inquit, reprobari uoce Moysi.
At ego non tota, sed summa fastigia carpo,
Quo possint facilius ignorantes discere uera.
Hi autem iniqui, ⟨qui⟩ subdole uiuere quaerunt,
Iam semel cruenti perseuerant fingere uana.
Infatuant stultos magis euanescere dictis,
Quod crucifixus ⟨sit⟩, cum sic oporteret eundem.

513 cf. 475 **519** sq. Numer. 23, 19 (Cypr. p. 88, 15 H.) **522** Ioh. 3, 14

511 isti .. eorum ***M**P^1*; isti .. peccarunt (peccarint) *LbR*; iustum .. bearunt *Ld* insigni ***M**v*; insignes P^1 **512** sed ipsi ***M**P^1*; ipsi, sed *v* **512** *sq.* canebant. | Nec P^1v **513** esaias ***M**v*; Isaias P^1 (*s. u. l.*) **514** ab *scripsi*; ad ***M***; a P^1 (*s. u. l.*) *v* **517** isti *scripsi* (*quoniam u. 508 docetur, neminem iustum esse in terris, nisi qui e caelo uenerit*); iusti ***M**P^1v*; missi *uel* prisci *R in commentario* **518** uoce Moysi *scripsi*; uoce moyse ***M***; uoce Moysis P^1 (*s. u. l.*); uoce Moyses *Ld*; hac uoce Moyses *R* **521** secutus ***M***; sequutus P^1v **522** me P^1v; ne ***M*** inquid ***M*** moysi ***M***; Moysis P^1v **523** At *Lbv*; Ast P^1; Ad ***M**, ut P^2 affirmat*; *Knoell illud* At, *quod est in exemplari typis impresso, quo in collatione utebatur, non mutauit* **524** possint] n *in **M** m. 1. s. l. scripsit* **525** qui *Ld*; quia P^3R; *om.* ***M**P^1* **526** finiere ***M*** **527** Infatuan ***M*** stultos magis P^3v; stultos maius (*cf. u. 474*) ***M*** (P^2 *falso*: magus); stultis magis P^1; stultos magum *Lb*; stultos malis *Wilh. Meyer* dictis] *post* c *in **M** littera* i *erasa* **528** Quod ***M***; Quum P^1 (*s. u. l.*) *v* sit *scripsi*; erat *Wilh. Meyer, Abh. p. 305*; *om.* ***M**P^1v* cum ***M***; enim P^1 (*s. u. l.*) *v* **526** *sqq.* uana; | Infatuant .. dictis. | Quum (Cum) .. oporteret (,) — eundem | Sic .. ruinam — (,) | Non P^1v

Sic enim disposuit propter primitiui ruinam;
Non solum pro illo, et pro nobis uenit e caelo.
Constituit populum nouum suo nomine firmum,
Iuxta prophetias conpleuit omnia Christus.
Ecce noua facio, Esaias clamat in ipso,
Et nemo priora reputet nec antiqua sequatur.
Haec noua sunt hodie sub nostra lege profecta,
Quod gentes in Christo credi⟨di⟩mus dicto Moysi.
Ille duos populos praedixerat esse futuros,
Et quidem minorem populum praecellere dixit.
Sed isti nequitiae pleni iam desperato furore:
Lex nobis est data, dicunt, uos unde uenistis?
Si nobis obsistunt, putant et resistere Summo,

533 sq. Esai. 43, 18 sq. (Apoc. 21, 5; II Cor. 5, 17) **536** Gen. 49, 10? **537** sq. Gen. 25, 23

529 pp̄t *M* **530** illo et *M* (*cf. u. 41*); illo sed P^1; illis sed *v*; *ceterum Ld praefat. Instr. p. VIII restituit genuinam lectionem* uenire *R* celo *M* **531** populum .. firmum P^1v; populus .. firmus *M* (*non* firmum *ut* P^1 *s. u. l. scribit*) nomine] *litteras* ne *in M m. 1. s. l. scripsit* **532** Iuxta P^1 (*s. u. l.*) *v*; Iuxtaque *R*; Iusta *M*; *cf. Instr. II 26, 5* prophetias MP^1v; *idem Knoellio M habere uidebatur*; P^2: 'propheticas *ib.*' (= *in cod.*) conpleuit *M* **533** noua facio omnia P^1 (*s. u. l.*); omnia, *quod deesse apud Cyprianum, test. I, 12 p. 47, 10 H.* (*excepto uno cod. B*) *iam Roensch monuerat, Ld deleuit*; *idem ne in M quidem Knoell repperisse uidetur* **535** hec *M* profecta P^1v; propheta *M* **536** credidimus *scripsi* (*cf. u. 300*); credimus MP^1v dicto MP^1 (*cf. u. 518*; *522*); ex dicto *v* Moysi *M*; Moysis P^1 (*s. u. l.*) *v* **537** predixerat *M* **538** precellere *M* **539** nequitie *M* **540** Lex *scripsi*; (h)eχ *M* (*prima littera* h *in rasura*); Haec P^1v data MP^1; data lex P^3Lbv; Haec lex nobis data est *Hanssen* nobis M^2P^1v; nouis M^1 **541** putant et resistere summo *M* (*post* summo *inuenitur signum* ꝗ, *quo indicatur uersum finiri*; *cf. u. 423*) P^1; reputent se resistere Summo *R*; putant et resistere posse *Lb*; patet et resistere istos *Ld*; *sed cf. Ienaer Literaturzeit. ann. 1877 p. 797. Iidem* (*Lb et Ld*) *a* Summo *nouum uersum ordiuntur*

Qui uoluit nobis bonus esse * * ?
Nec illud respiciunt ceruicosi, setis ⟨e⟩rectis,
Quod semper innocuos cruciarunt lege uitata.
Sic Deo fecerunt, quod erant consueti, crudeles,
Et filios sese audent adhuc dicere Summi.
 Iam qualiter ⟨iterum⟩ resurrexit, supra notaui,
Non de uoce mea, sed dicta prophetica dixi.
Praedixerat autem discipulis cuncta de sese,
Qualiter a populo pateretur Petro negante;
Et quia de tumulis resurgeret tertio die,
Dixerat et ipsud, et conpleuit omnia dicta.
At ubi surrexit, uenit ad apostolos ipse
Et stetit illis in medio: Pax uobis, inquit.
Inter quos discipulos non adfuit unus orantes;
Cui cum referrent, discredere coepit et addit:
Si prius non digitum misero, ubi claui fuerunt
Aut ubi percussus de lancea, non ego credo.

542 Matth. 20, 15 **543** cf. 229; 261 **553** Ioh. 20, 19 sqq.

542 Qui uoluit nobis bonus ⟨omnibus⟩ esse! Nec illud *R*; (Summo,) qui uoluit nobis bonus esse. Nec illud *Ld Lb*; *Wilh. Meyer* (*Abh. p. 305*) *post* esse *posuit lacunae signa et* nec illud, *quo uulgo u. 542* (*538*) *finitur, ad insequentem uersum transfert, neque hiat in* ***M****, ut* *Knoell testatur, inter* illud *et* respiciunt *litterarum series* **543** Nec illud respiciunt ceruicosi setis erectis *scripsi*; Nec illud respiciunt ceruicosisetis rectis ***M***; Ŕespiciunt ⟨ipsi⟩ (*Lb*; *om. reliqui*) ceruicosi, caeci et erecti. (erecti; *R*) P^1 *Lb R*; Respiciunt ⟨serui⟩ ceruicosi setis erectis *Ld* **544** Quod *Wilh. Meyer;* Quid ***M***; Qui P^1v innocuos P^1v; innouos ***M*** lege uitata ***M*** *Lb* (*cf. Instr. I 35, 1* ut Dei praecepta uitaret); lege uetati P^1v; P^2 *in u.* **543** *sq. obscurius haec adnotat: Tu, si lubet, aliter haec codicis legito:* Ceruicosis et is rectis quid semper in nouos cruciarunt lege uitata **547** qualiter ⟨iterum⟩ *Ld coll. u. 559* rursus remeauit; *829* redit iterum, *aliis similibus;* iterum *om.* ***M***; qualiter Dominus *Lb R*; qualiter ille P^3 resurrexerit *Lb* **549** Predixerat ***M*** **551** *sq.* die, Dixerat et *scripsi;* die. Dixerat, et P^1v **552** ipsud & ***M*** (*cf. Instr. II 25, 9*; P^3*: 'Haud immerito taeduit insulsi* (*!*) *codicis*: ipsu det'); ipse dein P^1*R*; ipse Deus *Ld* conpleuit ***M*** **553** Ad ***M*** surrex̄ ***M*** **554** inquid ***M*** **555** quos ***M***; *om.* P^1 (*s. u. l.*) *v* **556** cepit ***M*** **558** ego M^1 *om.*; *add.* M^2

Tunc die Dominica rursus remeauit ad illos
Et stetit illis in medio: Pax uobis, inquit.
Et statim adgreditur Thomam incredulum illum:
Accede propius et contange corpus ut ante.
Non ego sum umbra, mortuorum qualis habetur:
Vestigium umbra non facit; considera uulnus.
Extendit palmas; at ille tangere coepit
Et manum in latere, fuerat quo lancea fixa,
Misit et exinde prostrauit se precando:
Tu Deus et Dominus uere meus! Contra quem ille:
Haec quia uidisti, credidis⟨ti⟩, sed illi felices
Posteri, qui credunt audito nomine tantum.
Quadraginta dies cum illis ex ordine fecit,
Edocuit illis multa, quae saeclo uenirent.
Post cuius ascensum miracula multa fecerunt,
De uerbo curabant infirmos in nomine Christi.
Qui si talis erat, qualem isti perfidi dicunt,
Fortia non fierent testium de uerbo per illum.
Ascendit in caelos, sicut et scriptura canebat:
Excipite regem, principes, caelorum in altis!

---

570 Ioh. 20, 29; 31 **578** Psal. 23, 7 sqq.

560 inquid *M* **562** proprius *M* **565** Extendit palmas ad *M*; Extendit palmas. Ast P^1; (uulnus,) | Extende palmas! At *R*; Extendit palmas et *Ld*; *sed cf. Ienaer Literaturzeit. ann. 1877 p. 797* **566** quo *scripsi*; quod *M*P^1*v* fixa *M* (*cf. Instr. I 23, 5*; *S. 107 p. 751 extr.*); fixum P^1*v* **567** se *M*P^1 (*cf. u. 66*); sese P^3*v* **568** Tu dſ̃ & dñſ uere meus contra quem ille *M*; *om.* P^1*v*; *cf. quae adnotaui in u. 416* **569** credidisti P^1*v*; credidis *M* **572** Edocuit *M*; Et docuit P^1 (*s. u. l.*) *v* saeclo P^3*v*; sęculo *M*P^1 **573** fecerunt *M*; fuerunt P^1 (*s. u. l.*) *v* **574** nom̃ *M* **575** qualẽ//// (ſ *erasum*) *M* **577** celos *M* sic̃ *M* scributura *M* **578** principes, caelorum in P^1 (*cf. Cypr. test. II, 29 p. 97, 11; 13 H.*); principes caelorum, in P^3*v*

Quid amplius opus est recitare cuncta de lege?
Sufficiunt ista rudibus, bono corde tuenda.
Quod si nec ipsi uolunt scire Deum ista legendo,
Ipsi sibi reputent, quo uenerint, illo quo nolunt.
Vergilius legitur, Cicero aut Terentius item;
Nil nisi cor faciunt, ceterum de uita siletur.
Quid iuuat in uano saecularia prosequi terris,
Et scire de uitiis regum, de bellis eorum?
Insanumque forum cognoscere iure peritum,
Quod iura uacillant, praemio ni forte regantur?
Sit licet defensor, sit licet diuinus orator,
Nil morte proficiet, si uiuus in Christo negauit.
Immo prius quaerat, ubi sit sua uita redacta!
Sic fuerit sapiens, si ceterum uituperatur.
Illi legunt iura et discunt proloquia mira,
Sed superant miseros, pro quibus loquuntur, agendo.

582 quo ***M***; quod P^1 (*s. u. l.*) *v* uenerint, illo quo nolunt *scripsi*; uenerint illo (illo, *Ld*) quo nolunt P^1*Ld*; uenient illo quo nolunt ***R***; *idem postea* uenerint *praeferebat* **583** Vergilius ***M****v*; Virgilius P^1 (*s. u. l.*) Terrentius ***M*** item P^1*v* (*cf. u. 324*); idem ***M*** **584** cor (= *mentem, ingenium?*) ***M***; eos P^1 (*s. u. l.*) ***R***; os P^3 (*'haud illepide mihi suggestum est — a Duebnero? — esse legendum:* Nil nisi os faciunt, *id est fingunt tantum eloquium, sed de uita recte instituenda silent'*); hoc *Lb*; hos *Ld* **585** iubat ***M*** in uano P^1***R*** (*cf. u. 693, 781 etc.*); inbano ***M***; insanos *Ld* secularia ***M*** terrae ***R*** **586** Et scire de uitiis *Wilh. Meyer* (*idem ego iam scripseram; cf. Horat. epist. I 2, 6 sqq.; 13 sqq.*); sed scire diuitiis ***M***; Et scire de diuitiis P^1 (*s. u. l.*); Scire de diuitiis *Lb v*; *Mart. Hertz in indice lectionum Vratislau. ann. 1880 p. 6 allegat Horat. epist. I 12, 6; serm. II 2, 101* **587** peritum, P^1; periti P^2; peritum? *v* **588** Quod ***M***P^1*Ld* (*causa affertur, cur* i n s a n u m *dicatur forum*); Quo (= *In quo*) *Wilh. Meyer*; Quot ***R*** iura uacillant, *scripsi*; iure uacillant, P^1; iure uacellant ***M***; iura uacillant! ***R***; iura uacillant? *Ld* ni P^3; ne ***M***P^1*v* rogantur P^1; *eidem in commentario* (P^2) *codicis lectio probatur* **589** Sit licet defensor, sit licet *Ld*; Sic licet defensor sit licet ***M***; Sic, licet defensor sit, licet P^1***R*** *uersus* **590—593** *in* ***M*** *litteris uncialibus scripti* **592** Sic *Wilh. Meyer* (*cf. u. 614*); SI ***M***P^1*v* VITVPERATVR ***M***; uituperatus P^1 (*s. u. l.*) *v* **594** locuntur ***M***

Infelix est ille, qui uenerit illis in ore;
Illi ferunt laudes et ille uictoria⟨m⟩ damnis.
Stat miser in medio mutus, cui plus dolet intus;
Illi tonant ore et ille silentio nummis.
Obstrepit interea uox adornata diurnum,
Et saepe fit causa melior mala pluscula dando.
Hinc pretium quaerit sapiens, hinc uincere gaudet,
Etsi praue gerat, dum sit modo uictor, aegrotat.
Nil sua de causa tractat, cum lucra conatur;
Spem subit alterius et sua⟨m⟩ posterga remittit.
Multi de successu rapiuntur saeculi silua;
Dum gaudent in breuia, remanent a gratia Christi;
Dum cupiunt multa oculo, dum augere quaerunt,
Nec Deus est illis aliquid nisi saeculi uita.
Pro uentre satagitur, agon est pro ipso diurnum,
Et uerum agonem spernunt pro aeterna salute.

596 Illi $M^2 P^1 v$; Ille M^1 ille *MR* (*coniecturâ*) *Wilh. Meyer, Abh. p. 294* (*cf. u. 598*); illi P^1 (*s. u. l.*) *Lb Ld* uictoriam *Lb v*; uictoria MP^1 *Wilh. Meyer* („*durch den Sieg*") damnis $MP^1 v$; damna *Wilh. Meyer* **597** cui MP^1; qui *v*; *cf. Ienaer Literaturzeit. 1877 p. 797* **598** et ille et ille (*sic!*) *M* **600** sepe *M* pluscula P^3 (*Duebner*) *Lb v*; pluscol? *M* (*ultima littera margine interiore glutinatoris opera euanuit*); plus alii P^1 (*ex* plus cali, *quod in codice inueniri falso affirmat*) **601** pretium quaerit (quaesit) sapiens P^3 (*Duebner*) *Lb v* (*uidetur hic* sapiens *per ironiam usurpari de adulterina huius saeculi sapientia, cui u. 614 uera sapientia opponitur*); pretium quęsapiens *M*; pretiumque sapiens P^1; pretium quaerit cupiens *Wilh. Meyer* **602** egrotat *M* **602** *sq. uulgatam uerborum distinctionem* uictor; aegrotat, | Nil *mutaui*; *aegrotare ut* κάμνειν *c. inf.* (*Hom.* Θ *448 sq.*) *uidetur significare* '*sichs sauer werden lassen*' **604** suam *Lb R*; sua $MP^1 Ld$ posterga *MLd*; post terga $P^1 R$ remittet *M* (P^2 *falso:* remittiet) **605** seculi *M*; saeculi $P^1 Ld$; in saeculi *R* **606** breuia $P^1 Ld$; brebia *M*; breui *Ebert* (*p. 418*) *R* (*idem postea* breuia *praeferebat*) **607** augere] tangere *Wilh. Meyer* **609** Pro uentre satagitur *scripsi* (*Paul. ad Philipp. 3, 19; Instr. I 23, 1; 7; 12 etc.*); Prouenire satagitur MP^1 (P^2: '*ac si gallice diceres paruenir*'); Prouenire satagit *Lb*; Prouenire satagunt *Hanssen*; Prouenire satagit uir *v* **610** spernunt *Hanssen*; spernit $MP^1 v$

Quisque quasi uigilat sacculo, laudatur acutus;
Nam qui Deum sequitur, copria iudicatur ab ipsis.
O nimium felix, saecularia si quis euitet!
Sit stultus aliis, sapiens dum sit Deo summo.
Ipsa spes tota, Deo credere, qui ligno pependit;
Foeda licet res est, sed utilis uitae futurae.

Nam populus ille primitiuus illo deceptus,
Quod filium dixit, cum sit Deus pristinus ipse.
Hic praeibat eos in columna nubis et ignis,
Quando de Aegypto liberauit illos ad unum.
Hic crudele nefas inperat de unico nato,
Vt probaret Abraham, cui dixit: Parce! ⟨d⟩e caelo
Angelus. Et Deus est, hominem totidemque se fecit,
Et quidquid uoluerit, faciet: ut muta loquantur.

619 Exod. 13, 21 **622** Gen. 22, 11

611 quasi *M* P^1; casso *R*; si *Ld* sacculo *M* (*cf. Instr. I 9, 5*); saeculo P^1*v* **612** qui Deum P^1*v*; quid cum *M* **613** secularia *M* **614** summo] o *glutinatoris opera ablatum* **615** Ipsa spes *Md L* (*coni.*); Ipsa spes est P^1 (*s. u. l.*); P^3: Ipse spes est *uel* Spes est (*sine* ipse), *quod receperunt Lb R* deo *M* P^1 *Ld*; Domino *Lb R* **616** Foeda] o *in M initio omissum m. 1. add.* uite future *M* **617** *totus uersus a Pitra omissus erat; cf. S. 107 p. 795* illo *scripsi*; ille *M* **618** filium dix̃ cum *M* (P^1 *falso:* dixit eum, *cuius loco* P^3 *suspicatur:* 'dixit quum'); filium se dixit P^1*R*; filius dicitur *Ld* sit Deus] erat Deus *Ebert* (*p. 392*) *Lb*; Deus sit *R* **619** preibat *M* eos *M* P^1 Iudaeos *R*; Deus *Ld* **620** egypto *M* **621** inperat *M* **622** de caelo *scripsi* (*cf. Cypr. p. 67, 8 H.*); ę celo *M*; e caelo (coelo) P^1*v* **623** totidēque se fecit *M*; totidem qui refecit P^1 (*s. u. l.*) *v*; totidem qui se fecit *Lb* **622** *sq. uulgatam uerborum distinctionem* 'e caelo Angelus. Et' *mutauit Wilh. Meyer, Abh. p. 306; sed cf. Cypr. l. c.*: Et uocauit eum angelus Domini de caelo et dixit illi *etc.* **623** *post* fecit *in M additum signum* :b͞d:, *quo pertinet signum* :b͞p: *imo margine scriptum, quo praemisso uersus 624 et 625 primo omissi altera manu supplentur* **624** quidquid P^1*v*; quitquit *M* uoluerit P^1 (*s. u. l.*) *v*; ualuerit *M* muta *M* (*ut Knoellio uidebatur*) P^1*v*; *at* P^3 *dicit:* '*diserte habet codex*: multa'; *ibidem proponuntur lectiones*: muti, muli

Balaam sedenti asinam suam conloqui fecit
Et canem, ut Simoni diceret: Clamaris a Petro!
Paulo praedicanti dicerent ut multi de illo,
Leonem populo fecit loqui uoce diuina.
Deinde, quod ipsa non patitur nostra natura,
Infantem fecit quinto mense proloqui uulgo.
Hic erat uenturus conmixtus sanguine nostro,
Vt uideretur homo, sed Deus in carne latebat.
Non senior ueniet nec angelus, dixit Esaias,
Sed Dominus ipse ueniet se ostendere nobis.
Hunc mare pertimuit, hunc uenti, hunc tartarus ipse;
Agnouit Dominum omnis creatura latentem.
Solus nequam populus centriam erexit ad illum:
'Absit, ut sic Dominus uenerit in tali figura!'
Hic, sicut in terra, super fluctus maris inibat
Et uentis inperat, placidum ut redderet aequor.

625 Numer. 22, 27 sq. **633** sq. Esai. 63, 9 (Cypr. 72, 1 H.)

625 *huius uersus extremo margine positi priora uocabula a bibliopego ita desecta sunt, ut de lectionibus* Balaam *et* asinā *nulla moueatur dubitatio*; *inter* Balaam *et* asinā, *Pitrae si fides habenda est*, caedenti *scriptum erat*; *at Knoell qua est diligentia ex uestigiis relictis colligit* sedenti *potius scriptum fuisse, quod uerum esse apparet ex Sedul. carm. pasch. I 161*: affatur asella sessorem per uerba suum. *Praeterea Knoelli collatione confirmatur, quod iam Ludwig suspicatus erat, ante* Balaam *Pitram falso posuisse* Et, *cuius loco Roensch scripserat:* Sic conloqui *M* **626** clamaris a Petro *M*; *idem iam Roensch coniecturâ inuenerat, Zeitschr. f. d. hist. Theol. ann. 1873, II p. 303 sq., nisi quod ibi sub finem uitiose* clamatis *pro* clamaris *typis expressum est* (*ibidem haec temptantur:* clamatur a Petro; clamat tibi *uel* ibi Petrus); clamauit a Petro *P*[1] (*s. u. l.*); damnauit te Petrus *Iacobi R* (*in textu*); clamatus a Petro *Hilgenf.*; clamaui de Petro *Ld* **627** predicanti *M* multi *MP*[1]*R*; muti *Pitra* (*in praefat. p. XXII*) *Hilgenf. Ld* **628** populi *M*, *quod m. 1. correxit, ut sit* populo **631** commixtus *R* (*coll. Verg. Aen. 6, 762*); conmixto *M*; commixto *P*[1]*Ld* **637** nequa *M* centriam *MP*[1]*v* (= *spiculum scorpionis*; *alludere uidetur poeta ad Apoc. 9, 10*; *cf. Ludwigi et Roenschi commentarios*); '*forsan legendum graece κέντρον*' *P*[3]; *malim* centrium *uel* centria *a Graeco κεντρίον propagatum* **640** inperat *M*

Hic legem tartaream derupit uerbo praesenti
Et leuat de tumulis Lazarum die quarta fetentem.
Nam qui ferebatur, cum fuisset obuius illi:
Surge, inquit, iuuenis! Et [re]surrexit ille de ferclo.
Archisynagogi filiam deprecatus a patre
Iam exanimatam plangentibus suscitat illam.
Mutum loqui fecit et surdum audire praesertim
Et caecum ex utero natum, ut uideret in auras.
Post XXXVIII annis paralyticum surgere iussit,
Quem admirarentur grabatum in collo ferentem.

* * * * * *

Cuius uestimento tacto profluuio sanata est.
Quinque panes fregit hominum in milia quinque
Et quattuor milia iterum de septem refecit.
Plenius ut sese Dominus demonstraret adesse,

642 Ioh. 11, 39 **644** Luc. 7, 14 sq. **645** sq. Marc. 5, 22 sqq. **647** Marc. 7, 32 sqq.; 37 **648** Ioh. 9, 1 **649** sq. Ioh. 5, 5 sqq. **652** Marc. 5, 25 sqq. **653** Matth. 14, 15 sqq.; 15, 32 sqq.; Marc. 8, 1 sqq.

641 legem tartaream P^1 *v*; lege tartareã ***M***; uectem tartareum *R* *suspicatur in commentario coll. Psal. 106 (107), 16*; *Ies. 45, 2*; *Thren. 2, 9*; *Amos 1, 5* disrupit *R*, *quod recte refutat Ld* **642** Et leuat de ***M***P^1*v*; Eleuat e P^3 fetentem ***M***; foetentem P^1 (*s. u. l.*) *v* **644** inquid ***M*** et resurrexit ***M***P^1; Et surrexit *Ld*; Resurrexit *R*; (iuuenis;) surrexit P^3*Lb*; *fort.* resedit ille de ferclo *scripsi*; ille de ferculo ***M***; ille de feretro P^1 (*s. u. l.*) *R*; ille feretro *Ld* **645** Archisynagogi *v*; archisinagoge ***M***; Archisynagogae P^1 **646** exanimatam P^1 (*s. u. l.*) *v*; examinata ***M*** **647** presertim ***M*** *uulgatam interpunctionem ante* praesertim *deleui*; praesertim *cum uerbis* a u d i e n d i *et* l o q u e n d i *coniungèndum uidetur esse atque idem ualere, quod alias* disertim; *cf. Instr. I 41, 17* **648** cecum ***M*** **649** triginta octo P^1*v*; XXXVIII ***M***; *ut syllabarum abundantia coerceatur*, trinta *pro* triginta *legendum esse exemplis allatis probat* H a n s s e n, *de arte metr. Commod. p. 40* **650** admirarentũr ***M*** grauatum ***M*** *post* ferentem *unum uersum excidisse et Wilh. Meyer docuit* (*Abh. p. 304*) *et ipse suspicatus sum* **652** tacto ***M***; tacta P^1 (*s. u. l.*) *v* **653** Quinque] V. ***M*** freg̃ ***M*** quinque] V. ***M*** **654** septem] VII. ***M*** **655—660** *uersuum ordo nescio an turbatus sit*

Commutauit aquas, fierent ut optima uina.
In nuptias fuerat inuitatus matre cum ipsa;
Quod fuit rogatus, subueniret uino defecto,
Tunc iussit implere hydrias uelocius aqua,
Quod prius gustauit et sic ministrari praecepit.
Nec sic potuerunt Dominum cognoscere factis,
Sed insanierunt, quasi nequam perdere morti.
Quod ipsum concedit, quoniam sic pati decreuit;
Si tamen crediderint, ueniam tunc demum habebunt.
Hic est primogenitus per prophetas ante praedictus,
Vt uocitaretur in terris Altissimi proles.
Felices, hominum spem suam in isto qui ponunt,
Nam insipientes tamquam maledictum euitant.
Aeternitas illi praeparatur, Christo qui credit,
Vt socius Dei sit homo post funera uiuens.
Lex et prophetae docent, qui sunt Dei digni caelorum
Et quibus absconsa reuelantur aurea saecla.
Per tot uates numero de filio Dei clamatur,
Et cluserunt oculos fili Dei primi uocati;
Qui scelere facto non sunt recordati legendo,
Sed perseueranter: Nos sumus electi! dicentes.

656 Ioh. 2, 1 sqq.

656 commutaũ *M* **658** Quod *MLd*; Quando P^1; Quum P^3R Quod — uino *in M litteris uncialibus scripta* **659** Tunc *M*; Tum P^1 (*s. u. l.*) *v* ydrias (*sic!*) *in M m. 1. in rasura scripsit* **660** *cum neque* Quod *habeat quo referatur, neque* gustauit *conueniat cum narratione euangelica* (*cf. quae* Roensch *in commentario p. 279 in hunc locum adnotat*), *hic excidisse quaedam uidentur* precepit *M* **662** insanierunt *M*; insani erant P^1 (*s. u. l.*); insanierant P^3v perdere MP^1Ld; pendere P^3R morti MP^1R (*cf. u. 321*; *fort.* prodere morti*; cf. Verg. Aen. 12, 41 sq.*); morte *Ld* **663** qm̃ *M* decreũ *M* **671** prophete *M* docent *M*; dicent P^1 (*s. u. l.*) *v* *malim* Deo; *cf. u. 88*; *Instr. II 19, 15* celorum *M* **672** scła *M* **674** fili *M* (*cf. u. 732*; *735*); filii P^1 (*s. u. l.*) *v* **676** perseueranter *Wilh. Meyer, ut ipse iam scripseram*; perseuerantes *MP*; perseuerant *LbR*; perseuerant*:* En *Ld* dicentes] *de participio praes. pro uerbo finito usurpato cf. u. 46 et locum simillimum Instr. I 34, 17*: Non requiris eam, sed sic quasi besteus errans

Adhuc infatuant profanos balneis ire,
Quos faciunt mundos ipsi Deo summo placere.
Aqua lauat sordes, non intima cordis iniqua,
Nec sacra sacrilega potuerunt lauare curata.
Non ita praecepit Dominus, sacra ferre malignis;
Et locu⟨tu⟩s iterum, ab idolis mundos haberi:
Nemo sibi faciat simulacrum daemonis, inquit;
Nam dixit et illis: Idolis seruire nolite.
Si Deus praecepit ab idolis ualde caueri,
Quid illi decipiunt gentes puros esse lauacris?
Immo cum recipiunt tales, docere deberent
Seruire non aliis, nisi tantum Summo placere.
Dum facinus quaerunt obumbrare Christi de morte,

679 Matth. 15, 18 sq. **681** Exod. 22, 20 **682** sq. Exod. 20, 3 sq. **684** Deuter. 6, 13 sqq.

677 ire *M* (*ut Knoellio uidebatur*) $P^1 v$; ira *in cod.' P*[1] **678** Qos *M* faciunt (= *fingunt, simulant*; *cf. u. 686* decipiunt gentes puros esse lauacris) *M* (*P*[2] *falso:* facient); faciant $P^1 v$ **679** Aqa *M* labat *M* iniqa *M* **680** sagra *M* potert *M* curata] peccata *R* **680** *sq. uulgatam uerborum distinctionem* curata, Nec ita *mutaui* **681** Ñ (= Non) *M*; Nec *P*[1] (*s. u. l.*) *v* pcep *M* **682** Et locu⟨tu⟩s iterum *Wilh. Meyer* (*cf. u. 325* Sed iterum dixit Dominus *); Et locs iterꝝ *M*; Et locus iterum *P*[1]; (malignis.) Est locus Ieremiae *Ld*; Et lex sanctorum *P*[3] (*Duebner?*); Sed lex ipsorum *R* munds *M* **683** demonis inqid *M* **684** Nã ꝺ (= *dixit*) *M* (nam = *autem, ui copulatiua magis quam aduersatiua ut u. 643*; *898*); Nam *P*[1] (*s. u. l.*) *R*; Nunquam *Ld* illis idolis *MP*[1]*Ld*; illis idolis umquam *P*[3]; illis idolis numquam *R* **685** Si *Mv*; Sic *P*[1] **686** qd *M* puros esse lauacris *P*[3] (*Duebner*); puro sese lauacris *M*; puros (puro *P*[3]) sese lauari *P*[1] **687** recipiunt *M*; recipient *P*[1] (*s. u. l.*) *Ld*; receperint *R* **689** quert *M*

*) *De* et iterum *nihil esse mutandum apparet etiam Cypriani locis quibusdam comparatis, quos Commodianus uidetur secutus esse*: *de lapsis c. 7 (p. 242, 3 H.)*: Et iterum Deus loquitur dicens: sacrificans diis eradicabitur nisi Domino soli *et test. III, 59 (p. 161, 7)*: *ubi Dei praecepto*: non facies tibi idolum nec cuiusquam similitudinem *haec praemittuntur*: Et rursum (Et iterum *cod. M*).

Aperiunt ualuas passim, ut intretur ad illos.
Hinc ergo depereunt, qui se putant puros ab aqua
Posse Dei fieri, conscientes ante latroni.
Nunc colit in uano quodlibet, nunc sancta requirit,
Nescit ubi primum occurrat inscius ille,
Ac idolis seruit, iterum tricesima quaerit;
Nunc azyma sequitur, qui castum sederat ante.
Hoc Deo non placuit participes daemonum esse,
Qui legem instituit, fieret quo transitus inde.
Sunt tibi propositae duae uiae: elige, quam uis,
Nec enim te findes, ut possis ire per ambas;
Sed tamen ex ipsis opportunam quaerere debes;
Ne cadas in fauces latronum, cautior esto.
Vnum quaere Deum, qui quaerit hostia nulla,
Vt possis abolitus ⟨re⟩surgere saeclo nouato.
Quid malos attendis et iudicas sanctos iniquos,

690 balbas passim *M*; passim ualuas *P*³ **691** qi *M* **692** c̄scientes *M* latrone *M*¹; latroni *M*² **693** colit in fano *R*; *sed cf. Instr. I 12, 10*: Religio cuius in uacuo falsa curatur **695** seruit, iterum *P*³*v*; seruit iterum; *P*¹ tricesima (*sabbata?*) quaerit *MP*¹ *Wilh. Meyer, Abh. p. 294*; tricesimam quaerit *Ld*; tricesimas quaerit *R* **696** azymase quitur *M* castum (castū *M*) sederat *MP*¹; castus sed erat *uel* castum caederat *P*²; caseos ederat *Ebert* (*p. 393*); Castori caederat *R*; castus aderat *uel* castus ederat *Ld*; porcum caederat *Huemer*; *ego coniecturarum numerum nolo augere*; *satis habeo locum Arnobianum attulisse, quem ad rem expediendam aliqua ex parte ualere censeo*: *adu. nat. 5, 16*: quid temperatus ab alimonio panis, cui rei dedistis nomen castus? nonne illius temporis imitatio est, quo se numen (Mater Magna) ab Cereris fruge uiolentia maeroris abstinuit? *Vt* azyma *et* castus *ita* sequi *et* sedere *contrarie inter se referuntur* **699** propositae duae uiae *P*¹*v*; ꝑpositas (*P*² *falso*: propositus) duas uias *M* (*cf. S. 107 p. 755*) qam *M* **701** querere *M* **702** Nec *M* **703** quaere Deum, qui quaerit hostiam nullam *v*; qere d̃m qui qerit ostia nulla *M* (*cf. Lucif. p. 288, 12, H.*); quaere Deum. Qui quaeris hostiam ullam *P*¹*Lb*; Si quaeris ostia nulla *P*³ **703** *sq. P*¹ *sic uerba distinguit*: Deum. Qui .. ullam, Vt .. nouato? **704** abolitus resurgere *Lb v*; abolitus surgere *MP*¹; coelitus assurgere *P*³ seclo *M* **705** Quid malos *M* (*ut Knoellio uidebatur*) *P*¹*v*; 'Quod malos *ib.*' (= *in codice*) *P*²

Qui tibi nullum uerbum de lege demonstrant?
De uirtute Dei refertur, quam fecit in illos;
Nam de sua facta scelerata dicere nolunt,
Semper homicidae semper manibusque cruentis,
Quos Dominus numquam potuit domare monendo.
Suffecerat illis per ignauiam tanta fecisse
Et dicere: Scriptum sic erat, modo credere fas est.
Sed Dominus ipse obscurauit sensus eorum,
Indurauit eos sicut Pharaonem in ipsis;
Nec preces eorum dixit exaudire se uelle
Et de terra sua proiecit illos iratus.
Cum filios illos utique iam dixerat ante,
Necesse uoluerat bono corde uiuere natos;
Quando pater gaudet, cum sit bonus filius illi;
Quod si malus fuerit, execretur odio natum.
Contrarium nullus patitur sibi filium esse,
Excluditur omnis caritas crudele de nato,
Nec facit heredem illum ex asse suorum,
Quae si prius poterit consumere, gaudet in illum.

714 Exod. 7, 3; 13 al. **715** Mich. 3, 4; Prouerb. 1, 28 **717** II Reg. (Sam.) 7, 14 (II Cor. 6, 18)

706 demonstrāt *M* **707** referť *M* **708** de sua *MR* (*cf. Instr. I 27, 19*); de se sua *P*¹; de suo *P*³ *Ld* noĩt *M* **709** homicide *M* semper (sēp̧) manibusque *MP*¹ *Hanssen* (*similis inuersio uerborum u. 729*; *Instr. I 35, 4*; *II 26, 3*); manibusque semper *v* cruentis *P*¹ *v*; ruentis *M* **711** Sufficerat *M*; *sed prius* ſ *erasum* tantā *M* **712** scribtum *M* credere *M*¹ *om.*; *M*² *s. l. add.* **713** obscurau͠ *M* **714** Indurau͠ *M* sič *M* **715** ꝺ̃ (= *dixit*) *M*; *om. P*¹ (*s. u. l.*); ait *P*³ ('*uenit(?) addenda uocula*: eorum [ait] exaudire') *v* **716** proieč *M* iratus] *in M primas duas litteras* ir *m. 2. in rasura scripsit, pro quibus m. 1. scripserat* ſc **719** bon₊ *M* **720** mal₊ *M* execretur *M* **722** Excludit̃ omnis *M*; Excluditur omnis *R* (*coniecturâ*) *Hanssen*; Excludit omnis *P*¹ (*s. u. l.*) *Ld*; '*an legendum* omne?' *P*²; Excludit omnia *Lb* caritas *MR*; charitas *P*¹ *Lb*; se caritas *Ld* **723** fač *M* **724** Quae *P*³ *R*; Quē *M*¹; Quȩ *M*²; Quem *P*¹ *Ld* illum *MLbLd*; illam *P*¹ (*s. u. l.*); illis *R*

Impium et saeuum sobolem, rei suae tyrannum,
Nec obuium patitur genitor commotus ab illo.
Quid isti praesumunt, cum sint adoptati, dicentes:
Ex omni populo nos sumus carissimi Summo?
Parricida patris semper et superbus in illo
Carus esse potest aut heres iure uocari?
Si patres carnales tales detestantur alumnos,
Quanto magis Dominus, superant cui fili legendi!
Mansuetis, humilibus, obsequio plenis alumnis

725 seuum *M* Impiam et saeuam P^1 subolem *M*; sobolem P^1v rei suae tyrannum P^1 (= *dominium rei familiaris usurpantem ?*); reisuo tyrannum *M ab initio, sed* o *in* suo *m. 1. correxit, ut sit* sue; reisue tyrannum P^2Ld ('*Wenn er sein Vermögen wird früher aufbrauchen können, so ist es ihm dem Sohne gegenüber, der selbst hart und gegen Schuldner ein Tyrann ist, eine Genugthuung*' *Ld praef. p. XXXI*); rei suae tyrannus *Lb Boesser* (*Jahrb. f. class. Philol. 115 p. 92: 'so lange er noch Herr seines Vermögens ist'*) **726** obuiam P^1 patit̃ *M* ab illa P^1 **721** *sqq. ab aliis aliter interpunguntur*: Contrarium .. esse: | Excludit .. nato, | Nec .. suorum. | Quem (suorum, Quae P^3) .. consumere, gaudet in illam | Impiam .. sobolem, rei suae tyrannum, | Nec .. genitor, commotus ab illa? P^1; Contrarium .. esse | (Excluditur .. nato) | Nec .. suorum, | Quae .. consumere, gaudet in illis. | Impium .. sobolem, rei suae tyrannum | Nec .. genitor, commotus ab illo? *R*; Contrarium .. esse. | Excludit .. nato | Nec .. suorum. | Quem .. consumere, gaudet in illum | Impium .. sobolem reisue tyrannum; | Nec .. genitor commotus ab illo. *Ld; ego Wilh. Meyerum potissimum* (*Abh. p. 306*) *secutus sum* **727** adoptati *scripsi* (*cf. u. 735*); adortati *M*; adhortati P^1 (*s. u. l.*) *Ld, qui adnotat:* 'adhortati *formae notio passiua inest, cf.* exhortauit *Petron. 76 etc.*; *u. Neue II, p. 290 sq.*; *It.* (*Roensch*) *p. 297*'); indurati *R* **729** Parricida] d *in M m. 2. add.* et *M* (*cf. u. 709*); est P^1 (*s. u. l.*) *v* superuus *M* in illo: Carus P^1v **732** *et* **735** fili *MR* (*coniecturâ*) *Hanssen* (*qui §. 33 p. 66 docte de eius modi formis disputat; cf. u. 674*; *907*); filii P^1 (*s. u. l.*) *Ld* **732** legendi MP^1 (*cf. u. 676*; *Auson. Tetrast.* (*Caesar.*) *XIII, 3 sq.* Imitatur adoptio prolem, Quam legisse iuuet, quam genuisse uelit; *XIV, 3 sq.* Hic quoque prole carens sociat sibi sorte legendi, Quem fateare bonum); legandi *Lbv* **733** obseqo *M*

Diuiduntürque bona, non impiis neque tyrannis.
Adoptati fuerant manifeste fili Iudaei,
Sed in testamento con'secuti sunt impii nomen.
Ipsi sibi reputent: Scelere commisso cruenti
Qui poterant utique participes esse bonorum?
Quid nobis strident, quid nos aemulantur heredes?
Fecissentque bonum, et erant in parte legati.
Nec hodie tacent et Christo credere nolunt,
Qui fuerat illis salutaris lege praedictus;
De quo iam audistis qualiter prophetae canebant:
Venturum in terras Dominum, quem gentes adora[bu]nt.
Hunc certe nos ipsum admonent cognoscere Summum,
Qui renouat hominem, peccata pristina donat.
Nam et comminatur deorum cultoribus ipse:
Sacrificans idolis periet in morte secunda.

744 Psal. 21, 28; Sophon. 2, 11; 3, 9 al. **745** sq. Esai. 43, 18 sq.? **748** Apoc. 21, 8

734 Diuiduntürque bona MP^1 (*de* que *particula tam longe ab initio sententiae posita cf. u. 884*; *Ouid. Trist. IV, 1, 74*; *Forbig. in Verg. Georg. 4, 22*); diuiduntur bona *R*; diuiduntur, quae bona, *Ld* (*cf. Ienaer Literaturzeit. ann. 1877 p. 797*) **736** sunt] st̃ *M* **739** qd nob̃ *M*; Qui nobis P^1 (*s. u. l.*) *v* qd nos *M*; qui nos P^1 (*s. u. l.*) *v* aemulant̃ *M* **737** *sqq.* cruenti, | Qui .. bonorum, | Qui .. strident, qui .. heredes? *v* **740** Fecissent si *Ld*; *sed cf. Kuehner, ausf. Gr. §. 47, 7*; *Schoem. in Cic. nat. deor. I, 32 (89)*; *de* que .. et *particulis cf. similem locum Instr. II 8, 6 sq.* medicumque require, Et tamen in poenis poteris tua damna lenire **741** Nec *M* (*ut Knoellio uidebatur*) *v*; Nunc P^1 (*s. u. l.*); *sed* P^3: *'Neque suspicio deest esse legendum*: nec hodie' hoď *M* **742** p̄dict9 *M* **743** prophetae M^2P^1v; propheta M^1 **744** dñm MP^1; Deum *v* adorant *scripsi* (*cf. u. 836*; *ibi quoque* adorant = *adorabunt*); adorabunt MP^1v; orabunt *Wilh. Meyer, Abh. p. 291* **745** certe *M* (certe *cum* cognoscere *uidetur coniungendum*; *cf. u. 381 sq.* Certe iam apparet *etc.*); ante P^1 (*s. u. l.*) *v* **746** peccata .. donat MP^1; peccataque .. donat *R*; peccata .. donans *Ld* **747** comminator *M* **748** idolis periet P^1 (*s. u. l.*) *v*; periet idolis *M*

Quisque deos ergo sequitur fabricatos in auro,
Argento uel lapide, ligno uel aeramine fusos,
Cum ipsis infelix mittetur in igne refectus,
Nec ibi permoritur, sed dat cruciatus iniquus.
Sunt homines pecorum similes in ista natura,
Qui nolunt accipere frenum Dei summi uagantes;
Cum ipsi non durant seruorum talia ferre,
In quorum saepe descendunt sanguine diri.
Dicentes adiciunt: 'Nihil est post funera nostra;
Dum uiuimus, hoc est', et incumbunt more suillo;
'Nulla sit luxuria, quae nos pertranseat aeuo;
Dum tempus est uitae, perfruamur omnia saecli.'
Indisciplinati clementiam Dei refutant
Strenia⟨m⟩ sectantes, quasi sola uita sit ipsa.

749 sqq. Apoc. 9, 20; 14, 9 sqq. **757** sq. Sap. 2, 2 sqq.

749 d̄ſ .. fabricatus *M* **750** ęramine *M* **751** refect↿ *M* (= *saeculo renouato, post resurrectionem*; *cf. Instr. I 26, 35 sq.*); 'Praefectus *ib.*' (= *in cod.*) P^2; reiectus P^1; proiectus P^3v **752** iniquus *R Hanssen*; iniqos MP^1; ignitos *Ld* **753** pecor𝔷 MP^1 *R Hanssen* (*cf. Instr. I 34, 5* pecus .. ferinum; *Boesser, Jahrb. f. class. Philol. 115 p. 792*); equorum *Ld* **754** nolt *M* **754** *sqq.* uagantes. Cum .. diri, Dicentes *v*, *quam uerborum distinctionem cum Wilh. Meyero* (*Abh. p. 306*) *mutaui* **755** ducant *Hilgenf.* **756** sepę *M* discendunt (descendunt *Lb*) sanguine MP^1Lbv; descendunt sanguinem P^2; Deum incendunt sanguine P^3 **757** ꝑ (= *post*) *M* **758** uiuim₊ *M*; *malim:* bibimus; *cf. Instr. II 36, 4:* 'D u m mortuus, non b i b o' dicis *et quos illic aliunde attuli locos* et incumbt *M*; incumbunt P^1 (*s. u. l.*) *v* **760** perfruam̄ *M* secli *M* **757** *sqq. uulgatam interpunctionem:* nostra. | Dum uiuimus, — hoc est, incumbunt .. suillo — | Nulla *mutaui*; *cf. Wilh. Meyer, Abh. p. 306* **761** refutant *R Wilh. Meyer p. 291*; refugant MP^1Ld; refusant *Lb* **762** Streniam *scripsi* (= *corporis salutem atque felicitatem?*); Strenia MP^1; Strenuam *R*; Strenam *Lb*; Strenui *Ld*; Terrena (*uel* Terrenia) *Huemer Wilh. Meyer, Abh. p. 291* ipsa MP^1; ista *R*; (sit,) istam *Ld*

Sic redeunt a Deo, qui promittit uiuere semper:
Contra bonum pugnant, cum sit repugnandum iniquo.
Errauimus omnes manifesto, saeculo suasi,
Sed gratia Domini prouocamur credere legi.
Propterea uenit et fecit trophaea latenter
Et fuit homo Deus, ut nos in futuro haberet.
Sed plurimi pereunt, qui putant utrisque placere,
Idolis atque Deo, placeat cum nemo duobus.
   Vnus est in caelo Deus caeli, terrae marisque,
Quem Moyses docuit ligno pependisse pro nobis.
Vnde quidam errant ignaui talia passum,
Non satis intenti mysterio Dei secreto.
Inuidia Diaboli mors introiuit in orbem,
Quam Deus occulte destruxit uirgine natus.
Qua natiuitate excordantur caeci Iudaei,
Stulto⟨s⟩ infatuant scelere commisso cruenti.
Nemo potest ullum excusamen dicere postquam,
Cum modo sit nobis facultas data credendi.
Non uenit in uano Dominus in terris e caelo,

763 cf. 788 **765** Esai. 53, 6 **771** Psal. 145, 6; Act. 4, 24 **772** Deuter. 28, 66. cf. u. 518 **774** Sap. 2, 22 **775** Sap. 2, 24

763 Sic redeunt a Deo *Ld*; Sicredunt adeo ***M***; Si credunt Deo *P*[1]; Sic credunt Domino *Lb*; Discredunt Domino *R*; Sic recedunt a Deo *Wilh. Meyer* promittit uiuere *P*[1]*v* (*cf. u. 788*); promıᴛ . τ̃ᴛ . (*sic!*) uiuere ***M*** **764** pagnant ***M*** sit *P*[1]*v*; sint ***M*** **765** scło ***M*** omnes manifesto, saeculo *v*; omnes, manifesto saeculo *P*[1] **766** prouocam̃ ***M*** **767** ueñ .. feč ***M*** trophea ***M***; t *m. 2. add.* **771** celo .. celi terre ***M*** **772** pependisse *scripsi* (*cf. u. 518*; *615*; *Instr. I 40, 10* pependit ipse pro nobis); ≡pendiare ***M***; *ante* p *duae litterae* (pe?) *erasae*; pendere *P*[1]*v* ꝑ noƀ ***M*** **773** quidam *P*[1] (*s. u. l.*) *v*; quidem ***M*** ignaui ***M***; ignari *P*[1] (*s. u. l.*) *v* **774** secreto *P*[1] (*s. u. l.*) *v*; secretum ***M*** **775** Zaboli *R* introiũ ***M*** orbem *P*[1] (*s. u. l.*) *v*; urbẽ ***M*** **776** destrux̂ ***M*** **777** iudei ***M*** **778** Stultos *P*[1] (*s. u. l.*) *v*; Stulto ***M*** **779** ꝓquam ***M*** **780** Cũmodo ***M***; Commoda *LbR*; Commodo *P*[1] (*s. u. l.*) *Ld* **781** Dominus *P*[1] (*s. u. l.*) *v*; dñ̃ ***M*** (*cf. u. 744*) ę celo ***M***

Sed uenit, ut faceret populum suo nomine dictum.
Quem si quis confessus non erit in ista natura,
Perdit et quod uixit, et in poena sero declamat;
Aut certe, dum sperat ⟨ex⟩spectans credere canus,
Excluditur diu⟨t⟩ius ab aeterna uita defunctus.
Ergo iam ad illum citius recordari debemus,
Qui nobis post obitum pollicetur reddere uitam.
Insuper hoc addit, inmortales esse futuros
Et frui, quod oculus non uiderat ante, uidendo.

Sex milibus annis prouenient ista repletis,
Quo tempore nos ipsos spero iam in litore portus.
Tunc homo resurget solis in agone reductus
Et gaudet in Deo reminiscens, quid fuit ante;
Qui, sicut audiuit fragilis in pristina carne,
Cum sit incorruptus, recognoscit ante promissa.
Quam gloriam mirans homini prouenisse sic inquit:

783 Matth. 10, 32; Luc. 12, 8 **788** Ioh. 10, 28; 11, 25 **790** I Cor. 2, 9 **793** Matth. 24, 29 sqq.? **796** I Cor. 15, 52

782 ueñ *M* ꝑaceret *M* nom̄ *M* **784** Perdit et quod uixit et in poena sero declamat *Lb* (*cf. u. 82*; perdit et = *et perdit*; declamat = *plangit*; *cf. Instr. II 32, 13* extinctos clamatis); ꝑdit et qđ uix̄ & n penas ero declamat *M*; Perdit et quod u. e. i. poenas Herodis se idamnat P^1; Perdit et quo u. e. i. poena sero reclamat *R*; Perit et, quod uixit, in poena sero se damnat *Ld* ('er geht unter und zu spät, wenn er schon die Strafe leidet, verwirft er sein — früheres — Leben'); *idem* in gehenna *pro* in poena *suspicatur scribendum esse* **785** expectans P^3*v*; spectans *M*P^1 ҁredere *M*P^1; crescere P^3*v* canus *scripsi* (*cf. Instr. I 29, 3*: Viuere post ista dicis non spero defunctus); canos *M*P^1*v* **786** diutius P^1 (*s. u. l.*) *Ld*; diuius *M*; diu *R*; dirus? (*cf. Instr. I 36, 4*) eterna *M* **787** recursare *Wilh. Meyer* **789** inmortales *M* **790** oculos *M* **791** ꝑuenient *M* (*cf. u. 394*; *797*); peruenient P^1 (*s. u. l.*) *v* **791** *sqq. in distinguendis uerbis Ludwigium secuti sumus*; repletis; | Quo tempore (nos . . portus) | Tunc P^1*R* **792** Quod *M* nos *om. Hanssen* portus P^1*v* (*cf. u. 64*; *Verg. Aen. 7, 598* omnisque in limine portus *sc.* sum); portans *M* **793** agone reductus P^1*v*; augonere ductus *M* (P^1 *falso*: in augonere eductus) **794** Domino *Hanssen* **795** sic̄ audiū *M* **797** gloria *M* inquid*M*

Qualiter audiui prius, sic singula cerno.
Haec pariter omnes clamant ab inferno leuati:
Quemadmodum ante audiuimus, ecce uidemus!
Cedet dolor omnis a corpore, cedet et ulcus,
Nec erit anxietas ulla nisi gaudia semper.
Quisque tribus credit et sentit unum adesse,
Hic erit perpetuus in aeterna saecla renatus.
Sed quidam hoc aiunt: Quando haec uentura putamus?
Accipite paucis, quibus actis illa sequantur.
Multa quidem signa fient tantae termini pesti,
Sed erit initium septima persecutio nostra.
Ecce ⟨iam⟩ ianua⟨m⟩ pulsat et cingitur ense,

801 Apoc. 21, 4; Esai. 25, 8

799 *et* **805** Hec *M*   om̃ſ *M*   **800** Quẽadmodo *M*   uidemus P^3*v*; uidimus MP^1 **801** ulcus P^1R *Hanssen Wilh. Meyer, Abh. p. 294* (*cf. Instr. II 1, 25 sq.* neque dolores .. sentiunt aut ulcera nata); uulgus *M*; uulnus *Ld*   **803** credidit *R*   sentit *M*; sensit P^1 (*s. u. l.*) *v*   **805** hoc *M*; haec P^1 (*s. u. l.*) *v*   quidam: Haec, aiunt, quando *v*   **806** sequantur *M*; sequentur P^1 (*s. u. l.*) *v*   **807** fient *M* (*ut Knoellio uidebatur*) P^1*v*; 'fieri *ib.*' (= *in codice*) P^2 tantae termini pesti P^1 (*s. u. l.*) *Ebert* (*p. 395*) *R*; tante termini peste *M*; teterrimae pestis *Bunsen* (*Hippolyt. II extr.*); tantae termini pestis *Ld*   **808** Sed (S *unciale!*) MP^1R (*signa antecedentia et ipsum persecutionis initium inter se opponuntur*); Et *Ld*   **809** Ecce iam ianuam pulsat *Ebert* (*cf. Lb p. 19 sq.*) *Ld*; Ecce ianua pulsat *M*; Ecce ianua pulsatur P^1 *Lb*; En ianuam pulsat P^3R; Ecce ianuam pulsat *Bunsen Lipsius* (*Lit. Centralbl. ann. 1869 p. 82*)   et cingitur ense *scripsi* (*cf. Verg. Aen. 7, 640* fidoque accingitur ense; *Psal. 44, 4 apud Tertull. adu. Iud. c. 14 et Cypr. p. 98, 1 H. in codd. WLM* accingere ensem); et cogitur esse MP^1; et cogitatur adesse P^3 *Lipsius*; et iam cognoscitur esse *Bunsen*; et cogitur ipsa (*ianua*) *Lb*; ecce cogitatur adesse *R*; *idem postea* (*Zeitschr. f. d. hist. Theol. ann. 1873 p. 302*) *praefert:* En ianuam pulsat et (ecce) recognoscitur esse; et cognoscitur esse *Hilgenf.*; et cogitur ense *Ld**)

*) '*Explicat poeta haec: persecutio, uel Gothi irrumpentes pulsant ianuam, ipsi autem aliis gentibus a tergo instantibus premuntur et uexantur, ut amnem — Danubium — traiciant' Ld praef. p. XXXIV. — At persecutio septima non Gothorum est, sed Decii, qui Gothorum inruptione opprimitur. Iidem infra dicuntur Christianos pascere et ut fratres requirere!*

Qui cito traiciet Gothis inrumpentibus amne.
Rex Apollyon erit cum ipsis, nomine dirus,
Qui persecutionem dissipet sanctorum in armis.
Pergit ad Romam cum multa milia gentis
Decretoque Dei captiuat ex parte subactos.
Multi senatorum tunc enim captiui deflebunt
Et Deum caelorum blasphemant a barbaro uicti.
Hi tamen gentiles pascunt Christianos ubique,
Quos magis ut fratres requirunt gaudio pleni.
Nam luxuriosos et idola uana colentes
Persecuntur enim et senatum sub iugo mittunt.
Haec mala percipiunt, qui sunt persecuti dilectos:
Mensibus in quinque trucidantur isto sub hoste.
Exurgit interea sub ipso tempore Cyrus,
Qui terreat hostes et liberet inde senatum.

811 Apoc. 9, 11

810 Qui *Bunsen Lipsius Hilgenf.* (Qui *refertur ad eum, qui deinde Apollyon appellatur*); Que ***M***; Quae P^1 (*s. u. l.*) *v* traiciet ***M***P^3 (*quae ibi coniectura uidetur esse, ea codicis est lectio!*) *v*; traieci. Et P^1 (*s. u. l.*); (Quae cito) traicitur *Lb* gotis ***M*** ãne ***M*** (*cf. Liu. XXII 31, 7* freto in Italiam traiecit); amnem P^1 (*s. u. l.*) *v* **811** Apolion ***M***P^1*v* **813** cum] ꞓum (= tum, *forma Merowingica scriptum? cf. Wattenb. Palaeogr.*^{3} *p. 51*) *de locutione* cum multa milia *cf. u. 895*; *Instr. I 27, 19* gentis P^1; gentes ***M***P^3*v* *a uersu* **812** *extremo dextro margine folii recti haec inueniuntur manu prima* (*?*) *scripta, sed a bibliopego ex parte resecta:*

p̃ð
ſe
τıc
ſe
n
τ
ı

(*Suspicor haec ad argumentum indicandum ascripta et sic fere supplenda esse*: Praed*icitur per*secutio sena*tui*; *cf. u. 820*)

816 celorum ***M*** uicti M^2P^1*v*; dicti M^1 **817** Hii ***M*** **818** frs̃ ***M*** **819** Nam (= *autem*) ***M***P^1*R*; Quam *Ld, qui totum hunc locum sic distinguit*: pleni, | Quam .. colentes. | Persequuntur luxoriosos ***M*** uana ***M*** (*ut Knoellio uidebatur*) P^1*v*; 'uaria *cod.*' P^2 **820** persecuntur ***M*** enim] illi *Lb* **821** Haec P^1 (*s. u. l.*) *v*; Hac ***M*** **822** isto *scripsi*; ista ***M***; isti P^1*v* **823** Exurgit ***M***

Ex infero redit, qui fuerat regno praeceptus
Et diu seruatus cum pristino corpore notus.
Dicimus hunc autem Neronem esse uetustum,
Qui Petrum et Paulum prius puniuit in urbe.
Ipse redit iterum sub ipso saeculi fine
Ex locis apocryphis, qui fuit reseruatus in ista.
Hunc ipse ⟨se⟩natus inuisum esse mirantur;
Qui cum apparuerit, quasi deum esse putabunt.
Sed priusquam ille ueniat, prophetabit Helias
Tempore partito, medio hebdomadis axe.
Conpleto spatio succedit ille nefandus,
Quem et Iudaei simul tunc cum Romanis adorant.
Quamquam erit alius, quem expectant ab oriente,
In nostra caede tamen saeuient cum rege Nerone.
Ergo cum Helias in Iudaea terra prophetat,
Et ⟨signo⟩ signat populum in nomine Christi;
De quibus quam multi quoniam illi credere nolunt,
Supplicat iratus Altissimum, ne pluat inde:

833 Malach. 4, 5 **834** Apocal. 11, 3; 11 **842** sq. Apoc. 11, 6

825 preceptus (= *praematura morte abreptus?*) ***M***; praereptus P^1 ***R***; praefectus *Ld* **827** Dicimus ***M***P^1; Discimus P^3 (*aut* diximus) *Lb v* **828** urbem ***M*** **829** sc̄li ***M*** finem ***M*** **830** apocryfis ***M*** ipse senatus *Lb Ld* (*cf. u. 851 sq.*; hunc .. inuisum esse *idem uidetur ualere quod: 'quamquam non conspiciebatur, tamen uiuere'*); ipsis notis P^1; ipsis natis P^3 (*cunctanter*); ipsi senatui ***R*** adesse *Lb* **832** apparuerit ***M*** quisi ***M*** **833** pphetaū ***M*** **834** ebdomadis axem ***M*** **835** Conpleto ***M*** **836** iudei ***M*** simul tunc ***M***; tunc simul P^1 (*s. u. l.*) *v* **837** quem exspectant P^1 (*s. u. l.*) *v*; quē (e *m. 2. in rasura scripsit*) expectent ***M***; *malim*: quam expectant *uel* expectent **836** *sqq.* adorant, | Quamquam .. oriente; | In nostra *v* **838** caede P^1 *v*; crede ***M***; clade *Ebert p. 396* seuient ***M*** cum rege Nerone *Ebert*; cum nece Nerone ***M***P^1; cum nece Neronis P^3 (*sensu actiuo*); nece cum Nerone P^2 **840** ⟨signo⟩ signat populum *scripsi* (*cf. Cypr. p. 366, 24 H.* qui .. s i g n o Christi s i g n a t i fuerint); signat ⟨signo⟩ populum ***R***; signat ⟨proprium⟩ populum *Ld* (*idem in praefat.: 'forte* dilectum'); signat populum ***M***P^1; signat populum ⟨uenturum⟩ P^3 **841** De quibus] *haec uerba* P^1 *antecedenti uersui adiungit, quod ipse in excursu* (P^3) *improbat* qm̄ ***M*** **842** ne pluat inde. *Wilh. Meyer, Abh. p. 306* (= *exinde; cf. u. 892*); ne pluat; inde P^1 *v*

Clausum erit caelum ex eo nec rore madescet,
⟨Et⟩ flumina quoque iratus in sanguine uertit.
Fit sterilis terra nec sudat fontibus aquae,
Vt famis inuadat; erit tunc et lues in orbe.
Ista quia faciat, cruciati nempe Iudaei
Multa aduersus eum conflant in crimina falsa,
Incenduntque prius senatum consurgere in ira
Et dicunt Heliam inimicum esse Romanis.
Tunc inde confertim motus senatus ab illis
Exorant Neronem precibus et donis iniquis:
Tolle inimicos populi de rebus humanis,
Per quos et di nostri conculcantur neque coluntur.
At ille suppletus furia precibusque senatus
Vehiculo publico rapit ab oriente prophetas.
Qui satis ut faciat illis uel certe Iudaeis,
Immolat hos primum et sic ad ecclesias exit.
Sub quorum martyrio decima pars conruit urbis
Et pereunt ibi homines septem milia plena.
Illos autem Dominus quarto die tollit in auras,
Quos illi uetuerant sepultura condi iacentes;

859 sq. Apoc. 11, 13 **861** Apoc. 11, 11 **862** Apoc. 11, 8 sq.

843 Clusum *R* rorẽ madescet *M*; m *primo omissum m. 1. add.* Et flumina quoque *Ld*; Flumina quoque *M* P^1; Flumina quoque ille P^3 *R* **845** sterilis terra P^1 (*s. u. l.*) *v*; steriilis terra sterelis *M* sudat *M* (*cf. Enn. Hect. lutr. XII, L. Muell.* terra sudat sanguine; *Verg. Aen. 2, 582* sudarit sanguine litus); sudant P^1 (*s. u. l.*) *v* **846** famis *M* P^1 *v* **847** faciat *M*; faciet P^1 (*s. u. l.*) *v* **849** in *om. Hanssen* **850** Heliam *Mv*; Helyam P^1 (*s. u. l.*) **851** confertim *M* P^1; confestim *Lbv* **852** precibus Neronem P^3 *Lb* **854** di *R Hanssen*; dii *M* P^1 *Ld* **855** At ille *scripsi*; Ad illo *M*; Est ille P^1 (*s. u. l.*) *R*; Et ille P^3 *Ld*; Ad illa (= πρὸς ταῦτα) *Wilh. Meyer* oppletus *R* p̃cibusque *M* **857** iudeis *M* **858** ecclesiam *Ebert p. 396* **859** quarum *R* c̃ruit *M* **860** ⟨in⟩ibi *Hanssen* VII. *M* **862** uetuerant *M*; uetuerunt P^1 (*s. u. l.*) *v* sepultura *Ld*; sepulture *M*; sepulturae P^1 *R*

Suscitanturque solo inmortales facti de morte,
Quos inimici sui suspiciunt ire per auras.
Territi nec sic sunt, sed magis intra crudescunt
Ad populum Christi execrantes odio toto.
Indurauit enim Altissimus corda nefanda,
Sicut Pharaoni prius indurauerat aures.
Hic ergo rex durus et iniquus, Nero fugatus,
Pelli iubet populum Christianum ipsa de urbe,
Participes autem duo sibi Caesares addit,
Cum quibus hunc populum persequatur diro furore.
Mittunt et edicta per iudices omnes ubique,
Vt genus hoc hominum faciant sine nomine Christi.
Praecipiunt quoque simulacris tura ponenda
Et, ne quis lateat, omnes coronati procedant.
In ista historia si fidelis ire negauit,
Feliciter exit: sin uero, de turba fit unus.

863 sq. Apoc. 11, 12 **868** cf. 714 **869** cf. Sibyll. 4, 135

863 Suscitanturque *scripsi*; Sꝭ (= *Sus*)citaᷓtq̇e ***M***; Suscitatque P^1 (*s. u. l.*) *v* inmortales ***M*** facti ***M***P^1; factos *Lb v* **864** inimici uix P^1 **865** ſt̃ ***M*** **866** execrantes ***M*** totos *R* **867** Induraũ ***M*** corda nefanda *scripsi*; corde nefanda ***M***; corde nefandos P^1 (*s. u. l.*) *v* **868** Sic̃ faraoni priꝭ ***M*** **869** rex *in* ***M*** *initio omissum m. 1.* (?) *s. l. add.* **870** popuł christiañ ***M*** **871** aut̃ ***M*** Caesares addit P^1*v*; cesaris audit ***M*** **872** popuł persequat̃ ***M*** **873** oms̃ ***M*** **874** nom̃ ***M*** **875** Precipiunt .. simulachris ***M*** tura ***M***; thura P^1*v* **876** om̃s ***M*** **877** In ista hystoria (historia P^1) ***M***P^1 (*cf. Woelfflin. Arch. III p. 233*); In ista histori⟨c⟩a *Hanssen §. 21, p. 44, qui suspicatur Commodianum dixisse* historicus *pro* histrionicus *uel* histricus, *coll. Instr. II 16, 22*; In loca histrica *Lb*; In ista scoria P^3 (*Duebner?*); In ista histricosa *R* (*idem postea scribendum putabat:* In ista histronica *coll.* stronicis = *histrionicis in Gl. Maii VI p. 546 et Gl. Paris. ed. Hildebr. p. 276, adn. 283*); In histrionica (*sc. corona*) *Ld, qui in praefat. Instructionum p. LXII Roenschi coniecturam* in ista histronica *praefert* **878** Felicit̃ ***M*** un⁊ ***M***

Nulla dies pacis tunc erit nec oblatio Christo,
Sed cruor ubique manat, quem describere uincor;
Vincunt enim lacrimae, deficit manus, corda tremescunt,
Quamquam sit martyribus aptum tot funera ferre;
Per mare, per terras, per insulas atque latebras
Scrutanturque diu, exsecratos uictima⟨m⟩ ducunt.
Haec Nero tunc faciet, triennii tempore toto
Et anno dimidio statuta tempora conplet.
Pro cuius facinore ueniet uindicta letalis,
Vt urbs et populus ille cum ipso tradatur,
Tollatur imperium, quod fuit inique repletum,
Quod per tributa mala diu macerabat omnes.
Exurget iterum in istius clade Neronis

879 Dan. 9, 27 (de pascha comput. Cypr. append. p. 261, 17 sq. 262, 7 H.) **885** Apoc. 11, 11 (Cypr. append. p. 262, 5 H)

879 tunc erit *in* ***M*** *initio omissa m. 1. s. l. scripsit*; *in uocabulo* tunc *litteras* un *m. 2. add.* **881** defic̄ ***M*** tremescunt ***M***; tremiscunt P^1 (*s. u. l.*) *v* **881** *sq.* tremiscunt, Quamquam *Ebert p. 397*; tremiscunt. — Quamquam P^1; tremiscunt: Quamquam *v* **883** per insolas *ante* atque ***M***^{2} *s. l. add.*; atque p̧ sin go las latebras ***M***^{1}; *uocabula* p singolas, *si Knoelli notam recte intellego, erasa sunt* **884** Scrutat̄que ***M***; *de* que *postposito cf. u. 900*; *977 et quae adnotauimus in u. 734* exsecratos uictimam *scripsi* (= *Christianos, qui immolationem*) exsecrantur, ad mortem ducunt*); exsecratos uictima ***M*** *Wilh. Meyer, Abh. p. 294*; execratas uictimas P^1 (*s. u. l.*) *v* **885** Hec ***M*** tunc ***M***; tum P^1 (*s. u. l.*) *Ld*; cum *Ebert* (*p. 397*) *Lb*; dum *R* *post* faciet *cum Eberto comma posui v. omissum* **886** statutaque *Wilh. Meyer, Abh. p. 298* conplet ***M*** **886** *sq.* dimidio — statuta .. complet — Pro *Ld* **887** lethalis P^1*R* **888** Vrbs P^1 (*s. u. l.*) *v*; urbis ***M*** poplſ ***M*** **889** iniquo *R* **890** Qd̄ ***M*** macerabat ***M***P^1 (*cf. quae adnotauimus in u. 66*); macerauerat P^3*v* **891** Exurget ***M*** in iſtıs (= istius) ***M*** (P^2 *falso:* 'in histis *cod.*'); hostis in P^1; istis in *R*; ista in *Ld* cla⁝de ***M*** (u *post* a *erasum*)

*) *Victimam interdum immolationem significare docet Roensch It. et Vulg. p. 327* (*cf. Petschenigi indic. ad Vict. Vit. p. 173*), *qua cum re conuenit, quod apud Cypr. p. 133, 11 et 560, 18 H. in codd. LH* oues uictimae *scriptum est pro* oues occisionis.

Rex ad oriente⟨m⟩ cum quattuor gentibus inde,
Inuitatque sibi quam multas gentes ad urbem,
Qui ferant auxilium, licet sit fortissimus ipse,
Inplebitque mare nauibus cum milia multa,
Et si quis occurrerit illi, mactabitur ense;
Captiuatque prius Tyrum et Sidona subactas,
Nam inde finitimae gentes terrore fatiscunt.
Hinc lues, hinc bella, hinc fames, hinc nuntia dura
Miscenturque simul, quo fiat turbatio mentis.
Interea fremitum dat tuba de caelo repente,
Cuius omni loco sonitus praecordia turbat.
Videbitur et tunc ignea quadriga per astra
Et facula currens, nuntiet ut gentibus ignem.
Siccatur fluuius Euphrates denique totus,
Vt uia paretur regi cum gentibus illis.
Perșae, Medi, simul Chaldaei, Babyloni uenibunt,
Inmites et agiles, qui nesciant ulli dolere.

892 cf. 907 **895** cf. Hippolyt. de Christo et Antichr. c. 15 **897** Esdr. IV 1, 11 **905** Apoc. 16, 12

892 ad oriente *M*; ad Orientem P^1 (*s. u. l.*); ab oriente *Huemer*; ab orientem *v* **894** qi *M*; Qui P^1 (*cf. u. 349 sq.*; *686*); Quae *R Ld* (*uterque sine nota*) ferant] n *in M m. 2. add.* fortissim+ *M* **895** Implebitque *Ebert* (*p. 398*) *v*; Inpleūqe *M*; Impleuitque P^1 naues *Lb* **896** qſ *M* occurret *Hanssen* Inse *M* **897** Tyrum et Sidona *Ebert* (*p. 398*) *v*; cyrum et sydona *M*; Cyrum et Sidona P^1 subactas *M Lb* (*coniecturâ*) *R*; subactos P^1 (*s. u. l.*) *Ld* **898** finitimas *M*; *cf. u. 699* **902** praecordia] *in M ab initio ut uidetur* ꝑcordia, *quod m. 1. correxit ut sit* p̃cordia **903** ignea *Lb v*; igne *M*; igneus P^1; ignis P^3 **904** nuntiet ut *Wilh. Meyer*; nuntiet *M*; nuntiet P^1 (*s. u. l.*); quae nuntiet *Ebert* (*p. 398*) *R*; nuntiabit *Lb Ld* **905** eufrates *M* **906** paret *M* **907** Persae *v*; ꝑſı *M* P^1 **906** *sq.* regi cum .. illis. | Persae *Ebert v*; regi. Cum .. illis | Persi P^1 caldei *M* babyloni *M Hanssen* (*cf. u. 732*; *735*); Babylonii P^1 *v* uenibt *M* **908** Inmites *M* ulli dolere *scripsi* (ulli *aut dat. est*; *cf. ind. Hartelii ad Lucif. Caral. p. 360*; *aut genet.*; *cf. Instr. II 20, 2* doleo uestri; *Neue II p. 253 sq.*); ulli dolore *M*; uelli dolore *Wilh. Meyer, Abh. p. 294*; ulli dolorem *R*; ullum dolorem *Ld*

Hic ergo exoriens cum coeperit inde uenire,
Turbaturque Nero et senatus proxime uisum.
Et ibunt illi tres Caesares resistere contra;
Quos ille mactatos uolucribus donat in escam.
Exercitus quorum necesse est uictorem adorent,
Cum quo redeuntes in urbe mente mutata
Spoliant templa et, quidquid est intus in urbe,
Diripiunt mactantque uiros ingenti cruore;
Nouissime nudam adigunt incendio facto,
Vt neque uestigium eius appareat ultra.
Cuius in exitio tabescunt corda potentium
Nec se adinueniunt, in quo sint tempore, bruti.
Haec quidem gaudebat, sed tota terra gemebat;
Vix tamen aduenit illi retributio digna.

911 Dan. 7, 24 **912** Apoc. 19, 17 sq. **921** sqq. Apoc. 18, 7 sqq.

909 coeperit *P*¹*v*; ceperint ***M*** **910** p̱xime uisũ ***M*** *P*¹ (= ἐκπλήττεται ἐγγύτατα ὁρώμενον?); proxime uiso *R*; proximo uisu *Ld* **911** & ibt̃ illi (= *et ibunt illi*) ***M***; Exibit ille *P*¹ (*s. u. l.*); Exibunt illi *Ebert* (*p. 398*) *v* tres] III. ***M*** cesares ***M*** c̄tra ***M*** **913** *post* adorent *comma pro puncto posui* **914** Cum quo *Wilh. Meyer, Abh. p. 298*; Cumq̇e ***M***; Quumque (Cumque) *P*¹*v* urbem *P*³ *Wilh. Meyer, Abh. p. 298* **915** Spolian ***M*** qd̄q̄d ***M*** **916** mactant queuiros ***M***; *de caesura cf. Hanssen §. 3 p. 18* **917** Nouissime nudam adigunt *Duebner Ld*; Nouissima enudã adigunt ***M***; Nouissima inundant, adigunt *P*¹; Nouissima nudae abigunt *R* incendio facto *R* (*cf. u. 984* proelio facto; *Liu. XXVI 27, 5; 7*); incendio facta ***M***; incendio fracta *P*¹; incendio factam *P*³ (*Duebner?*) *Ld* appareat ***M*** **919** potentium ***M*** (*cf. Verg. Aen. 7, 237 et quae Forbiger huc adnotat*); potentum *P*¹ (*s. u. l.*) *v* **920** se adinueniunt] sed intereunt *Lb* in quo sint tempore *Ld*; in quos in tempore ***M***; iniquos in tempore *P*¹; iniquo in tempore *P*³*R*; iniquorum tempore *Lb* **920** bruti ***M*** *P*¹*R* ('und sie können sich nicht darein finden in die unheilvolle Zeit des Thieres'; *mihi* bruti *nominat. plural. uidetur esse*); ruti *Ld*; *eidem postea codicis lectio probabatur*; *cf. Instr. praef. p. VIII* **921** Hęc .. gaudeb≡at ***M*** (*ante* at *littera erasa*); Hi .. gaudebant *Lb* **922** aduenit *scripsi*; adueniet *Wilh. Meyer, Abh. p. 292*; adinuenit ***M***; adinuenitur *P*¹ (*s. u. l.*) *R*; inuenitur *Ld*

Luget in aeternum, quae se iactabat aeterna,
Cuius et tyranni iam tunc iudicantur a Summo.
Stat tempus in finem fumante Roma maturum,
Et merces adueniet meritis partita locorum.
Inde tamen pergit uictor in terra Iudaea,
Quem ipsi Iudaei specta⟨ra⟩nt uincere Romam.
Multa signa facit, ut illi credere possint,
Ad seducendos eos quoniam est missus iniquus;
Quem tamen e caelo increpat uox reddita Summi.
De Persida homo inmortalem esse se dicit.
Nobis Nero factus Antichristus, ille Iudaeis;
Isti duo semper prophetae sunt in ultima fine.
Vrbis perditio Nero est, hic terrae totius;
De quo pauca tamen suggero, quae legi secreta.
Displicet interea iam sero Iudaeis et ipsis,
Susurrantque simul, quoniam sint fraude decepti.
Exclamant pariter ad caelum uoce deflentes,
Vt Deus illis subueniat uerus ab alto.

929 sq. Apoc. 13, 13 sq. **931** Apoc. 14, 9 sqq.?

923 eternum ***M*** ęterna ***M*** *P*¹ *R* (*cf. Verg. Aen. 2, 388; 9, 696*); aeternam *Ld* **924** tunc] c *in* ***M*** *m. 2. in ras. scripsit* **925** Roma maturum *R Ld*; romā////maturꝝ ***M*** (*ante* mat *littera* a *erasa*); Roma maturus *P*¹ (*s. u. l.*) **926** Sed *Ld* adueniet *P*¹ *R Wilh. Meyer, Abh. p. 292* (*cf. Lactant. Inst. V 23, 4* Veniet, ueniet rabiosis et uoracibus lupis merces sua); aduenient ***M*** *Ld*; *idem dicit* (*praef. p. XXXVII*): '*merces pluralis n. forma est*' *eamque rem exemplis probare conatur* **928** Quum *P*³ iudei ***M*** spectarant *Ld*; spectant ***M*** *P*¹; spectabant *Lb R* roma ***M*** **930** qm̄ ***M*** **931** ę celo ***M*** uox reddita *scripsi* (*cf. Verg. Aen. 3, 40* uox reddita fertur ad auris; *7, 95* ex alto uox reddita luco est); uox credita ***M*** *P*¹ *v* **932** inmortalem ***M*** dic̄ ***M*** *ordo uersuum 931 et 932 fortasse inuertendus est* **933** factus Antichristus, ille *Ebert* (*p. 399*) *v*; factus, Antichristus ille *P*¹ iudeis ***M*** **934** prophete ***M*** ultima ***M*** (*cf. Instr. II 4, 3*); ultimo *P*¹ (*s. u. l.*) *v* **935** terre ***M*** **936** que ***M*** legıſcreva ***M***¹; legıſereva ***M***² **937** ſeruo ***M***¹; ſero//// ***M***² iudeis ***M*** **938** qm̄ ***M*** sint ***M***; sunt *P*¹ (*s. u. l.*) *v* **939** Exclamant ***M***; Et clamant *P*¹ (*s. u. l.*) *v* celum ***M*** **940** dſ ***M***; Deus *P*¹ *Ld*; Deus tandem *P*³; Dominus *Lb R*

Tunc Deus omnipotens, terminet ut cuncta, quae dixi,
Producet populum celatum tempore multo.
Sunt autem Iudaei, trans Persida flumine clausi,
Quos usque in finem uoluit Deus ibi morari.
Captiuitas illos ibidem redegit ut essent;
Ex duodena tribu noue⟨m⟩ semis ibi morantur.
Mendacium ibi non est, [sed] neque odium ullum;
Idcirco nec moritur filius suus ante parentes;
Nec mortuos plangunt nec lugunt more de nostro,
Expectant quoniam resurrectionem[que] futuram.
Non animam ullam uescuntur additis escis,
Sed olera tantum, quod sit sine sanguine fuso.
Iustitia pleni inlibato corpore uiuunt,
In illis nec genesis exercet impia uires.
Non febres accedunt in illis, non frigora saeua,

941 sqq. Esdr. IV 13, 40 sqq.

941 Tunc *M*; Tum *P*[1] (*s. u. l.*) *v* omnipotens] opſ *M* terminet ut *M*; ut terminet *P*[1] (*s. u. l.*) *v* que *M* dixit *R*, *quod cunctanter reieci* **943** aut iudei *M* **945** illos] *litterae* s *in M dimidia pars euanuit* ibidem *om. M*[1]; ibidē *in marg. add. M*[2] redigit *M* **946** nouem semis *Ebert* (*p. 400*) *Lb R*; noueſ emiſ *M*; noue semis *Ld* (*cf. praef. eius p. XXXXIII*: 'noue *Roenschio suasore restitui cf. Rossi Inscr. Christ. V. R. I, 108 et 530*'); nouissimi *P*[1] **945** *sq.* redegit ut essent, | Ex duodena tribu nouem semis ibi morantur. *Ebert v*; redegit, ut essent | Ex duodena tribu nouissimi: ibi morantur *P*[1] **947** sed *uncis inclusi*; et *Huemer* neque *Ld*; nec *P*[1]*R*; neme *M*; nemesis (neue) *P*[1]; nemini *P*[3] (*Duebner ?*) *Lb Huemer* **948** suus *MP*[1] (*cf. u. 864*); suos *Ebert* (*p. 400*) *v* **949** lugent *P*[1] **950** Exspectant quoniam *R Hanssen*; Expectanſ qm̄ *M*; Exspectant uitam *P*[1]; Exspectantque uitam *Lb Ld* resurrectionem futuram *R Hanssen*; resurrectionemque futurā *M Ld Wilh. Meyer*; resurrectionem quae futura *prius temptaui, Ienaer Literaturzeit. 1877 p. 797* **951** animam ullam *R* (*coll. Deuter. 12, 23* non debes animam comedere; *uide etiam Gen. 9, 4*; *Leuit. 17, 10*; *11*); animā ullū *M*; animal ullum *P*[1] *Ld* additis (additiſ *M*) escis *MP*[1] (= *ubi cibi apponuntur?*); additam escis *v* **952** sit *MP*[1]; sint *v*; *fort.* fit **953** inliuato *M* **954** exercit *M* **955** Non *M*; Nec *P*[1] (*s.u. l.*) *v* **953** *sqq. uulgatam uerborum distinctionem* uiuunt: | In illis .. uires | Nec *mutaui*

Obtemperant quoniam uniuersa candide legis;
Quae nos et ipsi sequemur pure uiuentes;
Mors tantum aderat et labor, nam cetera surda.
Hic ergo populus, qui nunc est extra repostus,
Siccato fluuio repetet in terra Iudaea;
Cum ipsis et Deus ueniet implere promissa,
Qui per totum iter exultant Deo praesente.
Omnia uirescunt ante illos, omnia gaudent,
Excipere sanctos ipsa creatura laetatur:
Omni loco fontes exurgunt esse parati,
Qua graditur populus Summi cum terrore caelesti.
Vmbraculum [illis] faciunt nubes, ne uexentur a sole,
Et ne fatigentur, substernunt se montes et ipsi;
Praemittetur enim ante illos angelus Alti,
Qui ducatum eis pacificum praestet eundo.
Hi sine labore leuiter gradiuntur euntes
Et quasi leones, qua transeunt, omnia uastant.
Neque gens ulla quidem poterit resistere contra,
Si bellum intulerit, cum sit Deus ipse cum illis.

956 Obtemperant quoniam *Ld*; Obseruant quoniam *R* (*coniecturâ*); Obtemperant qm̄ *M*; Obtemperantque *P*¹ (*s. u. l.*); Obtemperantque ⟨Dei⟩ *Lb* candidæ *M* **957** ipsisequemur *M* **958** aderit *P*¹ surda] = *ignota?* **959** ergo *scripsi*; erat *M*; erit *P*¹*v*; aderit *Wilh. Meyer* popłſ *M* est extra repostus; *P*¹*Ld*; est extra repositus *M*; (qui, nunc) repositus extra, *LbR* **960** iudea *M* **961** dſ̃ *M*; Deus *P*¹ (*962*; *974*); Dominus *RLd* (*sine nota*) *Wilh. Meyer, Abh. p. 290*; *cf. Instr. II 1, 31* **962** Qui *P*¹*v*; ꝗ *M* exsultant *v*; exultat *M*; exsultat *P*¹ **964** letatur *M* **965** exurgunt osse parati *M* (*cf. Instr. II 17, 8* surrexerunt ludere fili); exsurgunt, escae parati *P*¹ (*s. u. l.*); (exsurgunt,) escae paratae *P*³*R*; exsurgunt e se parati *Ld*; et escae parantur *Huemer* **966** popłſ *M* celesti *M* **967** Vmbraculum illis *MP*¹*R*; Vmbram illis *Ld*; illis *uncinis inclusi* **969** ꝑmittetur *M*; Praemittitur *P*¹ (*s. u. l.*) *v* ante illos *in M initio omissum m. 2. s. l. add.* al////ti *M* (*uidetur* i *erasum*) **970** prestet *M* **971** Hii *M* **972** qua *M* (*cf. u. 966*; *Liu. XXVI 26, 10* uastatos agros.., qua .. isset Hannibal; *XXXIII 29, 9*); qui *P*¹ (*s. u. l.*) *v* **973** Neque gens *Ld*; Nec gens *P*¹*R*; Nec legis *M* (e *in ras.*); Nec legio?

Expugnant gentes, ciuitates quoque deponunt,
Permissione Dei uiduant colonias omnes,
Auro uel argento locupletanturque praedando
Et sic honestati hymnos pariterque decantant.
Mox autem properant sanctae ciuitati paternae,
Expauescet enim terribilis ille tyrannus,
Et fugit ad reges Boreae cum concitu magno,
Vnde rapit populum, ut stet quasi contra ⟨re⟩pugnans.
Cum properant autem exercitu Dei rebelles,
Sternunturque solo ab angelis proelio facto

975 ciuitates qoqe *M*; ciuitatesque P^1 (*s. u. l.*) *v* **976** colonias colonias *M* (*altero loco uocabulum m. 1. expunxit*) **976** *sqq.* uiduant (*M*) colonias omnes; | Auro uel argento locupletanturque (quę *M*) praedando. | Et sic P^1; uiduant (uiduantque *Lb*) colonias omnes, | Auro uel argento locupletantur (*Lb*) praedando | Et sic *R*; uiduant col. omnes | Auro uel argento, locupletanturque praedando. | Et sic *Ld*; *ego interpunctionem hinc inde mutuatus sum hoc maxime spectans, ut ea legi Meyerianae de paribus uersuum coniungendis conueniat* **978** Et *in M m. 2. in ras.* pariterque decantant *M*P^1*R* (*qui in commentario lectionem codicis argumentis tuetur*; *cf. u. 154*; *324*); per iter Deo cantant *Lb Ld*, *quod defendi uidetur uersu 962*: per totum iter exultant Deo praesente; *sed cf. u. 799*; *939; Instr. I 41, 20*; *II 2, 6*; '*forte* parodiasque decantant' *Ld in praefat.* **979** aut̂ *M* properant *M*P^1; *malim hoc loco et u. 983*: propiant; adproperant *v* sancte .. paterne *M* **980** Expauescet P^1; Expauesce⋮t *M* (n *ante* t *eras.*); Expauescit P^3*v* **981** Et fug̃ ad reges boreę cũ c̃citũagno *M* (*cf. Instr. II 1, 37 sq.* Rex .. iniquus .. in partem boreae refugit); Et fug⟨iet in rub⟩ore, ac u⟨eniet cum exer⟩citu magno P^1; Et fugit in Bore, ac uenit cum exercitu magno P^3; Et fug⟨it in B⟩orea⟨m⟩, u⟨ictus ab exer⟩citu magno *R*; Et fug⟨it in B⟩oreae ⟨partem ab exer⟩citu magno *Ld* **982** rap̄ *M* poplm *M* quasi contra ⟨re⟩pugnans *Wilh. Meyer* (*cf. Instr. II 20, 11*); quasi c̃tra pugnas (*inter* contra *et* pugnas *duarum fere litterarum spatium est*) *M*; quasi ⟨uir unus⟩ pugnans P^1; quasi ⟨fortiter⟩ pugnans *R*; quasi ⟨pro suis⟩ pugnans *Ld* **983** aut̂ *M* exercitu *M* (*est datiuus*; *cf. Instr. II 1, 39 sq.* Sed cum se inlidet exercitu Dei tyrannus, | Terrore caelesti prosternuntur milites eius; *de* properant *cf. u. 979*); exerc⟨itus⟩ P^1*v* rebelles P^1*v*; rebellos *M* **984** Sternu...qe *M* (*post* Sternu *tres fere litteras* — nt̃? — *euanuisse monet Knoell*); Sternunt⟨ur⟩que P^1; Sternuntur *R* (*eidem in mentem uenit* prosternuntur); Sternunt ⟨ubi⟩que *Ld*

⟨Et prensus ad⟩ulter, ipsius et pseudopropheta
Mittunt⟨ur in stagnum sub i⟩gnea p⟨o⟩ena uiuentes.
Quorum qui pri⟨m⟩ores, praepositi siue legati,
In loco seruorum rediguntur sancti⟨s⟩ iniqui.
Interea sancti intrant in colonia sancta,

985 sq. Apoc. 19, 20

983 *sq. interpunctio huius loci uaria est*: Quum .. autem exercitus Dei, rebelles | Sternuntur(que) $P^1 R$; Cum .. autem, exercitus Dei rebelles | Sternunt ubique *Ld* **985** ⟨Et prensus ad⟩ulter, ipsius et pseudopropheta *scripsi* (*cf. Instr. II 1, 41* Ipse cum infando conprehenditur pseudopropheta; *de* adulter *uocabulo diabolum significante cf. u. 179*; *206*); * * * ulter ipsius & pseudoprophete ***M*** (*ante* ulter *duodecim fere litterae euanuerunt*); ⟨Vnus et⟩ alter ipsius et ⟨ambo⟩ prophetae mittunt⟨ur⟩ P^1; '*Eo usque uetustate extinctae sunt apicum frustula, ut alius forte legat:* Pseudoprophetae' P^2; ⟨Rex ille (autem *Lb Ld*) iniqu⟩us et ⟨pseudo⟩propheta mittunt⟨ur⟩ *Lbv*; *de singulari* pseudopropheta *agit Ebert p. 402* **986** Mittunt⟨ur in stagnum sub i⟩gnea p⟨o⟩ena uiuentes *scripsi* (*cf. Apocal. 19, 20* Viui missi sunt hi duo in stagnum ignis ardentis in sulphure; *Instr. II 33, 14* Sub nigrore(?) cupis uiuere); Mittunt.........., . gae apena uiuentes ***M*** (*uerbo*) Mittunt, *unde codicis **M** librarium nouum uersum ordiri Knoell testatur, duae uel tres litterae subiunctae fuerunt, quae cum insequentibus uetustate extinctae sunt*; *lineola tertio loco ante* gae *posita ab initio* ſ *uel* f *fuisse uidetur*); ⟨Qui mercede bonos moneant, male⟩ poena uiuentes P^1; ⟨Comprehensi simul in gehennae⟩ poena uiuentes *Lbv*

987 Quorum qui *scripsi* (*cf. u. 345*; *Verg. Aen. 1, 157*); Quor⸗ qe ***M***; Quorumque P^1; Quorum *v* primores *Ebert* (*p. 402*) *v* (*cf. II 1, 43* Ex eo primores et duces seruire iubentur); priores ***M*** P^1; *cf. uers. Palat. Herm. past. uis. II 2, 6*; *4, 2*; *III 10, 7* priores ecclesiae = οἱ πρεσβύτεροι; *Ennod. uit. Epiph. p. 333, 17 Hart.* prioribus obsecundans praeposi⟨ti⟩ $P^1 v$; praeposit ***M*** (*euanuit post* t *una littera*) **988** In loco] I *primo omissum* M^2 *add.*; *ante* loco *una littera* (a) *erasa* rediguntur ſcĩ iniqui ***M***; sancti rediguntur iniqui P^1 (*s. u. l.*) *R*; sanctũm r. i. *Lb*; statim r. i. *Ld* **989** sancti *Lbv* (*cf. Instr. II 1, 44* Intrabunt tunc sancti); ſan& ***M***; ⟨sed et hi⟩ P^1 (*s. u. l.*)

Qui Dei promissa capiant sine fine laetantes.
Exorant Deum pro mortuis uti resurgant,
Quod ipse promisit olim de anastasi prima.
Incipiet Deus iam tunc inimicis irasci,
Status ⟨us⟩que dies quoniam aduenit iniquis.
Cum coeperit autem mundum iudicare per ignem,
Deuitatque pios et cadet super impios ignis.
Vix remanent pauci, qui referant talia facta,
Et qui reservantur, ut seruiant iustis, euadunt.
  Post persecutionem sanctorum et funera tanta
Imminet ut ueniat dies detestabilis, ardens.
Ecce canit caelo rauca, sed ubique resultans,
Quae pauidat totum orbem in ruina cadentem.
Sol fugit incaute, subito fit noctis imago,

992 Apoc. 20, 5

990 Qui Dei promissa *scripsi*; Quo Dei pr. *Wilh. Meyer*; Quid ei promissa *M*[1]; Quod et promissa *M*[2]; Quod ex promisso *P*[1] (*s. u. l.*); Quod ea promissa *P*[3]; Quam ex promisso *R*; Quam ex promissa *Ld* (*'h. e. ex promissione' praefat. p. XXXXIII*) capiant *MP*[3]; capiunt *P*[1] *v*; *Ld in praefat. p. XXXIX praefert lectionem*: Vt eam promissam capiant letantes *M* **990** *sq.* capiunt. Sine fine laetantes, *R* **991** deum *MP*[1] *Ld*; Dominum *Lb R Hanssen Wilh. Meyer*, *Abh. p. 290* uti *MLb* (*coni.*) *R*; ut *P*[1] (*s. u. l.*) *Ld* **992** ipse *Lbv*; ipsi *MP*[1] **993** dr̄ *MP*[1] *Ld*; dominus *R* **994** Status ⟨us⟩que (= *semper*) dies quoniam *scripsi*; Statusque dies qm̄ *M*; Statutusque dies quoniam *P*[1] (*s. u. l.*); Statutus quoniam dies *R*; Statutusque dies quondam *Ld* **995** ceperit *M* **999** ꝑsecutione *M* **1001** canit cęlo rauca sed *M* (canit *ita dictum uidetur, ut* tuba *suppleatur; cf. Liu. XXVI 44, 4* nisi receptui cecinisset; *III 22, 6; Senec. controu. 7 praef. 1* declamante illo ter bucinauit; rauca *accusatiuus neutri generis est, de qua re cf. Ennod. p. 272, 15 H.* iam raucum bucina (bucinae *Sirm.*) concinebant; *pronom. relat.* Quae *insequ. uersus ad omissum uocabulum* tuba *durius referri haudquaquam me fugit*); canit caelo rauca tuba (*omisso* sed) *P*[1] *v* (*cf. u. 901*; *Instr. II 2, 1*; *Liu. XXVII 15, 14* canere inde tubae; *Verg. Aen. 5, 113* tuba .. canit; *11, 474* dat signum rauca cruentum bucina); canit caelo rauca et *Hanssen §. 4 p. 19* **1002** pauidat *I. N. Ott* (*Jahrb. f. class. Philol. 109 p. 836*) *Ld* (*in praefat. p. XXXXIII*); pauida *M*; pauitat *P*[1] *R* **1003** fug̃ *M*

Et Deus exclamat: Quamdiu me ferre putasti?
Cuius signo dato pestis ruet aethere toto,
Cum strepitu tonitrui descendit impetus ignis.
Tunc aliud atque aliud fulmen iactatur ab astris,
Ignea tempestas furit reseruata tot annis;
Rugit pestifera clades, tremit excita tellus,
Nec, quo se auertat, prouidet gens omnis humana.
Stellae cadunt caeli, iudicantur astra nobiscum:
Turbantur caelicolae, agitur dum saecli ruina.
Suppetium nullum tunc erit et clamor inanis;
Non nauis accipiet hominem, non ulla latebra;
Nec illi subueniunt, quos ante pro magno colebant:
Quisque sibi satagit, sed nil profic⟨i⟩et illi;
His tantum proficiet, qui fuerint Christo notati;
Ros ad illos erit, nam ceteris poena letalis.
Pars incredulorum seruatur molliter usta,

1004 putastis *R coll. Instr. II 2, 4 sq.* **1006** tonitrui P^1 (*cf. u. 1025*); ton&rui ***M***; tonitrus *Lbv* descendit P^1 (*s. u. l.*) *v*; discendit ***M*** **1007** aδque ***M*** **1008** tempesta ***M*** furit P^1v; fug̃ ***M*** **1009** Rug ***M*** tremit] *nouissimae duae litterae in* ***M*** *liturâ extinctae* **1010** quo *scripsi* (*cf. u. 1021* quocumque se uertunt); qua P^1v; *in* ***M*** *hoc uocabulum tinearum morsu ut uidetur ita exesum, ut primae tantũm litterae* (q) *uestigia satis parua compareant* auertat ***M****v*; uertat P^1; *Ld in praefat.*: '*forte* q. se auferat' **1011** Stelle .. celi ***M*** iudicantur ***M*** (*dilucide scriptum, quamquam primarum litterarum pars superior a tineis erosa est*); ⟨iudi⟩cantur P^1v; 'mutantur *Roenschio in mentem uenit coll. Instr. II 4, 9* et astra uel ipsa mutantur' *Ld praefat. p. XXXX* **1012** celicolę ***M*** dũ secli ***M*** **1013** nullum tunc ***M*** (*cf. Instr. II 2, 15*); tunc nullum P^1 (*s. u. l.*) *v* **1014** homi//////nem ***M***; *litterae* mi *m. 1. ut uidetur bis scripserat* ñ (= *non*) ***M***; nec P^1 (*s. u. l.*) *v* illi .. quos ***M***; illis .. quos P^1 (*s. u. l.*) *Ld*; illi .. quem *R* **1016** Quisque] i M^2 *s. l. add.* nil ***M***; nihil P^1 (*s. u. l.*) *v* proficiet P^1 (*s. u. l.*) *v*; proficet ***M*** **1017** fuerint qui *R* **1018** Ros ad illos erit ***M*** (*cf. Zachar. 8, 12* et caeli dabunt rorem suum et possidere faciam reliquias populi huius uniuersa haec); Quos ad illos P^1; *idem in commentario* (P^2) *adnotat*: '*Sic* (Quos) *cod.*; *forsan* Pax'; Quorum salus P^3v **1020** gen÷ ***M***

Vt genus ipsorum iterum se in ultimo plangat.
Quocumque se uertunt homines, uis ignea feruet;
Aer ipse mundi, qui placebat ante, crematur.
Quot strepitus caeli ingruentis fulmine dicam,
Cum ira tot annis collecta funditur omnis?
Hinc ignis, hinc tonitrua, hinc turbines, tot mala, feruunt,
Rapieturque polus subi⟨ta⟩ ui mortis in umbram.
Partim terra tremens laxat fu⟨ndamina tota⟩,
⟨Par⟩tim tonitrua disrumpunt moenia firma;

1022 Aer ipse mundi qui placebat *M*P^1 (*idem in Spicil. IV p. 222* Aes ipse mundi, cui placebat *in textum* (P^4) *recepit*; *in commentario* (P^5) *ibi haec addidit*: '*Vix non* (?) *reluctante codice, sed urgente grammatica, primum* Aer *edideram; iam ex meo apographo* Aes *emicat sensuque planiori* (?) *fluit*'; *in eiusdem Spicilegii eodem uolumine p. 142 sic uersum allegat*: Aer ipse mundi qui placebat (praeerat?) ante crematur; Aes ipse mundi, qui (cui *R*) placebat *LbR*; E se ipse mundus, qui placebat *Ld* **1023** Quot strepitus *Ld* (*in textu*); Quot crepitus *idem in praefat. coll. u. 1033*; Quod strẹpitus *M*; Quos strepitus P^4 *R* ingruentis *scripsi* (*cf. Liu. XL 58, 6* caelumque in se ruere aiebant; *Verg. Aen. 1, 129* caeli .. ruina); incruentes *M*; ingruente P^4*v*; ingruentes P^1 fulmine] *litterae* e *suprema tantum particula in M comparet* **1024** annis] *primae tres litterae in M parum conspicuae* **1025** hinc tonitrua *M*$P^1$$P^4$*R*; tonitrua (*om.* hinc) *Lb*; hinc tonitrus *Ld* turbines *M*P^1; turbinis P^4*v* tot mala *M*P^4 (*errore typogr.* mal) *v*; tota mala P^1; tot mala *interpunctione seclusi* feruent P^1 **1026** Rapieturque *v*; Rapiturque P^1; Rapiaturque P^4; Rapiatqe *M* subita ui *scripsi*; su////b///.. | τuι *M* (*ut Knoell indicat*); *Pitrae* (*Phillippsio?*) *idem codex* subtus *praebere uidebatur*; subitae P^1 P^4; subitaneae P^3 (*Duebner?*) *Ld*; subeuntis P^5; subiturae *R* umbrã//// *M*; umbra $P^1$$P^4$*v* **1027** terř *M* fu⟨ndamina tota⟩ *scripsi*; fu.......... (*decem fere litterae euanuerunt*) *M*; fu⟨nebria claustra⟩ P^1; ⟨funebria claustra⟩ P^4*v* **1028** ⟨Par⟩tim P^4*v*; ⟨Partim⟩ P^4; -tim (*litterae antecedentes cum marginis laeui parte interciderunt*) thonitrua disrũpunt menia]ı]ma *M* (*primarum ultimi uocabuli litterarum pars superior dextro margine laeso abscissa*; *Knoell legendum putabat* firma; *Pitra et Phillipps* ...yma *in codice legere sibi uidebantur*); tonitrua disrumpunt moenia ⟨mundi⟩ P^1; t. d. m. prima (ima *Ld*) P^4*v*

⟨Atque disturbantur m⟩uri sicut puluis in auras;
Saxa uolant, uen⟨tis nudantur⟩ tecta domorum.
Vastantur patriae, prosternitur ciuitas omnis
* t * * osculum uestigio tradat.
Tot crepitus, tantos fragores t⟨antasque⟩ ruinas
Quis po⟨te⟩rit ferre aut na⟨u⟩f⟨ra⟩gia tanta ⟨uitare⟩?
Quid misera mater faciet tunc paruolo dulci?
Aut si pater natum piet, quid profic⟨i⟩et illi?

1029 Psal. 1, 4?

1029 ⟨Atque disturbantur m⟩uri sicut puluis in auras *scripsi*; — — uri sicut puluis in auras· ***M*** (*ut Sedlmayer et Knoell testantur*; *pro* uri *Pitra* ituri, *Phillipps* ri *legebant; de ceteris consensus est*; *priora huius uersus uocabula partim in dextro, partim in sinistro margine abscissa*); ⟨Et fundamenta mundi⟩ ituri sicut puluis in auras *P*⁴*v*; ⟨Et rumpunt montes ru⟩turi s. p. i. a. *Lb* **1030** Saxa uolant uer ////////////| t..ta domorꝝ ***M*** (*post* uolant *litteras* ue *et lineolam insequentem primus indagauit Knoell*; *idem illic* uentis *scriptum fuisse ingeniose suspicatus est*; *nos addidimus* nudantur); Saxa uolant ⟨scissis rupibus et⟩ tecta domorum *P*⁴*v* **1031** Vastant̃ ***M*** ꝑ(ſ)ternit ***M***; contremet *P*²; prosternitur *P*⁴*v*; prosternit *Phillipps* (*P*⁵) omnis] s *in* ***M*** *prope euanuit* **1030** *sq.* domorum, | Vastantur patriae, prosternitur *scripsi* (patriae = *ciuitates uel terrae*; *cf. Mommsenii indicem editioni Iordanis subiunctum et Phil. Thielmanni commentat.* '*Ueber Sprache und Kritik des lat. Apolloniusromans*' *p. 32*); domorum: | Vastantur patriae, prost. *P*⁴; domorum | Vastantur, patriae prost. *v* **1032** //////t//////////| osculũ uestigio tradat· ***M***; ⟨Vt uix, ubi sit puluis⟩culum uestigio tradat *P*⁴; ⟨Vt uix, ubi fuerat frust⟩ulum uestigio tradat *R*; ⟨Vt uix, ubi fuerit, pl⟩usculum u. tr. *Ld* **1033** Tot crepitus tantos fragores ⟨tantasque⟩ ruinas *v*; Tot crepit͛ tantus fragor est ////////////| ruinas ***M***; Tot crepitus, tantum fragorem ⟨totque⟩ ruinas *P*⁴ **1034** poterit *P*⁴*v*; po..rit ***M***; potuit *P*² naufragia *P*⁴*v*; na////f/////gia ***M*** tanta ///////////////| ***M***; *post* tanta *P*⁴ *suppleuit:* deflere; *Lb*: telluris; *R*: durare; *Ld*: tueri; *ego malim*: uitare **1036** A/t si pat̃ natũ | pi& quid ꝑfic& illi ***M*** (*extremam partem uocabuli* natum, *quam Pitra coniecturâ suppleuerat, Knoell ex ipso codice eruit*; *idem, nisi notas eius perperam intellego, perspexit inter* natum *et* piet *nihil excidisse*; *de* piandi *uerbo cf. Instr. II 24, 14* Nec non et de lucro mercis su⟨m⟩is te piare); Aut si pater nat⟨um ra⟩piet, quî (quid *v*) proficiet illi? *P*⁴*v*; Aut si pater na.......iet, quid proficiet illi *P*² (*cod.*); Etsi pater ...piet quid proficet illi *Phillipps* (*P*⁵)

Vae refugis Domini, uae et sine Christo n⟨e⟩fa⟨n⟩dis,
Quorum et laeta⟨n⟩tes iudicantur ⟨et⟩ pie flentes!
Pla⟨nget prae⟩terea mugitibus tota natura,
Donec cesset furia ⟨tandem conp⟩leta caelestis.
Tunc mensibus septem remundabitur terra per ignem

1037 Væ refuges dñi uae&̊ sine χp̄o n.(f)a. | dis· *M* (*Sedlmayer notauerat* uaτe//// *et* n//////a | dis; *ueriora perspexit Knoell*; *idem* nefandis *ultimo loco scriptum fuisse ingeniose coniecit*); .... refugis Domini ...... sine Christo ... *P*[2] (*cod.*); Quid (Vae *Lb Ld*) refuges (refugis *Ld*) Domini (Domino *Lb*), uates sine Christo, ⟨discordes?⟩ *P*[4] *Lb Ld*; '*Idem* (= *Phillipps*): uae refuges' *P*[5]; Vae refugis Domini! Vates sine Christo ⟨docentes⟩ *R* **1038** Quorꝭ & leτa.ꝶſ iudicantur pie flentes· *M* (*tertio loco* letantes *genuinam codicis lectionem esse primus uidit Knoell*; *de ligatura* ꝶ (= *te*) *cf. Wattenb., lat. Palaeogr.*[3] *p. 51*; *Sedlmayer notauerat* leτa////orſ; *ante* pie, *quamquam eius rei in cod. nullum est indicium, excidisse aliquid suspicor*; *interposui* et); Quorum et laeta sors iudicantur pie flentes *P*[2] (*cod.*) *Phillipps* (*P*[5]); Quorum et laeta sors iudica⟨ba⟩tur (iudicabitur *Lb Ld*) ⟨nunc⟩ pro se flentes *P*[4] *Lb Ld*; Quorum iudica⟨ba⟩tur et laeta sors ⟨nunc⟩ pro se flentes *R* **1039** Pla⟨nget prae⟩terea mugitibus tota natura *scripsi*; Plaı//////////////ter eå mugitib...τa..τ.ra *M* (ter *legi in codice Knoell affirmat*; *Sedlmayer* tes *scripserat*; *de* a *in* ea *dubitauit Knoell*; *idem ex uestigiis sub finem cognoscere sibi uidebatur scripturam:* mugitib; tota natura); .... mugitibus .... *P*[2] (*cod.*); '*apographum meum*: pla ... ter ... mugitibus, *mediomontanus editor* (= *Phill.*) *prolixius*: pla[ngen?]tes ex mugitibus' *P*[5]; Plang⟨unt⟩ ex mugitibus, ⟨prostratique ter⟩ra *P*[4]; Plang⟨unt⟩ ex mugitibus ⟨seseque prosternunt in ter⟩ra *v* **1040** Donec cesset furia ⟨tandem conp⟩leta caelestis *scripsi* (*cf. Ezech. 7, 8* complebo furorem meum; *Apocal. 15, 1*); Donec cesset furia . ar̊/i//... | leta celestis· *M* (*uerba* Donec cesset furia *testantur Sedlmayer et Knoell*; *post* furia *sex fere litterae euanuerunt, quarum altera Knoellio* a *fuisse, tertia ad similitudinem* n *litterae accessisse uidebatur*); .... laeta coelestia .... *P*[2] (*cod.*); Donet c...et f...ri... laeta coelestis *Phillipps* (*P*[5]); Dum ⟨illuces⟩cet ⟨frat⟩ri⟨bus aula⟩ laeta coelestis *P*[4]*v* **1041** Tunc mensibus septem remundabitur terra per ignem *scripsi* (*de* remundare *cf. Georg. HW*[7]; *Ital.* rimondare); (Tu)nc men(ſ)bꝭ VII (ſe̊) mundabıτ ter . a///.. | nē *M* (*cum pleraque iam Sedlmayer rectius cognouisset, Knoell* ſe (re?) *ante* mundabit(ur) *et sub finem* p̱ ig *ante* nē *partim oculorum partim ingenii acumine indagauit*); Tum .... mundabit .... *P*[2] (*cod.*); Tunc ⟨lux uitae⟩ uirum mundabit aet⟨er⟩na ⟨super⟩nae *P*[4]*v*; '*Alia coniectabat cl. censor* (?): Tunc ⟨mentes⟩ uirum mundabit aet⟨er⟩na ....ne' *P*[5]

Et qui f⟨uit⟩ humilis ueniens de caelo uidetur.
Cum illo descendent angeli claritatis aeternae,
Rumpen⟨tur⟩ et tumuli, exurgent corpora iusta;
Quae rapiunt nubes et portant ⟨obui⟩a⟨m Ch⟩risto
In a⟨e⟩ra; Dominum ⟨ex⟩cipiunt sancti uiuentes.
Suscitat e⟨t⟩ illo⟨s⟩, ut uideant gloriam eius,

1042 sqq. I Thess. 4, 15 sq.; Matth. 25, 31 **1047** sq. Ioh. 19, 37; Zach. 12, 10

1042 & qui f.. humilis ueni.ns (e?) de celo uidetur ***M*** (*post* f *litterae* uit *excidere potuerunt, ut Knoellio uidebatur*; *idem primus post* humilis *litteras* ue *fuisse uidit*; *quae sequuntur* ni.ns *a Sedlmayero primo eruta*); .... de coelo uidetur P^2 (*cod.*); Et qui ⟨fuit⟩ humilis, ⟨Deus⟩ nunc de coelo uidetur P^4*v*; '*apographum nostrum dumtaxat haec*: humiliter ... de coelo uidetur; *idem* (*Phillipps*) *supplebat*: Et quis⟨quis⟩ humilis ... de c. u.' P^5 **1043** Cũ illo .escend.n. angeli claritatis ęterne ***M***; Quum illo descendunt angeli .... P^2 (*cod.*); Cum illo descendent angeli ⟨cl⟩aritatis aeternae P^4*v*; '*idem* (*Phill.*) *forte minus bene*: Descend⟨an⟩t angeli ⟨c⟩aritatis aet⟨er⟩nae' P^5 **1044** Rũp... | & tumuli exurgent corpora iu(ſ)ta ***M*** (*post* Rũp *Knoellio* & *uel* en *et deinde unam litteram codex ab initio habuisse uidebatur*; *ultimum uocabulum* iusta *fuisse et Sedlmayer et Knoell testantur*); Rumpuntur et tumuli exsurgent corpora P^2 (*cod.*); Rumpentur et tumuli exsurgent corpora lu⟨te⟩a; (lu⟨to⟩, *v*) P^4*v*; Rumpe⟨n⟩t et tumuli exsurge⟨n⟩t corp⟨or⟩a lu..a *Phillipps* (P^5) **1045** Quae rapiunt nubes et portant obuiam Christo *scripsi* (*cf. S. 107 p. 800*); que rapiunt (nı). | bes & portant ...a.p̃o ***M*** (*priore uersus parte Sedlmayer, sub finem Knoell genuinae lectionis reliquias eruerunt*); .... et portant .... P^2 (*cod.*); Quae ⟨maculant (maculat *v*) ta⟩bes, èt portant ⟨in tartara saeui⟩ P^4*v*; Quos ....bes et portant *Phillipps* (P^5) **1046** In aera; Dominum excipiunt (*cf. u. 578*; *964*) sancti uiuentes *scripsi* (*cf. S. l. c.*); In a.ra dñm c.cipiunt scī | uiuentes ***M*** (*media uersus parte ueram lectionem Sedlmayer primus uidit, nisi quod lineolam* (c) *ante* cipiunt *ex codice addidit Knoell*); ..... Viuentes P^2 (*cod.*); In⟨ferni custodes. Hic erunt Iudaei⟩ uiuentes: P^4*v*; '*Vix capitis et caudae frustula superant in codice*(*!*) *et in editis, unde magnus ariolandi campus*; *nec enim nisi dubitando uoculam legit Philippus*: In' P^5 **1047** Suscitate illo// ut uideant głam eius ***M***; suscitati ....|...... uidebunt gloriam eius P^2 (*cod.*); Suscitab⟨it⟩ illos, ut uideant gloriam eius P^4*v*

Quem cruce fixerunt; sed denuo reddet in imis.
Vae miser⟨is⟩ illis! Testis est necatus ab illis.
Quod poenis ipsorum prouidi dolo t * *
* * nius sistic * * ι
Haec non de inuidia canimus, sed fixa uidemus.
Cum iusti laetantur, ⟨illi⟩ in inferno cremantur;
Dau⟨id⟩ illis dixit: Domine, redde ill⟨is⟩ iniqua!

1054 Psal. 27, 4

1048 quē crucefixerт̄ seddenuo r.(e?)dd& ≟nımıſ *M* (*extremo uersu de uera lectione Sedlmayer et Knoell consentiunt*); Quem crucifixerunt, sed denuo mundus P^2 (*cod.*); Quem cruce (cruci *v*) fixerunt. Sed denuo ⟨surgit ab⟩ imis $P^4 v$; 'Sed denuo .... humis *mediom. edit.*; Denuo mundus *apogr. Medium ego inter haec tenui'* P^5 **1049** Vae emiser//////| illis testis ē negaтι ab illis *M* (Vae *Sedlmayer restituit*; *cf. u. 1037*; *Instr. I 23, 3*; *II 28, 9*); .... miser...... | Illis testis est .... negatus ab illis P^2 (*cod.*); Vt e⟨xs⟩tet miseris illis testis, necatus ab illis. $P^4 v$; 'Negatus. *Id ex fide codicis et meae et mediomontanae editionis subsistit. Sed nihil haesitans lege mecum*: necatus, *perinde ac monui in t. I appendicibus p. 538 omnino scribendum esse in Carm. Apolog. u. 49* ... Pharaone necato, *ubi primum* negato.' P^5 **1050** *sq.* qđ p(o)enis (*Knoell*; penis *Sedlmayer*) ipſorꝝ (*Knoell*; ////p////o//////// *Sedlm.*) ꝓuidi dolo т/////| ////ɔ nius (*Knoell*; mus *Sedlm.*) ſiſtic ///////////////ι (*ante* ι *septem fere litteras euanuisse indicat Knoell*) *M* (*haec unius uersus mensuram utique excedunt*); (negatus ab illis) | Primus .... sisti .... P^1 (*cod.*); *unius ergo uersus reliquias Pitra primo omisit*; Quot pen⟨detis nummos, qui stulto (impio *R*)⟩ prouidi dolo, | Promisisti⟨s⟩ c⟨ustodibus⟩ lucra silentibus? De te $P^4 v$ **1052** hιc n̄ (*has ineuntis uersus reliquias primus Knoell accuratius enotauit*; *Sedlmayer ita locum dederat*: /////n) de inuidia canimus sed f(??)ixa uide/////mus *M* (*Sedlmayer inter* sed *et* a *lituram modo indicauerat, cuius loco Knoell* fix *interposuit, quarum litterarum primam alteramque dubias, tertiam certam esse monet*); .... inuidia canimus .... P^2 (*cod.*); (De te,) | Inuidia, canimus; ⟨de te, Iudaea, ui⟩ncimus (⟨u⟩incemus *v*) $P^4 v$ **1053** Cū iusti letant(m?)ur .... in inferno cremantur· *M* (*post* letantur *uel* letamur *quattuor fere litteras extinctas esse Knoell monet*; *supplendum censeo* illi); ...... cum Iust ...... | In inferno cremantur P^2 (*cod.*); Quum iusti laetantur, ⟨et⟩ in inferno cremantur $P^4 v$ **1054** da///// illis (*Sedlmayer*; *post* da *primam litteram* u *fuisse Knoell uidit*) ꝯ d//e redde ill/// iniqua· *M* (*quae quomodo supplenda essent Knoell recte diuinauit*; *cf. S. 107 p. 801*); P^2 *hoc loco de codicis lectione nihil notauit*; Da⟨mnati⟩: illis D⟨eus⟩ di⟨cet⟩; ⟨R⟩eced⟨ite⟩ ill⟨uc⟩! $P^4 v$

Et si non crediderint, in umbra mortis abibunt. —
⟨H⟩ic utique poterat plebi suae laeta precari;
Cur ⟨magis op⟩tauit: Descendant uiu⟨i⟩ deorsum?
Ceteri qui fuer⟨int⟩ in aduentum Christi de sanctis,

1055 Psal. 81, 5; Ioh. 8, 24 (Psal. 22, 4; 106, 10; Matth. 4, 16 al.) **1057** Psal. 54, 16 **1058** I Thess. 2, 19

1055 Et si non credide|rint in umbra mortis habibu[illegible]τ *M*; .... in umbra mortis abibit *P*[2] (*cod.*); Et qui non crediderint, in umbra mortis abibunt. *P*[4]*v**) **1056** *sq.* ///////////////////////////////// ////ICUTIqUE pOTERaT pL////////S UE LaETa preca////////////////////V////tauit d///ſcendant //////u////deorsũ////// *ita fere Sedlmayer lectiones et lituras codicis indicauit*; *Knoell inter* pL *et* SUE *litteras* EUI *eruit, post* preca *primas litteras fuisse* **ri cur** *opinabatur*; *idem* discendant **uiu**//// *legebat*; *eorum, quae ante* (H)ic utique *perierunt* (*erant autem, si spatium computaueris, sedecim fere litterae*), *nec uola nec uestigium exstat*; Hic utique poterat .... | ...... ducenda ...... *P*[2] (*cod.*); Sicuti qui poterant pl⟨us⟩ uell⟨e⟩ et mort⟨alia⟩ tant⟨um⟩ | ⟨Elegerunt, proni⟩ descendent illi deorsum *P*[4]*v*; 'Hic utique poterat *apogr.* (*Pitrae*); Sicutique poterat pl. uela *Mediom. ed.*' *P*[5]; descendant *Phillipps* (*P*[6]) **1058** Ceteri qui fuer////I In aduer////////////////////// χp̄ι de ſcīſ *M*, *ut Sedlmayer testatur*; *Knoellio uidebatur post* fuer *littera* a *periisse*; *idem ante* χp̄ι *ita notat lectionem* aduentum, *ut eius uocabuli litteras* t *et* m *ex parte euanuisse appareat*; Caeteri qui .... in aduersis ... *P*[2] (*cod.*); Caeteri qui fueri⟨nt⟩ in aduersis Christi. De sanctis, *P*[4]*v*; '*Pene totum dedit primus Phillippus*' *P*[5]

*) *Versu 1054 psalmi XXVII uersum quartum* (Redde eis retributionem eorum) *paucis mutatis exprimi neminem fugiet. Minus dilucidum primo aspectu est, unde uersus 1055 sumtus sit; uerum autem inueniemus, ubi Cypriani uestigia sequemur. Eius in testimoniis, l. I c. 3 (p. 41, 19 sq. H.) et l. II c. 6 (p. 70, 5 sq.) psalmi XXVII uersum quartum protinus excipit psalmi LXXXI uersus quintus, quem locum testimoniorum codex* **A** *sic praebet*: Non cognouerunt neque intellexerunt, in tenebris ambulant. *His eandem fere sententiam repraesentari atque Commodiani uersu 1055*: Et si non crediderint, in umbra mortis abibunt, *quicumque hos locos inter se comparauerit, cognoscet*; *accedet autem uerborum quoque similitudo, ubi cum testimoniorum codicibus* **L M B** (**W**) *locum Cypriani sic conformaueris*: Non cognouerunt neque intellexerunt, in umbra deambulabunt. *Videmus ergo hoc quoque exemplo confirmari, id quod olim demonstrare conatus sum* (*cf. Zeitschr. f. wissensch. Theol. XXII p. 374 sqq.*; *inprimis p. 383*; *389*), *cum inter Commodianum et Cyprianum tum inter Commodiani uerba et codicum Cypriani* **L M B W** *lectiones manifestam intercedere necessitudinem.*

De duobus populis * fugit ⟨ad ųes⟩tigia S⟨ummi⟩
* haec maius f * * mutentur ei amem.

1059 Esai. 60, 14?

1059 *sq.* de duobus populis ... fuḡ ... | (t?) .igias ..... hec maius f(acle?)....(?)m mutentur ei(am) | em *ita fere hoc loco Sedlmayeri apographum a Knoellio nonnumquam correctum reliquias codicis repraesentat, quas doctioribus relinquo supplendas*; ..:. de duobus ..... populis | .... | .... et maius est .... *P*[2] (*cod.*); De duobus populis ⟨erit una plebs⟩ agia ⟨semper⟩. | Heic maior ⟨finis; ne⟩ mutetur enim, ⟨ipse iurauit⟩. | ⟨Amen.⟩ *P*[4]; *itemque R Ld, nisi quod R* si *pro* ne *scribit et illud* Amen *ab utroque omittitur*; '*Tantum olim ego*: De duobus populis ..gias.... *Et Phillippus*: De duobus populis .... igias. *Porro* agius *quasi latine non semel occurrit in hymnis Ambrosianis*' *P*[5]

EXPLIC ≡RACTAT≡ SC̄I EP̄SC

ƌE ·A//////////CO

Hanc esse subscriptionem in codice Sedlmayer testatur neque Knoellius ab eo dissentit; *P*[2] *subscriptionem ita repraesentat*:

.....EXPLICIT TRACTATVS SANCTI EPISC....;

P[5]: ...PLIC· TRACTAT· SCI· EPISC· | .....C..O....

I. INDEX SCRIPTORVM.

(*De ceteris locis, quos Commodianus hinc illinc mutuatus est, uide praefationem et indicem uerborum.*)

II. INDEX NOMINVM.

III. INDEX VERBORVM ET LOCVTIONVM.

A. 760. uniuersa .. legis A. 956. subdita terrae A. 98. in illius sancta moremur A. 205. fortia mortis A. 316. intima cordis iniqua A. 679. non durant seruorum talia ferre A. 755. partita locorum A. 926. — β) *sine genetiuo*: extincta, aurea I 34, 14. genitalia (*peccata*) II 5, 8. expecta requiem futurorum (= *uitae futurae*) II 17, 20 uis bona (= *felicitatem*) uidere II 15, 7. saecularia II 16 *inscr.* 28, 6. A. 585. 613. perennia A. 89. tota I 37, 15. A. 133. 523. tempestiua A. 65. primitiua A. 252. uana A. 466. 526. iusta = *sacra* A. 489. tua I 27, 16. sufferens tanto tempore uestra II 2, 5. facit heredem suorum A. 723. in sua uenturum propria A. 228. ad sua recurrunt II 13, 2. transiit ad nostra II 1, 32. post ista = *post hanc uitam* I 29, 3. propter salutaria uestra II 5, 2. in suprema ardes II 23, 13. per occulta A. 316. gaudent in breuia A. 606. in prosperis I 30, 18. in nigris exire II 32, 2. in altis I 22, 9. A. 13. 578. plangis in imis I 21, 10. A. 1048. uritur ab imis terra II 4, 7. terreat in primis (= *primo*) et postea melle perungat II 28, 4. quid Deus in primis .. fecit, iam Moyses edocuit A. 59. — *b*) *num. sing.* α) *accedente genetiuo*: bonum disciplinae I 26, 1. nimium solis II 18, 16. in medio populi I 30, 2. — β) *sine genetiuo*: resurgere mortuos imo II 39, 6. totum = *omnia* I 26, 15. A. 104. 128. 309. in totum = *omnino* I 37, 22. II 16 *inscr.* 38, 6. A. 204. 398. 485. in absconsum = *occulto* II 25, 9. in uacuum = *frustra* I 27, 13. II 8, 4. A. 75. in aeternum uiuere A. 326. in altum I 11, 19. 26, 31. 30, 5. uentum est ad summum, ut I 18, 6. ad praesens II 24, 13. ab alto I 9, 6. 26, 15. A. 405. 940. in alto II 31, 6. in medio A. 597. in aeterno uiuentes A. 302. in perpetuo II 39, 24. in futuro (= *in uita futura*) I 26, 19. A. 768. in breui laetaris I 21, 10. in uano = *frustra* I 17, 15. 19, 14. 21, 9. A. 585. 693. 781. in uacuo I 12, 10. in ultimo (= *postremo*) A. 1020. pro magno colere A. 1015. sub uno = *unâ* II 2, 11. 14, 8

adigere = *adfligere* (?): (urbem) nudam adigunt incendio facto A. 917

adinuenire: adinuenit mortem (diabolus) A. 361. nec se adinveniunt, in quo sint tempore, bruti A. 920

adire *aliquid* = *animum adtendere ad*: deinde Thamar partum .. adite I 39, 7

adlucere = *adfulgere* A. 10

adornare = *fingere, conformare*: ut deum adornet I 19, 8. fabulas uanas adornant A. 387. — uox adornata A. 599

adplicare sibi similes I 19, 7

adscribere = *adtribuere*: fata genesis adscribere I 16, 2; *cf. u.* 5

adsiduus (?) = *locuples* II 37, 2

adsignare = *addicere*: filius cuius eras, illi te adsigna clientem II 16, 18

adtendere *alicui* (*sc. animum*): nec istis adtendis I 29, 8. — adt. *aliquem* = *magni facere*: quid malos adtendis A. 705

aduliscens I 7, 8

adulter = *diabolus* I 36, 3. A. 179. 206. 985

adumbrare = *obcaecare* I 36, 4

aduenire = *accidere, superuenire*: aduenit illi retributio digna A. 922. et merces adueniet meritis A. 926

aduerbium pendens a praepositione; in ante (?) II 5, 7. a longe A. 428. *Cf.* abinde, inibi. — *adu. cum uerbo esse coniunctum*: Ea non sunt sic I 24, 17. haec autem sic non sunt I 26, 28. qui sic Deum iudicas esse I 29, 4

aediculae (larum) I 20, 3

aegrotare = *laborare* (?): dum sit modo uictor, aegrotat A. 602; *cf. comment.*

aemulari *aliquem* = *inuidere alicui*: quid nobis strident, quid nos aemulantur heredes? A. 739

aequalis: hic Deus est noster aequalis A. 371

aequare: idcirco nec poterint oculi mortales aequari .. de Dei secreta = *satis instrui* (?) I 27, 18 sq.

aeque = *ut par est*: malitiam nullus dimittit aeque de corde II 15, 6

caeli, orum II 39, 1. A. 1. 98. 103. 166. 671. 816
caementarius = *structor* I 10, 5
candide = *religiose*: obtemperant quoniam uniuersa candide legis A. 956
calcem remittere II 1, 13 (*bibl.*)
canere = *uaticinari, praedicare* I 17, 5. A. 227. 241. 285. 345. 391. 461. 507. — canit *omisso uocabulo* tuba A. 1001. — canentes = *prophetae* A. 388 (*cf. incert. auct. carm. adu. Marcion. III 199*)
cantica musica II 16, 22
capax = *aptus, addito infinitiuo*: fecit se uideri capacem = *uisibilem* A. 118
capere = *accipere*: qui Dei promissa capiant A. 990. — capit *c. inf.* = ἐγχωρεῖ, ἐνδέχεται: uersari maturum infantia non capit aeuum I 6, 4
captator (captatorius?) = *frumentarius fraudulentus* II 24, 12
captiuare A. 814. — = *expugnare*: captiuatque prius Tyrum et Sidona A. 897
captiuitas A. 945
caritatem mundi sequentes II 19, 4
carnalis = *humanus*: si patres carnales tales detestantur alumnos A. 731. — = *corporalis*: huic ergo placuit carnalem (*esse*) mundi tenorem A. 129
carnaliter nasci A. 403
caro = *corpus humanum*: rector eras carnis, non te certe caro regebat I 27, 15 (*cf. Sall. Cat. I, 2*). in bustis .. omnis caro redditur acto II 39, 20. non caro recipiet ferrum A. 147 (*cf. Min. Fel. 30, 1* corpus fata uulnerum capiat). — inuenietis enim carnem (Dominum) inuenisse pro nobis A. 54. sumptus est in carnem A. 120. humilis caro nata (*de Christo*) A. 231. sed erat Deus caro pro nobis A. 342. 367. 468. 632. 795
carpere: summa fastigia carpo A. 523 (*cf. Verg. Aen. I 342*)
castra = *urbs, ciuitas* II 3, 12. 4, 5
castum sedere A. 696 (*cf. Arnob. adu. nat. 5, 16*)
casus = *mors*: filiorum casus II 32, 1
catecuminus II 5 *inscr. et u.* 9
causa: sine causa = *frustra* A. 76. — causa resecta est = *lis perdita est* (?) A. 262
caue ut non delinquas in ante II 5, 7. ulterius caue delinquas II 11, 8. deprimere caue minores II 22, 8
cedere = *desinere*: lusus puerilis cessit I 6, 5. cessit prius facinus A. 164
celatus = *occultus* A 317
cenare auro = *uasis aureis in cena uti* I 32, 7
censere (= *decernere*) *cum acc. c. inf.*: non censuit illos recipi I 3, 13
centesima = *usura grauior*: si fenerasti duplicem centesima nummum II 24, 7
centria (?) = *aculeus*: centriam erexit ad illum A. 637
cernere = *secernere* (?) A. 155
certe = *utique*: inspicite tales, sed certe debilitatos II 30, 15. ignauia pueris opus est, non certe robustis A. 69. — *infirmata significatione post particulas disiunctiuas* (= *oder aber, oder auch*): ut martyres essent .. seu certe sanctorum chorus prophetarum .. consurgeret II 1, 9 sqq. aut certe A. 785. uel certe A. 857
ceruicosus = *dura ceruice praeditus* A. 261. 543
ceruix: indomita ceruix spernit iugum ferre I 34, 1. dura ceruice recalces I 38, 1. A. 229. ceruicem illi (Christo) depone I 32, 11
cetera = *ceteroquin* I 9, 2 (*cf. Woelfflin. in Arch. II p. 92*)
ceu = *quasi* II 35, 12. A. 520
choraulicus: turba choraulica I 32, 7
chorus prophetarum II 1, 11. (*Cf.* canentes *et Lucif. Calar. p. 167, 6. H.* chorum episcoporum.) choros historicos II 16, 22. ymnificato choro II 19, 22
chrisma regale A. 268
cibare: laute cibatum (= *cenatum esse*) distenso uentre declamas II 20, 19
cineres = *mors*: post cineres nostros I 27, 10 (*cf. Min. Fel. 11, 3*)
circulus orbis A. 115. circulus zonae I 7, 1
circumspicere = *sibi parare*: mortem circumspicis ipse I 23, 3
citharoedus I 11, 1
ciuicus: ciuica turba I 1, 7

eisdem litteris e *et* o *clauduntur. Etiam acrostichi II 27 plerique uersus eadem littera* i *desinunt, quo in carmine cum uers. 1 ultimum uocabulum* caste *facile mutetur in* casti *et uers. 6 lectio incerta sit, suspicio est Commodianum huius quoque acrostichi omnes uersus eadem littera clausisse.*

consuetum esse = *consueuisse*: fecerunt quod erant consueti A. 545

consulēre I 22, 14; *cf. comment.*

consuli *deponens* = *χρηστηριάζεσθαι* (?): ubi sunt consulti de uita I 22, 5

consurgere in ira A. 849

contange corpus A. 562

contra resistere A. 911. 973. contra ⟨re⟩pugnare A. 982. uim .. reddere contra II 7, 17

contrarius = *qui contraria agit* A. 82. — = *aduersans*: contrarium nullus patitur sibi filium esse A. 721

conuersari *c. dat.*: conuersatus humanis = *cum hominibus* A. 372

conuertere = *mutari* (?): in una flamma conuertit (*cod.*) tota natura II 4, 6

copiosus: uino copioso parce II 22, 5

copria = *homo putidus* A. 612

cor = *mens, animus*: corde uiges I 19, 15. corde sopiti A. 16. corde caecati A. 460. cor facere (= *mentem conformare*?) A. 584. inscia corda I 1, 3. leuia corda I 34, 10. sic et corda recedant I 6, 5. corda sopire (?) II 36, 5. susum corda II 35, 14. incrassato corde I 38, 3. indurato corde I 40, 11. corde durato A. 243. 400. bono corde tueri A. 580. bono corde uiuere A. 718. ex corde qui credit II 18, 13. dolus (= *dolor*) cordis II 32, 1. accipit corde monita A 78. si corde retractes I 27, 13. malitiam nullus dimittit .. de corde II 15, 6. — tollite corda fraudis (= *fraudulenta*) I 30, 19. tollite corda fera I 33, 4. tabescunt corda A. 919. corda (*mea*) tremescunt A. 881

coronari = *martyrii laudem adipisci* II 20, 3

corruptor (*morum*) I 6, 22

creatura = *rerum natura*: caelestem populum gaudet creatura uidere II 1, 35. ardet creatura gemendo II 39, 11. agnouit Dominum omnis creatura latentem A. 636. excipere sanctos ipsa creatura laetatur A. 964

credere in *c. acc.*: in Domini credere crucem I 36, 9. — cr. in *c. abl.*: in Christo I 24, 20. II 5, 1. A. 333. 536. in lege secunda I 25, 11. in cuius nomine crediderunt gentes A. 300. 382. — cr. *c. dat.* (Christo, Deo) I 25, 13. 22. 33, 9. A. 615. 669. 741. 841. quisque tribus credit et sentit unum adesse A. 803. credere legi A. 766. — *absolute de fide Christiana*: I 32, 10. 34, 18. 35, 10. II 18, 13. A. 664. — credidisse = *credere coepisse, πιστεῦσαι* A. 536. 569. 664. — = *tradere*: breuis est nobis credita uita A. 31. — credent = *credunt* I 25 *inscr. et acrost.*

criminosus = *nefarius* A. 7

cruciari, quia = *dolere, indignari, quod* A. 847

cruciarius = *crucifixus* I 32, 8

cruciatio = *cruciatus* A. 404

cruciatus dare (*ut* poenas dare) A. 752

crucifixus A. 358. 528

crucistultitia I 36 *inscr.*

crudescere = *crudelem fieri*: sed magis intra crudescunt ad populum Christi A. 865 sq.

cruentus = *qui manus sanguine inquinauit*: I 16, 1. 37, 18. II 1, 19. 10, 8. A. 395. 526. 737. 778

cruor: cruore profuso I 12, 3. A. 414. cruore fuso I 22, 3. — = *caedes*: mactantque uiros ingenti cruore A. 916

crux .. stultitiam facit adulteri genti I 36, 3 (*bibl.*). rex aeternitatis per crucem diros adumbrat I 36, 4. in Domini credere crucem I 36, 9. cruce leuare A. 454. 457. cruce figere A. 459. 1048; *cf.* crucifixus

cuius, a, um I 23, 15

culpa: redditus in culpa pastor saecularia seruans II 28, 6

culpare = *inprobare, uituperare* I 7, 21. A. 28

cultor terrae I 39, 8

cultura: cultura daemonum I 3 *inscr.* c. templorum I 35, 19. — = *uestitus, ornatus* II 18, 22

= *affligere, perdere*: demonstrauit (Deus) fortia Pharaone decepto A. 40; *cf. K. E. Georges, philol. Rundschau II p. 885*
declamare = *pronuntiare*: si propheta tantum ⟨unus⟩ declamasset in orbem II 15, 3 (II 2, 4). laute cibatum .. declamas II 20, 19. — = *plangere*: in poena sero declamat A. 784
declinatio nominum substantiuorum: lucernas, diuitias, pecunias, propositas duas uias *nominatiui plur. in codd.* II 26, 9. 31, 1. 35, 9. A. 699. — fili *nom. plur.* II 17, 8. A. 674. 732. 735. — luis, subolis, prolis, famis *nom. sing.* I 26, 13. 36, 7. II 16, 7. A. 846. — satellem II 12, 14. — calci, bipinne, anastase, mare *abl. sing.* II 1, 13. I 17, 8. II 3, 1. 4, 8. — artis, piscis (?), genesis, uocis, sortis, gratis, auis; uirginis (*cod.*), doctoris (*cod.*), martyris (*cod.*) *nom. uel acc. plur.* I 3, 9. 7, 17. 16, 2. 18, 11. 22, 2. II 29, 10. A. 255. — I 16, 10. II 16, 15. 17, 19. — exercitu, luxu *dat.* II 1, 39. A. 983. II 20, 5. — tribum *gen. plur.* II 1, 4. — *decl. nom. propr.*: Babyloni *nom. plur.* A. 907 (*cf.* fili). — Iouis *nom.* I 5, 8. 6, 1. 7, 4. — Moysi *gen.* I 2, 5. A. 518. 522. 536. — Dafinem I 11, 12. — Cyclopas I 6, 23. Titanas I 12, 3. 20, 1. — *decl. nominum adiectiuorum et participiorum*: paupera *nom. sing. gen. fem.* II 30, 9. pauperis *abl. plur.* II 20, 16. — conpotis = *conpos* (?) I 32, 15. — cum rege caeleste II 1, 32. 3, 2. de fabrica .. caeleste II 3, 2. caeleste uoce II 15, 2. crudele de nato A. 722. protegenti, breuiori, diuiti *ablatiui* II 13, 2. 29, 15. 31, 4. — terribilis omnis .. fortis, similis, caelestis, siluestris *nom. uel acc. plur.* I 7, 14. 19, 7. 22, 12. 33, 5. — belantum I 22, 3. clamantum I 40, 2. — *decl. pronominum et numeralium*: haec *nom. sing. gen. fem.* II 1, 4. alium *nom. sing. gen. neutr.* II 10, 10. — illum *acc. sing. gen. neutr.* II 22, 5. — ulli *gen. sing.* (?) A. 908. — uno, nullo, solo, utroque *datiui* I 19, 3. 33, 9. II 22, 13. A. 136. 93. 106. II 11, 3. — ipsud II 25, 9. A. 552. — utrumque *gen. plur.* (?) I 16, 4. — neminis A. 359. — duo *acc.* A. 871. — *indeclinabilia*: Abel *gen.* I 36, 16. *acc.* I 39, 9. Abraham *acc.* A. 48. 622. Amos *acc.* A. 423. Balaam *dat.* A. 625. Cain *acc.* I 39, 8. A. 156. Dauid *acc.* A. 452. Iacob *gen.* A. 297. Iesse *gen.* A. 291. Israel *abl.* A. 291. 369. Manasse *abl.* A. 514. Nohel (*cod.*) *gen.* I 36, 7. Sion *gen.* II 19, 5. A. 265. Thamar *gen.* I 39, 7; *cf. metaplasmi declinationis*
decollare A. 222. 516
decrepitus luxu praesepis (?) I 24, 2
decumbere lecto = *bettlägerig werden* II 30, 9
decurrere: nisi quid tu fani decurris I 21, 6. in synagoga decurris I 24, 11
dedicare = *indicare* (?): proprium satellem dedicat esse II 12, 14
deducere: in fossam .. deducunt I 37, 14. — = *sepelire*: flens deducebat alumnum II 32, 16
defectus = *deficiens* A. 658
defensor = *patronus, causidicus* A. 589
deferre = *offerre*: obsequia iusta maiorum cuique (?) deferte II 26, 5. = *parare, iniungere*: seruitium .. hostibus sine lege deferre II 9, 7. = *referre, narrare*: nimium (est) de illo tota deferre I 37, 15
deficere = *mori* I 6, 12. 16. 18, 7. — = *infirmari*: deficit manus A. 881. — = *omittere, praetermittere c. inf.*: in modico sumpto deficitis Christo donare II 34, 5
deflere *sine obiecto*: perdita coniuge defles I 26, 14. in reatu tuo sorde (?) manifesta deflere II 8, 5. uoce deflentes A. 939
defunctus = *mortuus* I 2, 6. 20, 4. 23, 10. 24, 4. 25, 15. 26, 6. 27. 37. 27, 2. 4. 29, 3. 37, 2. II 32, 15. 33, 4. 10. 12
defungi = *absoluere*: defungi partu I 12, 7
degustato pomo A. 323. de ligno uitae degustat A. 333
Dei uel Christi cognomina: Altus I 40, 3. II 35, 17 (?). 37, 6. 39, 15. A. 208. 313. 969. Altissimus I 3, 7. II 8, 3. 16, 25. 24, 4. A. 366. 486. 666. 842. 867. Dominus *sae-*

gerat illis II 20, 4. dat uobis exemplum, post funera surgere (*aliquem*) posse A. 140. si fuerat castus (*aliquis*), incestus proficit inde A. 211. — *ell. uerbi ex antecedentibus supplendi*: succollat, quando libet, eum et, quando (*libet*), deponit I 19, 10. sicut ulmus amat uitem, sic ipsi pusillos (*amate*) I 30, 16. nunc si tamen credis; sin autem (= *sin autem non credis*), pro eo timebis I 32, 10. non prouidens quae te (*prouidere*) oportet I 32, 14. quod crucifixus sit cum sic (= *crucifigi*) oporteret eundem A. 528. — *ell. uerbi* esse: dum mortuus (*sum*), non bibo, dicis II 36, 4. Saturnusque senex si deus (*est*) I 4, 1. nimium (*est*) de illis tota deferre I 37, 15. summa tibi (*est*) II 5, 11. nihil melius (*est*) inuenisse II 31, 10. quis melior medicus (*est*) . . ? A. 15. quo tibi uita (*est*)? A. 308. uincere qui poterit aut latere, magna tropaea (*sunt*) II 9, 2. dic, ubinam frater (*sit*) I 26, 30. pax uobis (*esto*) A. 554. 560. huic ergo placuit carnalem (*esse*) mundi tenorem A. 129. quo tempore nos ipsos spero (*fore*) iam in littore portus A. 792. — *ell. aliorum uerborum*: gratias Domino (*ago*) A. 9. die dominica quid (*facies*)? II 20, 21. pauperies sana quid (*faciet*)? II 31, 1

emissus . . Dei . . ignis II 4, 2

emundare = *emendare*: ad quos emundandos saepe Deus misit alumnos A. 215

enasci: sunt autem de scelere duorum fratrum enatae II 1, 17

enim = *profecto, sane, certe* II 5, 4. 8, 8. 19, 4. A. 820. 980

enplastrum A. 235

enuntiare = *palam dicere, praedicare*: quem Moyses enuntiat ipsum A. 48. ut enuntietur crucifixus conditor orbis A. 358

enuntiatum relatiuum pro condicionali: uincere qui poterit aut latere, magna tropaea II 9, 2. amittit et patriam et regem, cui digne prouenit, pugnare pro patria qui noluit II 9, 4 sq.; *cf. comment.*

enuntiata transitiua, in quibus coniunctiones causales pro acc. c. inf. usurpantur: 1. quia *c. coniunct.*: praedixerat . . quia de tumulis resurgeret A. 449 sqq. — 2. quod *a*) *c. ind.*: crede, quod Christus . . reddit I 27, 21. credere . ., quod ueniet tempus A. 142. nesciunt, quod . . ridentur A. 56. deinde prophetas . . dicere iussit, quod Deus in hominem depretiatur A. 195 sq. erat scriptum, quod auis sua tempora norunt A. 255. nec illud respiciunt, quod . . cruciarunt A. 543 sq. — *b*) *c. coni.*: respicite dictum, quod ueritas odia tollat II 29, 5. non respicientes prophetarum dicta . ., quod ueniret A. 239 sq. nec uolunt audire, quae dixerunt uates . ., quod non intellegerent A. 397 sq. audite, quod ipse nutriretur A. 409. uidete, quod gentes . . fuerint A. 434. — 3. quoniam *a*) *c. ind.*: aspicite, quoniam breuis est nobis credita uita A. 31. respicite, quoniam non illos numina cogunt I 17, 10. ex eo uidete, quoniam sunt omnia ficta I 17, 13. ut credamus ei, quoniam ibi poenae aguntur I 24, 16. audite quoniam . . praedixit I 41, 3. putatis, quoniam . . morantur II 14, 8. polliceor, quoniam . . uiuis II 31, 4. *b*) *c. coni.*: respicite, quoniam memorentur(?) ista pro uobis II 34, 4. susurrantque simul, quoniam sint fraude decepti A. 938

eo *abundans*: inde forte placet, eo quod bene fistula cantat I 14, 2. ex eo quo uenit A. 242

epulas capere II 29, 17

equa (*utilior equo*; *cf. Horat. carm. II 16, 35*): et tamen inuita domatur utilis equa I 34, 3. — equi obsceni II 1, 13

eradere = *interimere* I 41, 18

eramen I 20, 6. II 9, 19; *cf.* aeramen

erectus = *ferox, contumax*: in illa (lege) spem posuit, quam uos subsannatis erecti I 38, 6. lapidant Hieremiam erecti A. 221

erigere centriam (?) ad aliquem A. 637

erogare = *uindicare, deuouere*(?): erogatus enim Christo tu cuncta relinque II 5, 4. — = *distribuere*:

excurrere = *festinare*: excurrit alius ad sortes I 22, 2. excurre, labora, suda II 17, 17
excusamen dicere A. 779
excutere = *neglegere* A. 77
execrari odio aliquem A. 720. 866
exemplum date parati II 27, 7. dat nobis exemplum, post funera surgere posse A. 140. et dare materiam ceteris exemplo uiuendi II 26, 2
exheres: sic exheredes eritis I 38, 2
exhilaratur (?) enim (plebs) ex anima regibus aptis II 28, 12
exiguus = *homo ignobilis*: exiguus tyranni in domo resides, praue I 23, 8 (*cf. Sap. 6, 6. Cypr. p. 119, 17 H., ubi* exiguus *et* potens *contrarie inter se referuntur*)
eximere = *separare*: exemptus ab illa (carne), reconditur illa tuorum I 27, 16
exinde = *deinde* A. 567
exire = *in publicum prodire*: exis pro foribus I 37, 8. in nigris exire . . nec plangere fas est II 32, 2. — = *discedere*: cum semel exisset (*animus ex corpore*), animum perisse defunctum I 26, 27. — = *obire, mori*: in ista historia si fidelis ire negauit, exit feliciter A. 877 sq. — = *στρατεύεσθαι* (?): immolat hos primum et sic ad ecclesias exit A. 858
exornare: cum Deus . . exornasset mundi naturam I 3, 1
exorare = *orare*: exorat ille Altissimum II 35, 17. exorant Deum A. 991
experire = *experiendo cognoscere*: ex eo quod forte Iouem experitis orandum I 7, 2
expiare malum I 30, 20 (?). II 6, 4
expletis temporibus messis II 14, 2
exportare = *deportare, ablegare*: exportari magis in ultima terra deberent I 16, 14 (*cf. Cic. Verr. II 1 §. 40*: o portentum in ultimas terras exportandum. *Liu. XXI 10, 12*)
exposcere: me solum exposcit tempus uobis dicere uerum II 29, 1
exprimere (uinum) I 12, 16
exprobrare: exprobrat in totum nihil nostra lege teneri A. 485
expugnare gentes A. 975
exsiccat fluuium II 1, 30
exter (?) = *extraneus*: iam exter es illi II 17, 6 (*cf. Thielmann in Woelfflin. Arch. I p. 76*)
exterminare = *ἐξολοθρεύειν*: et exterminari post illum chrisma regale A. 268 (*bibl.*)
extinguere = *perdere* II 23, 2. — *intrans.* = *mori* (?) I 30, 9. — extingui = *mori*: I 27, 6. II 32, 13. — extincta = *cinis* (?): sortiris, ignare, extincta, aurea quaeris I 34, 14
extolli = *superbire* I 32, 2
extra: populus qui nunc est extra repostus A. 959
extricare uitam = *prospicere uitae* I 17, 2
extunc I 9, 5
exue te tantis malis I 30, 13 (*cf.* eruere *et Matth. 6. 13 apud Tertull. fug. c. 2*: sed erue nos a maligno)

Fabrica cuius erant cum ipsa cremantur II 2, 19. fabrica caelestis II 3, 2
fabricare I 16, 7. A. 165. 749
fabulae = *sermones* II 35, 3. 18. A. 456
fabulosus = *loquax* II 35 *inscr.*
facere filios I 7, 13. crux autem stultitiam facit adulteri genti I 36, 3. Troianis qui bellum fecit I 7, 6. fecit trophaea (= *uictoriam reportauit*) A. 767. ut genus hoc hominum faciant sine nomine Christi (= *priuent nomine*) A. 874. orationem facere = *orare* II 38, 6. legem, edicta, praecepta facere II 25, 4. 26, 8. 27, 2. — = *fingere*: hominem . . se fecit A. 623. rectorem caeli facis te I 23, 11. — *c. inf.*: in medio populo quid te facis alterum esse I 30, 2. rectorem dominumque tuum nihil posse fecisti I 27, 12. quos faciunt mundos ipsi Deo . . placere A. 678. facere se = *conferre se*: cum te facis musicis inter II 17, 12. — = *agere, uiuere*: quadraginta dies cum illis ex ordine fecit A. 571 (*cf.* **Roensch**, *It. u. Vulg. p. 366;* **Rossi**, *inscr. christ. Rom. 107*: cum qua fecit annis VIII; *ibid. 98*: quae uixit mecum annos XVIII). — facere *alterius uerbi uicem obtinens*: si

flammea uirtus A. 104; *cf.* uis ignea A. 1021
flatus (flatum?) = *uita*: flato suo redditur I 12, 5
flectere = *pellicere* I 3, 4
florere = *luxuriari*: in scelere prisco .. florebat A. 200
foedare barbam ⟨atque⟩ comam in puluere terrae II 8, 11 (*cf. Verg. Aen. II 273. 277. 286*)
fores: exis pro foribus I 37, 8. pro foribus aut sol aut luna lucebit II 3, 18
foras = *foris*: foras oberras I 25, 4. foras ille repugnat II 20, 11 (*cf. Lucif. Calar. p. 223, 15 H.*; *Roensch, It. u. Vulg. p. 340*)
foris = *foras*: exis inde foris I 24, 13. quid foris egredimur A. 206 (*cf. Roensch l. l.*)
forma = *pulchritudo* I 3, 4
formari = *speciem accipere* A. 123
forte = *fortasse* I 7, 2. 14, 2. 3. 26, 21. 29, 8. II 8, 13. 10, 4. 10. 28, 9. 33, 11. 34, 4 (?). — si forte = εἰ τύχοι I 30, 14 *ut saepe apud Tertullianum*
fortia = *uis*: demonstrauit (Deus) fortia Pharaone decepto A. 40. fortia mortis A. 316. — = *miracula*: fortia non fierent testium de uerbo per illum A. 576
fortuna = *opes*: per gradum et lucra auidus fortunae praesumis I 32, 5
fortunatus: spe fortunata rursum in aeuo uiuendi I 2, 12
fossa: caecus caecum in fossa reducit I 37, 4. 14 (*bibl.*)
fragilis = *caducus*: fragilis dum moreris I 27, 20. sub fragili uita moranti II 23, 10. fragilis nec respicis ullum A. 24 (*cf.* I 32, 4). quae (spes) fragilis cito mutat gaudia nostra A. 304. sicut audiuit fragilis in pristina carne A. 795
fragilitas: in fragilitate tanta non respicis umquam I 32, 4
fragor: quali fragore (Duellonarii) luxurias ineunt I 17, 6 sq. tenebrae cum caeli fragore II 2, 2. ubi (= *in spectaculis*) ⟨a⟩ Satana fragoribus (= *cum plaudentium strepitu*) pompa paratur II 16, 5
frange panem egeno II 30, 11 (*bibl.*)
frater = *sodalis fidei Christianae*: II 6, 1. 20, 1. 6. 10. 20. 30, 1; *cf.* soror
fraus: fraudibus uiuere II 15, 7. sine fraude (= *innocenter*) uiuere II 23, 18
fremere = *pronuntiare* A. 367
frenare sese = *sibi moderari* II 6, 5
frenum = *lex, disciplina*: sine freno uagari I 26, 2. qui frenum inponeret illis II 1, 12. militiae nomen cum dederis, freno teneris II 12, 1. in protoplasto uide frenum procedere legis II 17, 4. sit patiens rector, sciat, ubi frena remittat II 28, 3. dum nollent accipere frenum disciplinae caelestis A. 220. qui nolunt accipere frenum Dei summi uagantes A. 754
frons: subdola fronte A. 425. — = *confidentia*: sed quia diuitiae faciunt aut pecuniae frontem II 35, 9
fructus = *frumentum* II 14, 2
frui *c. acc.*: delicias fruitur I 26, 34. fruenda II 12, 6. diuitiae fruendae A. 305; *cf.* perfrui
frunisci II 16, 24. A. 303
frustrantes in ore (= *in os?*) A. 505
fuga = *indomita licentia* I 7, 18; *cf. comment.*
fuisse = *non iam esse, perisse* (?) I 26, 6. — *cum partic. perf. pass. uel depon.* = esse: qui fuit iam mortuus olim I 10, 8. secutae fuere II 1, 18. passi fuere II 3, 8. maledicta fuit II 14, 10. fui factus A. 8. aggressus fui A. 11. missum fuisse A. 364. fuerunt factae A. 421. 504
fumante Roma = *conflagrante* A. 925
fundamenta terrae = *gehenna* II 29, 18 (*bibl.*)
fundamina (?) A. 265
fundere cruorem, sanguinem I 22, 3. II 6, 4. 7, 14. A. 176. 952 (*cf.* profundere). fundere preces II 35, 3. ira tot annis collecta funditur A. 1024. terra quia nimium fundit sine fine nouata II 3, 11 (*cf. Cic. deor. nat. II 62, 156*). — = *aere fuso fingere*: deos .. aeramine fusos A. 750
funestus: pro! exanim⟨at⟩um corpus ornari funestum = *in funere* II 33, 3

germine zabolico pronatus II 32, 12
gerundii ablatiuus comitatiuus uel modalis pro participio praesentis ad subiectum pertinente: tu si proeliando moreris II 9, 8. zelando pectus pugnis pertunde II 21, 13. lex docet ipsa clamando II 22, 15. blandiendo (?) uobis subrepsit Euae seductor II 29, 7. ira Dei summi ardet creatura gemendo II 39, 11. ab igne peribunt cum montibus ipsi liquendo (?) II 39, 19. prostrauit se precando A. 567. — *idem abl. gerund. ita positus, ut subiectum eius differat a subiecto uerbi principalis*: tu licet sis casta, non te purgat (*hoc ?*) sinistra sequendo (*ubi sinistra sequeris*) II 19, 19. quo nulla uenia liberat se dicendo seductos A. 178. ut faceret populum ad se transeundo dilectum A. 186. saepe fit causa melior mala pluscula dando A. 600. qui ducatum eis pacificum praestat eundo A. 970
gerundiuum pro participio futuri actiui: in uariis poenis cruciabat sibi credendos II 1, 46; *cf. comment.*
gerundiuum cum uerbo esse *infinitiui futuri passiui uicem obtinet*: prophetae canunt inuisibilem esse uidendum A. 285 (*cf. Roensch, It. u. Vulg. p. 433 sq.*)
gestare = *curru uehere* (?): gestabatur enim et aluit tale sigillum I 18, 18
gloria = *δόξα, claritas, maiestas, magnificentia*: haec gloria Dei est unica super angelos omnes A. 107. hoc Deus instituet, ut sit illi (carni) gloria maior A. 148. desubito qualis obfulsit gloria genti A. 249. 797. suscitat e⟨t⟩ illos, ut uideant gloriam eius (Christi) A. 1047
grabatum A. 650
gradi: leuiter gradiuntur euntes A. 971
gradulatim (?) *de capillis per gradus ordinatis* II 19, 11
gradus = *ordo, dignitas:* de suo gradu deiectus II 7, 9. per gradum et lucra auidus fortunae praesumis I 32, 5
grassari = *delirare, errare* I 28, 11. II 13, 7
grassatio tanta latronis A. 183
gratia: qua gratia = *quam ob rem* II 32, 13. — = *beneficium diuinum:* gratiam, quam misit Dominus in terra legendam I 34, 16. gaudia te mundi remouent a gratia Christi II 16, 20. dum gaudent in breuia, remanent a gratia Christi A. 606. — = *decor*: et gratia (*hominis*) maior tunc erit ⟨quam⟩ istius aeui A. 145
gratis (= *grates, gratias*) agere II 29, 10
gratis = *frustra*: gratis amat stultus, nec potuit consequi cursu I 11, 14
grauia peccata II 5, 11
grauiter delinquere, peccare II 7, 8. 11
gustare: gustato pomi ligno (ligni pomo?) I 35, 7. gustat . . mala gaudia uitae I 35, 15 sq. gustat suauiter Dei summi praecepta A. 331. quod (uinum) prius gustauit A. 660
gustus = *gustandi uoluptas*: respuite gustum I 35, 17

Habere = *tenere, possidere*: ideo nos ignis habebit A. 466. ut nos in futuro haberet A. 768. — *cum aduerbio*: sic habet (*οὕτως ἔχει*) abyssus noster I 27, 19. — haberi = *esse*: nec umquam desinuit; hodie quoque talis habetur (gens Iudaeorum) A. 201. quod modo praeclarum nomen apud gentes habetur A. 344. et Deus in te est et praeter te non alter habetur A. 374. non ego sum umbra mortuorum qualis habetur A. 563. est locu⟨tu⟩s iterum, ab idolis mundos haberi A. 682
habitacula II 4, 12
habitare: simplicitas, bonitas habitet in corpore uestro II 39, 3
haerere = *inhaerere:* blanditurque quibus haeret amoenitas illa I 24, 21. inhaeret (auis) inprouida uisco II 23, 19
(h)ebdomadis axe A. 834
hebes = *stultus* A. 33
hebetari de mundo = *errare, falsa opinari* (?) I 22, 1
hebetudo saeculi I 22 *inscr.*

mittuntur in morte secunda II 4, 11. in parte secedit II 11, 2. in seruili gente .. refugit II 13, 4. inducere .. in oculis .. stibium II 18, 7. redditur in culpa pastor II 28, 6. laqueo in isto (?) ruistis II 29, 8 in gazo de labore mittere debes II 31, 14. induxerat .. in terra promissa A. 197. in scelere prisco reuoluta A. 200. ducti sunt in zelo A. 238. mittamus lignum in pane A. 274 (*bibl.*). ducti sunt in errore A. 499. manum in latere .. misit A. 566. qui uenerit illis in ore A. 595. mittetur in igne A. 751. in quorum .. descendunt sanguine A. 756. uenit Dominus in terris A. 781. flumina .. in sanguine uertit A. 844. pergit .. in terra Iudaea A. 927. 960. in loco seruorum .. rediguntur A. 988. intrant in colonia A. 989. in umbra mortis abibunt A. 1055. *b*) *sensu temporali*: ex protoplasto die pugnatur in fine = *usque ad finem* II 22, 2. in perpetuo II 39, 24. in aeterno A. 302. — *c*) *sensu finali*: quam (Liam) Iacob in signo recepit I 39, 2. mittere qui dixit lapidem in scandalo uestro I 40, 6. nutriri in occisione II 25, 11. — *d*) *sensu aduersatiuo*: sententiam misit in illis I 3, 7. indurauit eos sicut Pharaonem in ipsis A. 714. parricida patris .. et superbus in illo A. 729. — = περί, ἐπί: Esaias clamat in ipso A. 533. in Christo credentes I 24, 20. A. 289. 300. 536. in Christo negauit A. 590. in uestimentis (ἐπὶ τὸν ἱματισμὸν) sortem miserunt A. 419. — — per *uel abl. instrum.*: credere nunc opus est tantum in isto defuncto resurgere posse I 25, 15 sq. in uariis poenis cruciabat II 1, 46. in flamma ignis Dominus iudicabit iniquos II 2, 9 (*cf.* A. 995). in poenis poteris tua damna lenire II 8, 7. maledicta fuit arbor .. in uerbo Domini II 14, 10 sq. in tuba .. clamantem II 15, 2. in dando promeruit .. leuari II 18, 20. in esca perit auis II 23, 19. persecutionem dissipet .. in armis A. 812. — = per *uel accus. temporis*: in septem annis tremebit undique terra I 41, 10. in annis mille II 2, 17. mensibus in quinque trucidantur A. 822

in *c. accus.* = in *c. abl.* *a*) *sensu locali*: bellum cum inferret electis suis in orbem II 1, 10. adclamat .. in orbem (= ἐπὶ τὴν γῆν?) II 2, 4. in urbem pro foribus aut sol aut luna lucebit II 3, 18. in talem pendit ecclesia tota II 20, 9. sunt quibus in ignem apparuit (Deus) A. 119. in infernum non derelinques A. 447 (*bibl.*). — *b*) *sensu modali*: in gemitum edere panem II 17, 1. sed erit in pacem huius sepultura A. 476. bellum in absconsum geritur II 25, 9. (*Cf.* in uacuum, in totum.) — = *uelut*: in supplicem prodis I 23, 14. *Cf. August. ciu. Dei uol. II p. 449, 31 sqq. D*[2].

inanire = *euacuare, infirmare*: cuias modo lege⟨s⟩ inanis I 23, 15. inaniuit fortia mortis A. 316

inanis = μάταιος, *stultus* II, 14, 13. A. 84. — = *uanus, falsus*: deos inanes I 2, 2. uates inanes I 17, 1. — = *egenus*: munera dat alter, ut alterum reddat inanem II 24, 6

inante (in ante) = *ulterius* (?) II 5, 7; *cf.* II 11, 8

inarare (?) II 29, 15

inauris II 19, 13

incantare iocis II 7, 2. incantare herbas malignas A. 8

incaute = *inopinato*: sol fugit incaute, subito fit noctis imago A. 1003

incinefactus (?): tunc Babylon meretrix ⟨erit⟩ incinefacta I 41, 12

inclinate caput .. pastoribus II 27, 8

incop⟨r⟩iare (?) = *decipere* I 19, 6

incorruptus = ἄφθαρτος II 3, 4

incrassato corde I 38, 3. incrassauit cor populi A. 401 (*bibl.*)

incredulus = *infidelis, a fide Christiana alienus* I 29 *inscr.* 40, 1. II 4, 1. 4. A. 430. 1019

increscere: sic genus iniquum increuit mundo I 36, 8

incumbunt (= *uolutantur* ?) more suillo A. 758. — incumbere aliquem = *persequi, aemulari* II 23, 5

inde = *ea re* I 24, 14. 29, 15. II 35, 10. — = *de ea re, eius rei*:

dici prophetis A. 365. dum sperat ⟨ex⟩spectans credere canus A. 785. pollicetur reddere uitam A. 788

infin. substantiui loco positus: aut ferro parantur supplicia .. aut longo carcere flere I 28, 7 sq. non fiet in uacuum confusio culpae proinde, in reatu tuo sorde (?) manifesta deflere II 8, 4 sq. hoc est beluarum adesse (= *ein thierisches Dasein?*) A. 34

infirmus = *aegrotus* I 39, 2. II 30 *inscr. et u.* 1. 37, 6. A. 574

infrenis = *inmodicus* II 32, 7

ingenia = *artes, inuenta* I 17, 12 (*saepe apud Tertullianum*)

ingruere: caeli ingruentis fulmine A. 1023

inibi II 3, 12

iniquus = *malus*: contra b o n u m pugnant, cum sit repugnandum i n i q u o A. 764. I 24, 3. 36, 8. 40, 1. II 1, 37 (*bibl.* = *ἄδικος*). 2, 7. 9. 6, 5. 24, 4. 13. 15. A. 525. 705. 852. 869. 930. 988. 994

inire = *incedere*: super fluctus maris inibat A. 639. — = *capere* (?) praedas iniret (?) A. 412

initare: quasi initent (?) baln⟨e⟩o II 35, 11

inlibatus = *integer, inuiolatus*: iustitia pleni inlibato corpore uiuunt A. 953

inlidere: te ipsum inlidis (= *laedis*) II 24, 15. sed cum se inlidet exercitu (*dat.*) Dei tyrannus II 1, 39

inmaculatus I 39, 9

inmaturus: mors inmatura uagatur I 16, 4 (*Lucret. V 221*)

inmittere: lapis inmissus .. in fundamina A. 265 (*bibl.*). — *instituere*: inmittit luxurias .. agonia inmittit A. 208 sq.

innocuus I 26, 38. A. 544

innouat altera iusta = *noua instituit* A. 489

inops animi I 4, 7 (*Verg.*)

inormis (?) A. 214 (*Woelfflini Arch. III p. 148. 336*)

inponere: qui frenum inponeret illis II 1, 12. — = *ἀνάγειν*: ab inferis .. animam meam inposuisti A. 444 (*bibl.*)

inproperare = *obiurgare* II 10, 3

inprouidus = *inprudens* I 38, 1 (?). II 16, 24. A. 229

inquit = *legitur in scriptura sacra* II 24, 4. (*Cf. August. ciu. Dei uol. I p. 409, 8 D.*?)

inquirere = *cogitare*: si nihil inquiras, hoc est beluarum adesse A. 34

inrepere: inrepserat .. rudibus temerarius (= *diabolus*) A. 173

inrigare = *fluctuum modo inrumpere*: inrigat hostis II 9, 1; *cf.* inundare

insanumque forum A. 587 (*Verg. Georg. II 502*)

insatiabiliter I 29, 2 (*Lucret. III 905. VI 978*)

inscius = *uerae religionis expers* I 1, 3. 5. 8

insequi *c. infin.* = *pergere*: et magis insequitur plenius ostendere A. 482

insignus: tam clari et insigni reges A. 511

inspector: est Deus inspector, penetrat qui singula corda II 18, 9

inspicere = *haruspicis munere fungi*: cruore fuso malus inspicit alter I 22, 2. — = *respicere, reputare*: inspice Liam typum synagogae fuisse I 39, 1. — = *uisitare* II 29, 16

inspiratus = *Dei numine afflatus* A. 481

instruere *c. dupl. accus.*: ignaros instruo uerum I 1, 9

integra mente = *sana mente* I 17, 10

integrare = *integrum seruare, restituere*: integrate locum II 27, 4. integratur homo, fuerat qui mortuus olim A. 144

intellegere = *sapere* (*absolute*): quod non intellegerent in totum fine sub ipsa A. 398. nec uideant oculis nec intellegant corde durato A. 400 (*bibl.*). nunc intellegitis A. 465 (*bibl.*)

intendere (*animum*): ad Kain intendite I 39, 8. stulte, non intendis unum bellare pro multis II 20, 8. susum intendentes II 27, 5

inter *postpositum cum datiuo*: cum te facis musicis inter II 17, 12. (*Cf. August. confess. I 18 extr.*)

interdum = *interim* A. 57. 83

interius (?) II 4, 12

interrogare = *inquirere in aliquem*: interrogemus eum omni cum tormento quietum A. 493 (*bibl.*)

operare = *operas facere* I 30, 14 (*cf. Roensch, It. et Vulg. p. 298; Blaett. f. d. bayer. Gymn. XVII p. 448*)
oppressus inopia, miseriis, usuris II 20, 20. 22, 8. 24, 11
optato = *ex sententia*: rex adest optato II 12, 12; *cf. comment.*
opus est = *decet*: uerbis opus non est uisitare (*pauperem*) sed benefactis II 30, 12. ignauia pueris opus est, non certe robustis A. 69
orare = *adorare* I 2, 6. 3, 15. 6, 19. 7, 2. 20. 8, 2. 8. 15, 5. 16, 5. 6. 8. 41, 14. — *sine obiecto* = *beten*: I 25, 13. II 32, 10. 38, 1. 3. 4
oratio = *Gebet*: domus orationis II 35, 13 (*bibl.*). orationem facere II 38, 6
orbis: mors intrauit in orbem I 35, 7 (*bibl.*). adclamat .. in orbem II 2, 4. declamasset in orbem II 15, 3
ordinare = *instituere*: ordinasse talia Summum A. 55. si non Omnipotens ordinasset ante de nobis A. 288
ordo: tortoris ordo I 24, 23. quadraginta dies cum illis ex ordine (= *ut consuerat?*) fecit A. 571
ornare = *ordinare, conponere*; ornas .. cincinnos II 18, 5 (*cf. Sitzungsberichte CVII p. 768*)
os: doctores ora procludunt II 16, 15 (*cf. August. ciu. Dei uol. I p. 86, 31 D*[2].) os laceras II 32, 8 (*cf. Ouid. met. XI 726*). frustrantes in ore (= *in os inludentes?*) A. 505. infelix est ille, qui uenerit illis in ore A. 595. illi tonant ore A. 598
ossibus cuius amor Cassandrae flagrauit I 11, 6. (*Verg. Georg. III 258.*)
ostare = *arcere, francogall. ôter*: induite uestes, quas oportet, frigus ut ostent II 18, 15. (*Blaett. f. d. bayer. Gymn. XVI p. 349.*)
ouantes = *uictores* (?) II 20, 5
oxymoron: lex sine lege I 7, 18. biothanati I 14, 8. morte uiuentes I 36, 5. sacra sacrilega A. 680

Pacificum redde te cunctis II 22, 7. ducatum pacificum praestare A. 970
paenitens = *Büsser* II 8 *inscr. et u.* 1
palma uictoriae donatus II 17, 18. — = *manus*: maxillasque meas palmis feriendas iniquis praebui A. 355 (*bibl.*). palmas Deo dignas ligatis II 18, 15
pandere (?) = *explicare, exponere* A. 62
parallelismus et chiasmus: Esaiam serrant, lapidant Hieremiam erecti, Iohannem decollant, iugulant Zachariam ad aras A. 221 sq.
paralyticus A. 649
parataxis pro hypotaxi: sortiris .. extincta, aurea quaeris I 34, 13. ne dubites: quicquid petieris, datur oranti I 38, 4. spero, reus non est A. 81
paratus: de ubique paratis = *de iis, qui modo gentili modo Christiano more uiuere uolunt* I 23 *inscr. et u.* 2. — = *aptus*: matura iam messis, tempus totidemque paratum I 25, 6
parcere = *nimis indulgere*: legem datis istis, nam uobis parcitis ipsis I 30, 12. tu tibi .. in delictis parcere noli II 12, 15. — = *abstinere*: uino copioso parce II 22, 5
parca bipinne (dorsa sua allidunt) I 17, 8
parēre = *conparere, apparere*: II 3, 15. 17, 11. 25, 8. A. 279. 298. 474. — = *subditum esse*: Christo sicut Caesari pares II 11, 4
pariter = *unâ* I 41, 20. II 2, 6. A. 799. 939. 978
parricida suorum I 6, 25. p. patris A. 729
pars: ex alia parte = *contra, αὖ* I 22, 11. — erant in parte legati = *participes legati, heredes ex parte* A. 740. — = *στάσις, αἵρεσις*: alius in parte secedit II 11, 2. subdola gens .. tollit se in parte I 28, 4. (*Lucif. Calar. p. 122, 3 H.*). — = *regio*: in partem Boreae refugit II 1, 38
particeps = *socius* A. 697. 871
participium pro uerbo finito: sed sic quasi besteus errans I 34, 17. flamma tamen gentis media partitaque seruans II 2, 16. laxantes (?) singula uobis II 16, 2. rursum uiuentes in aeuo II 39, 14. et nemo sciebat Dominum passimque uiuentes A. 46. in scelere coepit uersari gens omnis humana nec respicientes, quis esset creator eorum A. 158 sq. qui scelere facto non

persecutio flagrat II 25, 7. septima persecutio A. 808
persequi = *sequi, imitari* II 17, 9
perseueranter (?) A. 676
perseuerare *c. inf.*: perseuerant fingere uana A. 526
persona = *dignitas, honor*: si locus aut tempus fauet aut persona prouenit I 32, 1; *cf. u.* 9. dum expectant munera uestra aut timent personas II 16, 2. nolite fugere(?) personam iudicis aequi II 27, 3
personans ait = *magna uoce* A. 449
pertingere = *peruenire ad*: tempora postrema si uis pertingere II 12, 5
pertransire = *praeterire*: nulla sit luxuria, quae nos pertranseat aeuo A. 759
pertundere: casto ac pudico sensu pertundite pectus II 18, 11. pectus pugnis pertunde II 21, 13 (32, 8)
perungere (perunguere): melle perungat II 28, 4. hunc sanctum sanctorum Daniel perungui designat A. 267
pestifera clades rugit A. 1009
pestis = *pernicies* I 34, 15. A. 1005
petra I 13, 1. 3. A. 73
peticulones.(?) I 12, 12
piare II 24, 14. A. 1036
pinguis opibus A. 23
pinnatus I 9, 2
pisces *sigillum zodiaci* I 7, 17
placere = *ὑπείκειν* (?): uos tamen eligite arbitrio uestro placentes A. 85
placitus: ymnificato choro placitoque Christo seruite II 19, 22
plangere = *lugere*: plangis in imis I 21, 10. sub tartara planges I 26, 36. conclamant pariter plangentes II 2, 6. — = *deflere* II 32, 2. 7. A. 646. 1020
plasma, ae I 35, 2. A. 315
plaudēre A. 20. 480; *cf. comment.*
plebs = *ecclesia Christiana*: ne pereas forte de plebe II 8, 13. in plebe Dei II 18, 17. uos flores in plebe II 26, 9. uae miserae plebi II 28, 9. pro plebe deuota II 35, 17
plenius ostendere A. 482. plenius demonstrare A. 655
plenus = *ὅλος*: septem milia plena A. 860. — = *praegnans*: I 39, 5. — *c. abl.*: obsequio plenus A. 733.
gaudio pl. A. 818. iustitia pl. A. 953
pleonasmus in conparatione: plus eram quam palea leuior A. 5
pluere: quis pluebat illo defuncto? I 6, 10 (*cf. Matth.* 5, 45: qui pluit super iustos et iniustos)
plurima = *plura*: quid plurimis opus est A. 385; *cf. comment.*
plus = *magis*: A. 5. 597
pluscula dando A. 600
plusquamperf. = *perf. uel imperf.*: suffecerat = *satis erat*: suffecerat illis per ignauiam tanta fecisse A. 711. illa prior utique debuerat deum amasse I 11, 11. obisse debuerat quam isse sub barbaro rege II 9, 6
poculum: suauia pocula uitae A. 86
polus = *caelum* I 7, 5. 28, 10
pompa: ubi ⟨a⟩ Satana fragoribus pompa ⟨pa⟩ratur II 16, 5. zabuli pompa II 18, 4. 19, 16. adulteri pompa A. 206. — = *exequiae* II 32, 3. 33, 1. 12
pomus: gustato pomi ligno I 35, 8 (*cf. Weissenborn in Liu. XXIV* 3, 4)
ponere lusus I 11, 19. p. modum II 36, 1. p. poenam I 28, 12. p. spem uitae alicubi I 25, 21. A. 58. ponere tura simulacris A. 875. p. dorsum ad flagella A. 354 (*bibl.*). in uulnera positi I 7, 11. mortuos simulacro ponere I 3, 11 (*cf. Horat. carm. IV* 8, 7). Deus in uerbo positus A. 93
populus Dei = *ecclesia* II 20 *inscr.* Christi populus II 27, 9. A. 866
populare: populas (?) pretio tu sanctos iniquus II 24, 13
portat salutis auxilium I 21, 8. Deus omnia portat II 3, 20 (*bibl.*)
posterga remittis (spem) A. 604
posteritas: ut nostra posteritas (= *nos posteri*) Dominum cognosceret unum A. 194
postmodum I 2, 9. 11, 3. 31, 10
postquam = *posthac* (?) A. 779 (*cf. aenigmat. senorum uersuum 32, 4. 24, 5. 52, 5. Guil. Meyer in commentat. Acad. Monac. XVII p. 416*)
potare: quem et potauerunt secundum scripturas acetum A. 418 (*bibl.*)
potens = *diues, nobilis* II 31, 7. 12

deo .. dari quadruplum II 30, 17. praedictum fuerat illis .. perdere terram A. 245 sq. de ipsis pronuntiant perdere terram A. 393. praedictum hoc fuerat fieri A. 423. praedictus est Deus carnaliter nasci A. 403. nutriri (?) in occisione praedicti II 25, 11. hunc sanctum .. Daniel perungui designat A. 267.
praesentaneus I 8, 1
praesepe (?) = *mensa, cena*: decrepitus luxu praesepis I 24, 2
praesertim = *disertim, manifesto* (?) I 6, 11. 41, 17. A. 647
praestare: unum praesta tibi = *in ea una re tibi consule* II 31, 3
praesumere = *tamquam praecipuum sibi uindicare*: quod libe⟨t⟩ licere praesumunt II 16, 21. per gradum et lucra auidus fortunae praesumis I 32, 5. quid isti praesumunt, cum sint adoptati .. ? A. 727
praetermittere = *neglegere, contemnere* A. 202
praeuenire: terribilem legem prima cum pace ⟨p⟩raeuenit I 36, 12
prandium = *cena cottidiana* (*Imbiss*): prandia .. prospice diurna II 20, 15. quem (pauperem) ad prandium ducas II 20, 22
precari *absolute* = *orare*: noctibus diebusque precare II 8, 1. prostrauit se precando A. 567
premere tumorem (?) II 26, 4
prex: quo uenisti fundere preces II 35, 3. in prece fienda (fundenda?) ut fiant silentia uestra II 35, 15
primatus: dum sibi primatum uindicaret A. 262
primitia I 11, 18
primitiua = *ius filii primogeniti* A. 252
primitiuus = *primo creatus* I 35, 11. A. 529. — primitiui *uel* populus primitiuus = *Iudaei* I 41, 15. A. 213. 617. — = *uerus, genuinus*: in primitiua sua (gloria?) qualis sit (Deus), a nullo uidetur A. 109
primogenitus A. 665
primordium: neglecta lege primordi I 35, 12
primores et duces II 1, 43. A. 987 (?)
primus: terreat in primis (=*primo*) et postea melle perungat II 28, 4. quid Deus in primis (= *initio*) .. fecit A. 59. primi = *primores* II 25, 2 (*cf. Verg. Aen. IX 453. 785*)
princip⟨i⟩um = *principatus* (?) II 39, 2
prior = *praestantior* A. 434; *cf.* potior. — priores (?) = *principes, antistites* A. 987 (*cf. interpret. Palat. Herm. Past. vis. II 2, 6. 4, 2*: priores ecclesiae)
priscus = *sanctus, integer* (?): priscus inmaculatus offertor (Abel) I 39, 9. praecepitque Christus per legem uiuere priscos II 1, 5. — memoria prisca debito II 39, 23
pristinus: pristina gesta II 12, 2. in pristina carne A. 795. cum pristino corpore A. 826
priuatum = *possessio*: caderet de suo priuato A. 254
pro *interiectio*: pro! exanim⟨at⟩um corpus ornari II 33, 3
pro *praepositio* = *ante*: exis pro foribus I 37, 8. II 3, 18. — = *propter*: pro uictoria laetus II 12, 13. pro eo timebis I 32, 10. non .. pro tempore clauso (?) sed propter futurum tempus A. 301. — = *causa*: qui frustra pro uita coluntur A. 436. — = *tamquam*: et tibi pro le⟨ui⟩ uidetur II 16, 13; *cf.* II 35, 1 sq. quos ante pro magno colebant A. 1015 (*cf. August. ciu. Dei uol. I p. 71, 22. uol. II p. 355, 29 D*[2])
probare = *δοκιμάζειν, temptare*: ut homo post fata probetur, quis Deo dignus A. 88. si sermones illius sunt ueri, probemus A. 491. hic crudele nefas imperat de unico nato, ut probaret Abraham A. 621 sq. — = *ostendere*: Deus uerbo probatur A. 112
probatio = *δοκιμασία*: ad probationem [nostram] daemones in mundo uag⟨ar⟩i I 22, 10
procedere = *in publicum prodire*: gentili more quaeris procedere Domini sancta II 19, 7. — = *existere oriri, institui*: res semel in uano .. processit, ut .. credantur .. falsa I 17, 15. unde processisti, nescis I 24, 6. optima lex .. de ligno processit I 35, 14. de duplici ligno dixi, mors unde processit, et iterum inde procedere uitam I 36, 1 sq.

quicquid feceritis II 39, 5. — = *pati*: non caro recipiet ferrum A. 147 (*cf. Min. Fel. 30, 1*: tam paruulum corpus fata uulnerum capiat). — = *liberare, seruare*: non censuit illos recipi defunctos a morte I 3, 13
recludere = *includere*: Herodes (Iohannem) iussit decollari reclusum A. 516 (*cf. Lucif. Cal. p. 248, 3. 278, 4. H.*)
recognoscere = *agnoscere* A. 796
recolligere se = *confugere*: recolligit se sub antra A. 66
recondere = *condere, sepelire*: reconditur illa (caro) tuorum I 27, 16
recordari *passiue* = *moneri* (?): ex qua (lege homo) recordatur II 7, 6. qui (Iudaei) scelere facto non sunt recordati legendo A. 675. — = *reuocari, conuerti*: ad illum .. recordari debemus A. 787
recte uiuere I 24, 18. II 21, 5. recte gubernare II 28, 11
rectus = *iustus*: rectos corde, bonos II 15, 12 (*bibl.*). — recta uia (?) I 22, 15. II 21, 3. rectum iter A. 84. tramite .. recto (?) II 22, 10
rector eras carnis I 27, 15. r. caeli I 23, 11. r. poli I 28, 10. — = *antistes ecclesiae* II 28, 3. — rector tuus = *Deus* I 24, 8. 27, 12
recusare = *auersari*: Omnipotens tales operas omnino recusat II 24, 9
redarguere = *arguere*: mactabant iustos redarguentes illos inique A. 219
reddere = *offerre, deferre*: Omnipotenti laudes . . reddere debes I 27, 22. tota Deo reddite inlaesa mysteria (ministeria *cod.*) II 27, 6. obsequia redde (Deo) II 30, 3. honorem redde potenti II 31, 7. — = *collocare*: reddere decreuit nos ipsos in aureo saeclo I 29, 10. redditur in culpa pastor II 28, 6. — = *edere*: e caelo .. uox reddita A. 931 (*Verg.*). — = *dedere, addicere*: reddite uos legi secundae I 35, 18. — = *praestare*: humilem te reddere debes II 7, 16. pacificum redde te cunctis II 22, 7. communem te redde pusillis II 22, 11. reddite uos Christo similes II 26, 6. — = *facere c. inf.*: non illa te reddunt hominem fuisse defunctum I 26, 6
redigere = *collocare*: quaerat ubi sit sua uita redacta A. 591. in loco seruorum rediguntur sanctis iniqui A. 988. redactus in poenam II 33, 12. — = *cogere*: captiuitas illos ibidem redegit ut essent A. 945
redire = *ad se, ad sanitatem redire* (?) II 23, 9
reducere = *deducere*: caecus caecum in fossa reducit I 37, 4
referre = *ferre*: ibi aurum, uestes, argentum ulnis refertis I 34, 11; *cf. comment.*
reficere = *in uitam reuocare* A. 751; *cf.* A. 746. I 26, 35. 37. — = *satiare, alere* II 17, 8. 20, 23. 36, 7. A. 654
reflectere: cincinnos fronte reflexos II 18, 5
refouere = *cibo reficere*: refoueatur homo pauper II 30, 5 (*cf. Lucif. Calar. p. 73, 9 H.* fouit .. foueat = ἐτροφόρησεν . . τροφορῆσαι)
refrenare linguam II 7, 16
refrigerare = *recreari*: ut tandem (?) et illi refrigerent II 1, 45. si refrigerare cupis animam II 17, 19 (*cf. Iren. interpret. lat. I 7, 1*: istorum animas (*acc. subi.*) refrigerare; *similiter I 7, 5*)
refringere = *infringere, flectere*: non illos iustitiâ (Christus) . . refregit A. 231
refugae = *apostatae* II 13 *inscr.* r. Domini A. 1037
refugere: refugis Dei (?) praecepta I 23, 9. refugite sub antro I 33, 7
refugium regis pete II 11, 5
refutare: clementiam Dei refutant (refugant *cod.*) A. 761
regere = *manu gerere*: tridentem regit I 10, 2. — = *erigere, sustentare*: seu regant seu minuant I 21, 6 (*cf. Sophocl. Ant. 1058 sq.* τύχη γὰρ ὀρθοῖ καὶ τύχη καταῤῥέπει). si non fuerit ars, unde uita regatur II 31, 11; *cf.* minuere. — regens = *rex mensae*: regentis imperium tenens apud . . Cyclopas II 36, 3
regio = *locus, spatium*: sumptus est in carnem, quem regio nulla capebat A. 120 (*cf. incerti auct. carm. adu. Marcion. IV 20*: nulla illum regio . . claudit)